REFERENCE TO CRIMINAL TRIAL

刑事审判参考

中华人民共和国最高人民法院
刑事审判第一、二、三、四、五庭／主办

总第110集

法律出版社
LAW PRESS·CHINA

总第110集

刑事审判参考

编辑说明

《刑事审判参考》系最高人民法院刑事审判庭主办的业务指导和研究性出版物,自1999年4月创办以来,秉承立足实践、突出实用、重在指导、体现权威的编辑宗旨,在编辑委员会成员、作者和读者的共同努力下,密切联系刑事司法实践,为刑事司法人员提供了有针对性和权威性的业务指导和参考,受到刑事司法工作人员和刑事法律教学、研究人员的广泛肯定和欢迎。

《刑事审判参考》作为最高人民法院用以指导全国各级人民法院刑事审判工作的唯一出版物,由最高人民法院刑事审判第一、二、三、四、五庭共同主办,最高人民法院沈德咏副院长担任编辑委员会主任,李少平、南英、张述元副院长和胡云腾、裴显鼎专委担任副主任。南英副院长担任主编,各刑事审判庭庭长担任副主编。

根据《刑事审判参考》主编会的决定,自2012年始,《刑事审判参考》由原32开改版为特16开。改版后的《刑事审判参考》仍为双月出版,全年共出版六集,设有以下栏目:

【指导案例】选择在认定事实、采信证据、适用法律和裁量刑罚等方面具有研究价值的典型案例,详细阐明裁判理由,为刑事司法工作人员处理类似案件提供具体的指导和参考。

【立法、司法规范】收录与刑事司法工作密切相关的法律、行政法规、部门规章、司法解释及其他规范性文件。

【刑事政策】最新的刑事司法政策,如最高人民法院院领导在刑事审判工作会议上的讲话、刑事审判工作会议讨论的问题等。

【审判实务释疑】最高人民法院刑事审判庭解答在刑事审判工作中具有普遍指导价值的法律适用问题。

【司法理论前沿】摘要登载近期刑事理论界、实务界最新研究成果，及时跟踪研究刑事审判中出现的新问题，为刑事司法人员提供最新理论参考。

【经验交流】地方司法机关制定的刑事司法规范性文件及其背景说明；地方各级人民法院在刑事审判工作中对于某些问题的处理政策和意见等。

【实务探讨】针对刑事司法工作中必须解决的疑难、复杂问题，登载相关学者与司法人员的研究文章，为刑事司法工作人员提供解决相关问题的思路。

【大案传真】登载在社会上影响较大的案件的有关裁判文书，及时传递大要案、热点案件的审判信息。

【疑案争鸣】针对实践中发生的疑难案例，对其中争议问题进行分析，给读者提供参与交流探讨的平台，推动相关问题的深入研究。

【裁判文书评析】选择典型裁判文书进行评析，展现法官智慧，指出不足，促进裁判文书制作水平的不断提高。

最高人民法院刑事审判第一、二、三、四、五庭

目　录

指导案例

[毒品犯罪案件专栏]

【编者按】

2014年6月,中央政治局常委会议、国务院常务会议分别听取禁毒工作专题汇报,习近平总书记、李克强总理分别对禁毒工作作出重要指示批示。中共中央、国务院首次印发了《关于加强禁毒工作的意见》,并下发了贯彻落实分工方案。国家禁毒委员会制定了《禁毒工作责任制》,并召开全国禁毒工作会议对全面加强禁毒工作作出部署。全国各级人民法院认真贯彻落实中央和国家禁毒委员会的决策部署,扎实履行刑事审判职责,坚持依法从严惩处毒品犯罪,大力加强禁毒法制建设,积极参与禁毒综合治理,各项工作均取得显著成效,为全面、深入推进禁毒工作提供了有力司法保障。随着毒品犯罪形势的发展变化,近年来案件办理中出现了一些新情况、新问题,需要加以研究解决。本集特开设专栏精选若干代表性案例,对毒品案件办理中的一些突出问题进行解读,以期为司法实务和理论探讨提供办案参考与研究素材。

[第1193号]

圣德·阿美·强走私毒品案

——如何运用间接证据认定“零口供”走私毒品案

一、基本案情

被告人圣德·阿美·强(Sunday Amejuma John,别名Micheal),男,1982

年9月3日出生，尼日利亚联邦共和国国籍。因涉嫌犯走私毒品罪，于2013年3月29日被中华人民共和国苏州海关缉私分局逮捕。

江苏省苏州市人民检察院以被告人圣德·阿美·强犯走私、运输毒品罪，向苏州市中级人民法院提起公诉。

苏州市中级人民法院经公开审理查明：被告人圣德·阿美·强与他人合谋，由他人以联系业务为名与江苏省张家港友诚科技机电有限公司（以下简称友诚科技公司）员工张某取得联系，并以邮寄样品为名，将毒品藏在其中走私入境。2013年1月16日，藏有可卡因的样品包裹（邮单号CP298700481BR，可卡因藏在包裹内的菜谱中）从巴西联邦共和国被邮寄给张某。同年2月7日，该包裹被苏州海关驻邮局办事处查获，从菜谱中查获可卡因318克。后圣德·阿美·强与张某联系，让张某将该菜谱寄往广东省广州市越秀区麓景西路34号。张某根据民警的指示将毒品替代物邮寄至上述地址。2月22日，圣德·阿美·强在该地签收邮件后，被民警当场抓获。

苏州市中级人民法院认为，根据《中华人民共和国刑法》第六条第一款之规定，凡在中华人民共和国领域内犯罪的，除法律有特别规定的以外，都适用该法。被告人圣德·阿美·强在中华人民共和国领域内伙同他人违反毒品管制法规，将可卡因318克以邮件方式走私入境，其行为已构成走私毒品罪，应依照《中华人民共和国刑法》追究其刑事责任。圣德·阿美·强伙同他人走私毒品，在共同犯罪中起主要作用，系主犯。据此，依照《中华人民共和国刑法》第三百四十七条第一款、第二款第一项，第二十五条第一款，第二十六条第一款、第四款之规定，判决：被告人圣德·阿美·强犯走私毒品罪，判处无期徒刑，并处没收个人全部财产；随案扣押的手机等物品予以没收，上缴国库。

一审宣判后，圣德·阿美·强不服，向江苏省高级人民法院提出上诉。其上诉理由主要是：其没有参与走私毒品犯罪；是其朋友AKIM让其代收包裹，且只有这一次；是其朋友AKIM、SUNDAY让其汇款200元；其对笔记本电脑内查询快递的记录不知情；号码为15817072419的手机系案发前一天晚上AKIM给其的，此前没有使用过，请求改判无罪。其辩护人提出，圣德·阿美·强主观上不明知包裹内藏有毒品；现有证据不能证明圣德·阿美·

强就是包裹的所有人或接收人；原审判决事实不清，证据不足，量刑过重，建议将本案发回重审。

江苏省高级人民法院二审经公开审理查明的事实、证据与一审相同。另查明：2013年1月6日至2月22日，上诉人圣德·阿美·强收取“收件地址广东省广州市越秀区麓景西路34号、收件人Micheal，联系电话15817072419”的快件共计7次。

江苏省高级人民法院认为，上诉人圣德·阿美·强在中华人民共和国领域内伙同他人采用隐匿手段从境外邮寄毒品可卡因318克入境，其行为已构成走私毒品罪。上诉人及其辩护人所提相关辩解和辩护意见不能成立，不予采信。原审判决认定事实清楚，证据确实、充分，定性准确，审判程序合法。依照《中华人民共和国刑事诉讼法》第二百二十五条第一款第一项之规定，裁定驳回上诉，维持原判。

二、主要问题

如何运用间接证据认定“零口供”的走私毒品案件？

三、裁判理由

毒品犯罪案件中被告人到案后常提出自己对毒品不知情、被他人蒙骗的辩解，司法人员在无法利用被告人的有罪供述、相关证人证言等直接证据的情况下，如何利用被告人实施的客观行为推定其主观故意，准确认定其主观明知，就十分重要。本案是一起被告人以定制电子产品为名，利用制造商转寄毒品方式走私毒品的案件。被告人归案后“零口供”，始终作无罪辩解，其辩护人亦提出无罪辩护意见。法院依据查证属实的间接证据，最终认定了被告人主观上明知是毒品而伙同他人将毒品走私进入我国境内的事实。现具体分析如下。

（一）本案证据体系的特点

第一，缺少能够直接认定被告人圣德·阿美·强（以下简称圣德）伙同James走私毒品的直接证据。本案中，从巴西联邦共和国（以下简称巴西）发货的上家包括James在内均未归案，圣德归案后始终辩解系受朋友AKIM之托代为收取包裹,主观上不知道是毒品,更没有参与走私毒品。证人张某在案发之前对James以邮寄样品为名走私毒品的事实也不知情。两名证人即快递员证实圣德以本案的同一收件地址、收件人、联系电话收取了若干个包裹,但两名证人对包裹的内容不知情。因此,能够直接证明圣德伙同James走私毒品的直接证据既无圣德的有罪供述,又无知悉走私毒品经过的证人证言及上下家的证言等直接证据。

第二,间接证据较多。包括:(1)证实被告人圣德与证人张某电话联系转寄特定包裹以及包裹中像书一样的物品的证据。有手机通话记录、手机短信、顺丰快递邮寄单、汇款凭证等证据。(2)圣德在收取包裹后被抓获,并当场查获了特定包裹。(3)在圣德住处搜查到的笔记本电脑内查获查询本案快递单号的上网记录,查询单号为204019215245邮件的记录在2013年2月21日有10次,22日有3次。查询过单号为CP298700481BR邮件的记录有2013年2月17日21时01分1次、18日10时25分1次。在圣德住处搜查到的硬面笔记本内有圣德自己书写的友诚科技公司的名称、张某联系地址和电话。(4)圣德的号码为15817030740的手机内留存有2013年1月2日向vitorg gvolvo(13660026124)发送的内容为友诚科技公司的地址、电话、联系人张某的短信;2013年1月17日向Sunday 95 two(13725289486)发送的内容为“cp 298700481 br ems”的短信。以上这些证据均为间接证据,不能仅凭单个间接证据直接认定圣德伙同上家James分工配合实施了走私毒品进境的犯罪事实。

第三,被告人圣德始终“零口供”,辩称其朋友AKIM让其代收包裹,且只有这一次;AKIM让其汇款200元;其对笔记本电脑内查询快递的记录不知情;其号码为15817072419的手机系案发前一天晚上AKIM给其的,在此之前没有使用过。其辩护人提出圣德主观上不明知包裹内藏有毒品;现有证据不能证明圣德就是包裹的所有人或接收人。概言之,圣德及其辩护人均主张圣德无罪。

出于对本案证据体系的不同认识,本案在处理过程中也出现了分歧意见:一种意见认为,现有证据无法证明被告人圣德主观上明知在涉案包裹内藏有毒品,认定圣德具有犯罪故意的证据不足。另一种意见则认为,尽管缺少直接证据,但根据圣德已经实施的客观行为蕴含圣德的主观故意,可以认定圣德伙同他人以邮寄方式走私毒品进境。可见,本案是运用间接证据认定毒品犯罪案件中明知问题较为典型的案例,有必要对本案的司法证明过程及依据作深入分析。

(二)如何运用间接证据构建案件主要事实

直接证据能够直接证明案件的主要事实,即何人实施了何种犯罪行为。间接证据虽不能直接证明案件的主要事实,但能够直接证明案件主要事实的某些环节,裁判者借助逻辑推理,整合、构建出案件主要事实,达到证明案件主要事实成立的诉讼目的。相对于运用直接证据证明案件事实而言,依靠间接证据认定案件事实是一个缜密的推理过程。裁判者在对每一个间接证据查证属实、确认其真实性的基础上,挖掘、评判每一个间接证据与案件事实存在的关联性,是使间接证据具有证明力的关键。而对间接证据关联性的评判主要指间接证据所包含的事实信息与案件主要事实之间的关联性。

本案中,以案发时间为序,存在如下间接事实:(1)被告人圣德与证人张某联系邮寄特定的包裹、特定的物品。2013年2月17日,James通过网络告知张某,Micheal会与张某联系,Micheal的手机号码为15817072419。30分钟后,张某收到号码为15817072419手机的来电,来电者自称Micheal,并让张某尽快转寄James的包裹(包裹内的一本菜谱中藏有可卡因318克),在张某提出需要邮费200元后圣德立即汇款,并马上给张某发送了“收件地址广东省广州市越秀区麓景西路34号、收件人Micheal,联系电话15817072419”的短信。另一名证人即快递员郭某某证实其2013年1月6日至2月22日向Micheal即圣德派送邮件7次,每次都事先与号码为15817072419的手机联系,都是圣德接电话并接收包裹。(2)2013年2月22日,圣德收取特定的包裹,并被当场抓获。(3)圣德跟踪查询本案快递的流程信息,自己在笔记本上写了友诚科技公司和张某的联系地址及电话。2月21日,查询单号为204019215245邮件的记录有10次,22日有3次;2月17日至18日,查询过单号为CP298700481BR邮件的记录各1次。(4)圣德在给张某汇出邮费200元后,马上将银行汇款凭证通过网络发给了James,James又通过网络转发给了张某。(5)圣德在本案邮包从巴西寄出之前(即1月2日,该邮包于1月16日在巴西交邮),已经掌握国内收件单位友诚科技公司的地址和联系人张某的电话;本案邮包从巴西寄出之次日(即1月17日)圣德即掌握了邮包的跟单号码“cp 298700481 br ems”。

以上事实信息紧紧围绕从巴西邮寄的包裹中藏匿毒品的菜谱而展开,该菜谱因James欲邮寄产品样品而从巴西寄出,被告人圣德因James推介而与张某取得联系,为转寄菜谱而支付邮费,因收取包含菜谱在内的特定包裹而被抓获。事实信息之间的关联性显而易见,并已形成环环相扣的证据锁链。但是,从如何证明圣德与James合谋的方面来看,这一证据锁链可能无法作出令人信服的解释。但其一,上家James告知张某,Micheal会与张某联系,而圣德很快就与张某进行电话联系。其二,圣德支付邮费后将汇款凭证发送给James,James又将汇款凭证发给了张某。从源头来看,张某只是把本公司的名称、联系地址以及个人联系电话告知James,而圣德的手机在2013年1月2日就收到了该信息;在涉案包裹从巴西寄出的次日(即2013年1月17日)就收到了该包裹的跟单号码。因此,如果说仅仅依据前面的事实信息尚不能完全证实圣德与James合谋,但加上后两条事实信息,就可以把圣德与James共同犯罪的事实确定下来。

(三)如何根据行为人的客观行为推定主观要素

毒品犯罪属于故意犯罪,行为人主观上应当明知是毒品,而行为人是否明知,属于其认识问题,最有效的证明方法是取得行为人的供述。但在行为人否认明知或者不予供认的情况下,很难通过其他证据直接证明。最高人民法院2008年印发的《全国部分法院审理毒品犯罪案件工作座谈会纪要》采用了推定的方法来代替直接证明。推定是在基础事实得到充分证明的基础上,根据经验和逻辑直接认定推定事实的成立;在证明客观行为的基础上,根据行为人的某些客观行为直接认定行为人的主观心态。推定是证据裁判原则的一个特例。因本案被告人圣德始终“零口供”,无法依据其供述认定其主观明知,只有从其已经实施的客观行为中推定其主观上明知是毒品。

被告人圣德在本案藏匿毒品的邮包尚未从巴西邮寄之前即已掌握国内

收件人张某的相关信息，在该包裹从巴西邮寄后的第二天即掌握邮单号码，在该邮包进入我国后的第一时间即与张某联系，并要求张某尽快转寄像书一样的物品菜谱（其中藏有可卡因318克），多次催促张某将邮包中像书一样的物品转寄到广州市其提供的地址，在张某提出要求其支付远高出正常邮费的汇款要求后当即应允，圣德在转寄后第二天即进行多次跟踪查询。根据这些基础事实，圣德要求张某转寄从巴西邮寄来的一本普通菜谱，该菜谱既非急需用品，又非值得支付高额邮费通过他人费时周折转寄的贵重物品，更非有纪念价值的特定物品（圣德始终没有作此供述），而圣德在获悉张某将邮包寄出后非常关注该邮包进程，并急于收取该邮包，在案发后却极力开脱与该邮包的关系。从圣德实施的以上行为来看，依据经验法则和逻辑法则，圣德主观上对单号为CP298700481BR的邮件中藏匿毒品系明知，具有走私毒品的犯罪故意。这是本案以客观行为推定行为人主观故意的过程。

（四）完善间接证据体系——行为人无辜的排除

运用间接证据认定毒品案件事实，在证明犯罪客观要素和主观要素之外，对行为人的辩解须给予足够重视，即还应当能够排除行为人的无辜辩解。在司法实践中，行为人的辩解主要集中于其客观行为之上，因此对行为人辩解的认定至关重要。运用推定方法认定行为人主观故意需要严格遵守无罪推定原则。行为人犯罪时的主观心态隐藏于行为人之内心，通过客观行为推定行为人的主观心态时必然受到司法人员的认识能力、经验、社会阅历等条件的限制，如果结论不是唯一的，就要依照疑罪从无和有利于被告的原则作出认定。并且，行为人“不能作出合理解释，不能举出反证”在证明力上仅仅起到增强审判者内心确信、排除行为人遭受蒙骗被他人利用实施毒品犯罪这一合理怀疑的作用。真正能够证明行为人实施毒品犯罪的证据在于行为人自己实施的一系列客观行为，真正推定行为人主观故意的基础事实是行为人实施的客观行为，而非不合理的解释或者没有举出反证。司法工作中对这一点应当予以高度重视。

本案中，被告人圣德提出系其朋友AKIM让其收取包裹且只有一次，是AKIM等人让其汇款200元。经审理查明，2013年2月20日，证人张某系应

Micheal的要求从张家港市寄出邮包,不是应AKIM的要求,邮包载明的收件人Micheal即为圣德;圣德在邮包寄出后即通过网络查询邮件进程10余次,首次查询时间为2月21日05:59,早于其供述的AKIM于2月21日晚上要其代收该邮包的时间。依据其辩解,AKIM于2月21日晚上才要其代收邮包,故圣德在此日之前无法了解邮包的存在以及邮包的邮单号,更无法查询该邮件的进程。2013年2月18日12时25分,圣德向张某账户存款200元,该200元在张某提出要求后即汇出,而依据圣德在侦查阶段的稳定供述,AKIM等人当日均不在广州市,也没有证据证明在圣德答应汇款要求后,圣德与AKIM联系协商汇款事宜。况且,侦查机关根据圣德提供的线索也没有查找到AKIM等相关人员。故行为人圣德提出系AKIM让其代收包裹、AKIM等人让其汇款200元的辩解无证据支持。

被告人圣德还提出其对笔记本电脑中查询快递信息的事情不知情,系其朋友或邻居查询的;号码为15817072419的手机系AKIM于2013年2月21日晚上所给,其此前没有使用过该手机。经审理查明,圣德使用的笔记本电脑内关于快递单号204019215245的查询记录在2013年2月21日有10次,首次查寻时间为5时59分,22日有3次,其中一次为0时31分。根据生活常识,通过网络查询快递流程需依据快递单号才能进行,而本案无证据证明圣德的朋友或邻居知悉该快递单号,且其朋友或邻居在凌晨到其住处查询快递跟单信息有违常理。快递员郭某某的证言证明,郭某某每次向Micheal即圣德派送邮件时都事先与号码为15817072419的手机联系。郭某某的手机号码与号码为15817072419手机的通话记录显示,2013年1月6日至2月22日,两部手机通话14次。证人张某的证言、短信记录、通话记录等证据证明,2013年2月18日至20日,Micheal一直使用号码为15817072419的手机与张某进行联系。故圣德即为收件人Micheal。圣德提出的号码为15817072419的手机系AKIM于2013年2月21日晚上给其,在此之前没有使用该手机的辩解与事实不符,不能成立。

根据以上分析,被告人圣德的辩解不足采信。之所以在间接证据体系中还应当存在能够排除行为人无辜辩解的证据,主要目的在于排除行为人没有实施犯罪事实的可能性,验证各项间接证据之间、间接证据与案件事实之间是否存在矛盾,以及矛盾是否得到了合理排除,最终认定全案证据指向同一案件事实,在本案中即为得出圣德伙同他人实施了走私毒品犯罪行为的唯一结论。

(撰稿:江苏省高级人民法院　蔡绍刚　郇习顶
审编:最高人民法院刑五庭　马　岩)

[第 1194 号]

张成建等贩卖毒品案

——贩卖毒品案件中上下家的罪责区分及死刑适用

一、基本案情

被告人张成建,男,1966 年 8 月 16 日出生。1996 年 11 月因犯抢劫罪被判处有期徒刑七年;2003 年 9 月因犯寻衅滋事罪被判处有期徒刑四年;2011 年 5 月 23 日因犯贩卖毒品罪被判处有期徒刑十五年,剥夺政治权利三年,并处没收财产人民币四万元。因患重大疾病于 2011 年 8 月 8 日被暂予监外执行。2014 年 11 月 28 日因涉嫌犯贩卖毒品罪被逮捕。

被告人贺建波,男,1976 年 8 月 18 日出生。1998 年 5 月 11 日因犯抢劫罪被判处有期徒刑十三年,2005 年 8 月刑满释放。2013 年 11 月 15 日因涉嫌犯贩卖毒品罪被逮捕。

(其他被告人洪达、匡小林、周伟伟的基本情况略)

浙江省舟山市人民检察院以被告人张成建、贺建波等五人犯贩卖毒品罪,向舟山市中级人民法院提起公诉。

被告人张成建及其辩护人提出,张成建购买的毒品部分被其吸食,应予扣除;其贩卖毒品的目的是治病,主观恶性不大;到案后如实供述自己罪行,请求从轻处罚。

被告人贺建波及其辩护人提出,指控贺建波 4 次向张成建贩卖甲基苯丙胺共计 3 300 克的事实不清,证据不足;在共同犯罪中,贺建波系从犯,请求从轻处罚。

舟山市中级人民法院经公开审理查明:

2013 年 5 月至 7 月,被告人张成建在被告人匡小林的参与"验货"下,在浙江省舟山市普陀区华发大酒店、普津大酒店等地,先后 4 次从被告人贺建波处购得甲基苯丙胺(冰毒)共计约3 300克。同年8月至10月间,张成建在舟山市普陀区,将上述部分毒品及从他人处购得的甲基苯丙胺片剂(俗称“麻古”)共计163粒(约重14.67克),多次贩卖给匡小林、被告人周伟伟及张军峰、贺海江等人。同年10月9日,张成建在舟山市普陀区东港街道兴宁度假酒店公寓1018室被抓获,公安人员从该室查获甲基苯丙胺495.35克(含量为61.3%~62%)、含甲基苯丙胺成分的粉末0.15克及甲基苯丙胺片剂共计20.836克。

2013年五六月的一天,被告人贺建波在舟山市普陀区华发大酒店610房间内贩卖给被告人匡小林甲基苯丙胺10克、贩卖给被告人洪达甲基苯丙胺2克。同年10月9日,贺建波在舟山市普陀区华发大酒店门口被抓获,公安人员从其身上查获甲基苯丙胺片剂0.182克。

(其他被告人的犯罪事实略)

浙江省舟山市中级人民法院认为,被告人张成建、贺建波等人明知是毒品,单独或者伙同他人进行贩卖,其行为均已构成贩卖毒品罪。公诉机关指控的事实及罪名成立。张成建在暂予监外执行期间又犯新罪,应对新犯的罪作出判决,把前罪没有执行的刑罚和后罪所判处的刑罚,依法予以并罚。张成建曾多次因犯罪被判刑,且因犯贩卖毒品罪被判刑后,在暂予监外执行期间又实施贩卖毒品犯罪,系毒品再犯,主观恶性深,应依法从重处罚。张成建贩毒时间长、次数多、数量大、纯度高,犯罪情节极其严重,依法应予严惩。贺建波贩卖毒品数量大,亦应予以严惩,根据贺建波的犯罪事实、情节等实际情况,对其判处死刑,可不立即执行。据此,依照《中华人民共和国刑法》第三百四十七条第一款、第二款第一项、第三款、第七款,第二十五条第一款,第二十六条第一款、第四款,第六十五条第一款,第七十一条,第六十九条,第五十七条第一款之规定,判决如下:

1. 被告人张成建犯贩卖毒品罪,判处死刑,剥夺政治权利终身,并处没收个人全部财产,与前罪尚未执行的有期徒刑十二年二个月六日,剥夺政治权利三年,没收财产人民币四万元并罚,决定执行死刑,剥夺政治权利终身,并处没收个人全部财产;

2. 被告人贺建波犯贩卖毒品罪,判处死刑,缓期二年执行,剥夺政治权利终身,并处没收个人全部财产。

(其他被告人的判刑情况略)

被告人张成建上诉及其辩护人提出,张成建购买的毒品部分被其吸食或者送人,该部分毒品数量应予扣除;张成建的毒品来源于贺建波,贺建波系毒品上家,作用更大,对张成建的量刑不应重于贺建波;张成建贩毒是为了治疗肺癌,通过自吸来缓解症状,主观恶性不大,客观危害较小;张成建归案后主动交代了自己的全部罪行,原判对其判处死刑过重,希望从轻改判。

被告人贺建波上诉及其辩护人提出,原判认定贺建波4次向被告人张成建贩卖甲基苯丙胺共计3 300克的事实不清,证据不足;原判量刑过重,希望从轻改判。

浙江省高级人民法院经二审审理认为,上诉人张成建为实施贩毒犯罪而大肆购入毒品,并已将大量毒品贩卖给多人,原判将其所购买的毒品认定为其贩毒数量并无不当。张成建在前次尚未查出患有肺癌时即已在贩毒,在查出患病后所购买毒品的数量已经远远超过了其所称为治疗肺癌、自吸以缓解病痛的需要,其为牟利大肆购入毒品进行贩卖,毒品已大量流入社会,社会危害大。张成建贩卖毒品数量大,因贩卖毒品被判刑后又犯贩卖毒品罪,系毒品再犯,应依法从重处罚;张成建在暂予监外执行期间又犯新罪,应当对新犯的罪作出判决,把前罪没有执行的刑罚和后罪所判处的刑罚,依法予以并罚。贺建波贩卖毒品数量大,又有犯罪前科,应依法从严惩处。原判根据张成建、贺建波的罪行等具体犯罪情节,对二被告人的量刑适当,二被告人及其辩护人要求从轻改判的理由不能成立,不予采纳。原判定罪及适用法律正确,量刑适当,审判程序合法。依照《中华人民共和国刑法》第三百四十七条第二款、第三款、第七款,第三百五十六条,第六十七条第三款,第六十五条第一款,第二十七条,第七十一条,第六十九条,第五十七条第一款,第五十六条第一款,第五十五条第一款及《中华人民共和国刑事诉讼法》第二百二十五条第一款第一项之规定,裁定驳回被告人张成建、贺建波的上诉,维持原判,并将对张成建的死刑判决依法报请最高人民法院核准。

最高人民法院复核认为,被告人张成建多次贩卖甲基苯丙胺等毒品,其行为已构成贩卖毒品罪。张成建贩卖毒品数量大,社会危害大,罪行极其严重,且其在共同犯罪中起主要作用,系主犯,应当按照其所参与的全部犯罪处罚。张成建曾因犯贩卖毒品罪被判刑,在暂予监外执行期间又犯贩卖毒品罪,系毒品再犯,主观恶性深,人身危险性大,应依法从重处罚,并与前罪尚未执行的刑罚并罚。第一审判决、第二审裁定认定的事实清楚,证据确实充分,定罪准确,量刑适当,审判程序合法。依照《中华人民共和国刑事诉讼法》第二百三十五条、第二百三十九条和《最高人民法院关于适用〈中华人民共和国刑事诉讼法〉的解释》第三百五十条第一项的规定,裁定核准浙江省高级人民法院维持第一审对被告人张成建判处死刑的刑事裁定。

二、主要问题

贩卖毒品案件中,如何区分上下家的罪责并准确适用死刑?

三、裁判理由

在办理毒品犯罪案件过程中,为更好地区分各犯罪人在整个毒品犯罪中的地位与作用,准确认定其罪责大小,通常会将具有密切关联的上下游案件进行并案审理。对于买卖同宗毒品的上下家,由于涉案毒品总量并没有增加,毒品数量刚刚超过实际掌握的死刑数量标准的,一般不同时判处死刑。那么,应当如何对上下家准确适用死刑呢?对此,最高人民法院2015年5月18日印发的《全国法院毒品犯罪审判工作座谈会纪要》(以下简称《武汉会议纪要》)明确规定:"对于贩卖毒品案件中的上下家,要结合其贩毒数量、次数及对象范围,犯罪的主动性,对促成交易所发挥的作用,犯罪行为的危害后果等因素,综合考虑其主观恶性和人身危险性,慎重、稳妥地决定死刑适用。对于买卖同宗毒品的上下家,涉案毒品数量刚超过实际掌握的死刑数量标准的,一般不能同时判处死刑;上家主动联络销售毒品,积极促成毒品交易的,通常可以判处上家死刑;下家积极筹资,主动向上家约购毒品,对促成毒品交易起更大作用的,可以考虑判处下家死刑。涉案毒品数量达到巨大以上的,也要综合上述因素决定死刑适用,同时判处上下家死刑符合罪刑相适应原则,并有利于全案量刑平衡的,可以依法判处。"

本案中,被告人贺建波与被告人张成建系买卖毒品的上下家关系,且就二人交易的3 300克甲基苯丙胺而言,二人属于买卖同宗毒品的上下家。从判决认定的贩卖毒品数量来看,贺建波与张成建二人贩毒数量基本相当,且均已达到了实际掌握的死刑数量标准,但尚未达到数量巨大的程度,故根据《武汉会议纪要》上述规定的精神,不宜对两人同时判处死刑。关于应当对上家还是下家适用死刑的问题,一、二审及最高人民法院复核均认为,尽管张成建系毒品下家,但其在与上家贺建波的毒品交易中更为积极主动,所起的作用、主观恶性及人身危险性均大于贺建波,故最终决定判处张成建死刑立即执行。具体理由分析如下:

(一)被告人张成建贩卖毒品的数量、次数多于被告人贺建波,贩卖毒品的对象范围也大于贺建波

首先,从贩卖毒品的数量来看,判决书中认定张成建贩卖毒品的数量为3 335.521克,贺建波贩卖毒品的数量为3 321.182克,张成建要略多于贺建波。但从在案证据来看,张成建实际贩卖的毒品应远多于判决书中所认定的数量:一方面,从购买毒品的角度来看,张成建与同案犯匡小林在供述中均曾提到,张成建除向贺建波购买毒品外,还分别从广东毒贩“阿凯”“眼镜”处购买过数千克甲基苯丙胺。公安机关抓获张成建时除查获大量甲基苯丙胺外,还查获到大量甲基苯丙胺片剂,而贺建波仅贩卖甲基苯丙胺给张成建,也说明张成建确实从其他人处购买过毒品。另一方面,从贩卖毒品的角度来看,银行交易明细显示,张成建及其女友刘金兰所有的两个银行账户案发前入账资金合计达80万元。张成建案发前没有任何职业,没有生活来源,上述资金应主要来源于其贩毒所得,即使按照张成建所供述的最高销售价每克200元计算,其贩卖毒品的数量也已经达到4 000多克。而且张成建供称毒品交易主要采用现金方式,仅有部分购毒款打入其上述银行账户,故账户上金额仅为部分贩毒款,张成建贩卖毒品的数量也远不止根据银行账户金额推算出来的数量。

其次,从毒品贩卖的次数及对象范围来看,根据现有证据,被告人贺建波除贩卖毒品给被告人匡小林(10克)和被告人洪达(2克)之外,另外4次都是贩卖给被告人张成建,贩卖的次数相对较少,且贩卖对象仅限于上述3人。而张成建除了贩卖毒品给同案犯匡小林、周伟伟之外,还大量贩卖给另

案处理的张军锋、贺海江、"玲玲"、"阿二"、"乌骨鸡"、"阿路"等人;从查获到案的银行卡交易明细来看,上面有多达数十人、数百起的交易记录,表明张成建曾先后向数十人贩卖过数百次的毒品。由此可见,在贩卖毒品的次数及对象范围上,张成建实际上要远远多于或大于贺建波。

(二)在毒品交易中,被告人张成建比被告人贺建波更为积极主动,对促成交易所起的作用更大

从本案中张成建与贺建波之间的毒品交易过程来看,张成建始终处于积极、主动地位,而贺建波则处于相对消极、被动的地位。尽管贺建波系毒品买卖的上家,但其并未事先购入大量毒品持毒待售,也没有积极主动联系下家张成建,向张成建推销毒品。相反,每一次毒品交易都发生在张成建手中的毒品即将贩卖完毕之际,由张成建主动打电话向贺建波约购毒品,并向贺建波提出其所需毒品的种类与数量。贺建波在手中并没有毒品的情况下,应张成建的要求从他人处购入毒品,再由张成建携带事先筹集的购毒款,并带上验毒人员匡小林前来验货,张成建购买毒品后再将毒品带回销售给他人。可见,无论是从发起毒品交易的主动性,还是从对促成交易所发挥的作用来看,张成建明显更为积极主动,对于促成二人之间的毒品交易所发挥的作用也更大。

不仅如此,从毒品上下家之间的依赖关系来看,被告人贺建波购入的毒品除少量贩卖给被告人匡小林、洪达之外,绝大部分都贩卖给被告人张成建,张成建系其最主要的毒品下家。而证据显示,张成建除了从贺建波处购买毒品外,还分别从广东毒贩"阿凯""眼镜"处购买过大量毒品,贺建波并非其唯一的毒品上家。这就表明,即使没有贺建波,张成建也能从他人那里购买到大宗毒品,其对上家贺建波的依赖性并不强。相反,贺建波的毒品主要是贩卖给张成建,毒品的种类、数量、价格、交易时间等因素均取决于张成建的需要,如果没有张成建,其因为缺乏销路也很可能不会主动向自己的上家购入大量毒品。可见,贺建波的贩卖行为很大程度上依赖于张成建的购买行为,也说明张成建在与贺建波的毒品交易中起着主导作用,对促成毒品交易的作用更大。

(三)从实际危害后果来看,涉案毒品通过被告人张成建进一步流向社会上不特定的吸贩毒人员,张成建贩毒行为的危害后果更为直接

尽管本案毒品系从被告人贺建波处流向被告人张成建,但张成建所购买的毒品并非用于自己吸食,而是用于贩卖给人数众多的下游吸、贩毒人员。张成建并非毒品流转环节中最末端的吸食者,在与毒品吸食者的交易关系中又居于毒品上家地位。同样,贺建波在本案中虽系毒品上家,但其并非毒品的制造者或走私入境者,相对于毒品源头来说,其又处于下家的地位。可见,处于毒品交易中间环节的上下家,仅是一个相对的概念,在社会危害性上并不具有绝对的衡量价值,不能简单地认为毒品上家的地位、作用及社会危害性就一定高于毒品下家,对其量刑也并非一律要重于毒品下家,仍要坚持具体案件具体分析。在本案的毒品流转关系中,当贺建波将毒品贩卖给张成建时,毒品尚未被人数众多的吸毒者所持有和吸食,其社会危害性并未完全显现;而张成建购得毒品后再向下游贩卖的行为,使毒品流向分散的零卖者以及最终端的吸毒者,毒品犯罪的危害后果才进一步显现。故从实际危害后果来看,张成建贩毒行为的危害性较贺建波更为直接,也更大。

(四)被告人张成建的主观恶性较被告人贺建波更深,其人身危险性也明显要大于贺建波

从被告人张成建的主观恶性及人身危险性来看,其先后有三次犯罪前科,分别于1996年因犯抢劫罪、2003年因犯寻衅滋事罪被判处刑罚,2011年又因犯贩卖毒品罪被判处有期徒刑十五年。可见,张成建在本次犯罪之前不仅具有暴力犯罪前科,还曾因毒品犯罪被判处重刑,系毒品再犯,应依法从重处罚。张成建在2011年因贩卖毒品被判刑之后,因患有重大疾病(肺癌及恶性胸腺瘤)被暂予监外执行,在暂予监外执行期间,又利用其所患疾病即使被抓获亦难以羁押的条件,继续实施贩毒犯罪,可谓肆无忌惮。上述情况表明,张成建素行不良,又系职业毒犯、毒品再犯,且在暂予监外执行期间又实施毒品犯罪,主观恶性深、人身危险性大,属于应依法从严惩处的对象。与之相比,被告人贺建波在此前有一次抢劫暴力犯罪前科,虽然亦属于主观恶性较深、人身危险性较大的犯罪分子,但其前科犯罪次数少于张成

建，前次犯罪也并非毒品犯罪，并不具有毒品再犯这一法定从重情节，主观恶性和人身危险性相对而言均要小于张成建。

综上，在本案被告人贺建波与被告人张成建的上下家关系中，无论是从毒品交易的数量、次数、对象范围以及危害后果，还是从毒品交易过程中的主动性及对促成交易所发挥的作用，以及被告人的主观恶性和人身危险性来看，张成建的罪行均较贺建波更为严重，故判处下家张成建死刑立即执行是适当的。

（撰稿：浙江省高级人民法院　聂昭伟
审编：最高人民法院刑五庭　马　岩）

[第 1195 号]

张传勇贩卖毒品案

——对以非接触方式交易毒品且被告人拒不供认的案件，如何综合运用间接证据定案

一、基本案情

被告人张传勇，男，1987 年 12 月 15 日出生。因涉嫌犯贩卖毒品罪于 2014 年 12 月 12 日被逮捕。

浙江省江山市人民检察院以被告人张传勇犯贩卖毒品罪，向江山市人民法院提起公诉。

被告人张传勇辩称其未实施指控的犯罪行为。其辩护人提出，公诉机关提交的证据不能证实贩卖毒品行为由张传勇实施，本案事实不清、证据不足，对张传勇的指控不能成立。

江山市人民法院经公开审理查明：2014 年 8 月，被告人张传勇在浙江省江山市通过其持有的江山移动短号为 758729 的手机贩卖甲基苯丙胺（冰毒）。购毒人员电话联系该短号求购毒品后，张传勇将其控制的他人名下的尾号为 7476 的农业银行账号发送给对方，要求对方按照 400 元/克的价格汇入购毒款。张传勇将自己的号码为 15973533913 的手机与该账户进行绑定，其收到毒资入账的短信通知后，通过上述短号发送短信通知对方到藏毒地点取走毒品。至案发时，尾号为 7476 的农业银行账户共转入 4.9 万元，除其中一笔 400 元由福建省一银行柜台存入外，其余款项均系在江山市通过 ATM 机存入现金或转账。该账户内共有 4.405 万元通过网银转至张传勇名下的另一农业银行账户内。综上，张传勇共收到毒资 4.86 万元，折合贩卖甲基苯丙胺 121.5 克。

江山市人民法院认为，被告人张传勇明知是毒品而进行贩卖，其行为已构成贩卖毒品罪。本案的证据能够相互印证，形成证据锁链，证明其贩卖毒品的事实。对公诉机关的指控予以支持，张传勇的相关辩解及其辩护人所提辩护意见依据不足，不予采纳。据此，依照《中华人民共和国刑法》第三百四十七条第二款第一项之规定，以被告人张传勇犯贩卖毒品罪，判处有期徒刑十五年，并处没收财产人民币五万元。

一审宣判后，被告人张传勇以原判认定的事实不清、证据不足为由提出上诉。

浙江省衢州市中级人民法院经二审审理认为，多名购毒者的证言证明，购买毒品需首先拨打短号为758729的手机，与一名外地人联系，然后将购毒款打入农业银行尾号为7476的账户，并根据对方发回的短信至藏毒地点取走毒品。相关通信客户详单、机主信息及通话、短信记录等书证、鉴定意见与上述证人证言相印证，足以认定短号为758729的手机、农业银行尾号为7476的账户用于贩毒。同时，根据上述手机系从张传勇身上扣押、上述账户由张传勇参与申请开户并与其另一部手机绑定、上述账户中有4万余元通过网银转至张传勇名下的另一账户等事实，足以认定张传勇实施了贩卖毒品行为。其所作无罪辩解前后矛盾，且明显不符合常理。张传勇及其辩护人所提相关意见不成立。据此，依照《中华人民共和国刑事诉讼法》第二百二十五条第一款第一项之规定，于2015年8月6日裁定驳回上诉，维持原判。

二、主要问题

对于采取非直接接触方式交易毒品，且被告人"零口供"的贩卖毒品案件，如何运用间接证据证明被告人的犯罪事实？

三、裁判理由

毒品犯罪隐蔽性较高，犯罪分子的反侦查意识也比较强，往往采取风险最小的作案方式，这给侦破、审判此类犯罪带来一定困难。近年来，随着信息技术的发展，资讯交流及资金支付方式更加便捷，出现了一种新的更为隐蔽的交易方式,即非接触式交易。贩毒分子利用移动通信终端与购毒者商定交易细节、确认付款、通知对方取货,交易双方在时空上有一定的距离,在互相不知道身份、体貌特征的情况下即可完成毒品交易。对此类案件,侦查中很难获取同时指向交易双方的证据,购毒者也无法直接指证出售毒品的人,认定行为人的犯罪事实有更大难度。本案就是一起典型的以非接触式交易方式实施的毒品犯罪。被告人张传勇将一定数量的毒品放置于隐蔽处,购毒者通过手机短信约购毒品并将购毒款汇入张的银行账户后,张传勇再以短信等方式告知购毒者藏毒位置,由购毒者自行取走毒品,俗称"打卡埋雷"。

在本案的审理过程中,对能否根据在案证据认定张传勇构成贩卖毒品罪,有两种意见:第一种意见认为,本案无同时指向交易双方的关联性证据,购毒者无法指证张传勇系售毒者,张传勇本人亦否认实施贩毒行为,认定其构成贩卖毒品罪的事实不清,证据不足。第二种意见认为,本案有较好的间接证据证实相关交易环节,且间接证据能形成完整的证据锁链,足以认定张传勇实施了贩毒行为。我们同意第二种意见,具体分析如下:

(一)根据多名购毒人员的证言及相关书证,可以认定短号为758729的手机和尾号为7476的农业银行账户被用于毒品犯罪

本案中,周某某、徐某等大量购毒者的证言均证实,购毒人员首先拨打短号为758729的手机,与一名外地人联系(张传勇系湖南省临武县人),商定交易内容后将购毒款打入该人提供的尾号为7476的农业银行账户,再根据对方发回的短信到藏毒地点取毒品,价格是每克400元。相关通信客户详单、机主信息及通话、短信记录等证实的短号为758729的手机通话情况,与上述证人证言相印证。同时,银行账户交易明细证实,尾号为7476的农业银行账户开户后三个月内共入账191笔,总金额4.9万元,每笔金额均为200元至800元的整数,其中188笔均在江山市区通过ATM机现金存入,2笔系转账(来自购毒人员胡某某)。该账户每笔入账的金额与购毒人员证实的毒品价格相对应,除福建省存入的400元外,汇款来源皆有据可查。绝大部分入账资金系通过ATM机现金存入的情节,也符合毒品交易中购毒人员欲隐瞒身份,避免留下交易痕迹的特点。综合上述证据,足以认定短号为758729

的手机和尾号为7476的农业银行账户被用于贩卖毒品,该手机及账户的实际控制人应系贩毒行为人。

(二)根据在案证据,足以认定被告人张传勇系短号为758729的手机和尾号为7476的农业银行账户的实际控制人,该账户所涉毒品交易均由张传勇实施

公安人员抓获被告人张传勇时从其身上扣押两部手机,一部号码为短号758729,其中提取到若干求购毒品的短信,另一部号码为15973533913,其中提取到尾号为7476、5414的两个农业银行账户余额变动提示短信。相关银行资料显示,尾号为7476的账户开户人系刘某某,绑定的手机号为张传勇使用的15973533913。张传勇亦认可其与刘某某一起到银行,用刘某某的身份证办卡的事实,并供称由其填写申请开户单,刘某某作为申请人签字。同时该账户中几乎全部款项分19笔转入张传勇名下的尾号为5414的农业银行账户,ATM机监控视频证实张传勇多次从尾号为5414的农业银行账户中取款。结合从张传勇处扣押的两部手机中存储的相关短信内容分析,可以认定短号为758729的手机和尾号为7476的农业银行账户均由张传勇实际控制,且被其用于毒品交易。

被告人张传勇在拒不交代犯罪事实的同时,辩称短号为758729的手机和尾号为7476、5414的农业银行账户均与其无关。首先,对短号为758729的手机的来源,张传勇先后有"不知道是谁的,我没有这个手机""来江山时,身上就有三部手机(包括短号758729手机)""路边捡来的"等多种辩解,辩解内容前后不一,而且其在被抓获时还刻意隐藏该手机,说明张对该手机可能会成为对其不利的证据有明确认识,其关于手机来源的辩解不足采信。其次,张传勇辩称"阿华"(身份不详)委托其办理尾号为7476的农业银行账户,该账户与其无关,且从未在江山市的农业银行ATM机上取过款,但不能对"阿华"委托其办理银行账户、该账户绑定张的手机号、该账户中的几乎全部资金均转入张的账户的原因作出合理解释。其辩解不能形成合理疑点,也与相关视频监控资料证实的情节不符,不影响事实认定。

综上,本案系采用非接触式交易方式实施的毒品犯罪,缺乏直接指向被告人贩卖毒品的证据,但一、二审法院通过分析、梳理间接证据间的印证关

系,认定在案证据能够形成完整的证据链,得出唯一结论,既符合法律和司法解释的相关规定,也有利于依法惩处此类毒品犯罪。

(撰稿:浙江省衢州市中级人民法院　罗志刚　唐海波
浙江省衢州市人民检察院　张思印
审编:最高人民法院刑五庭　马　岩)

[第 1196 号]

刘守红贩卖、制造毒品案

——如何认定制造毒品行为以及制毒数量

一、基本案情

被告人刘守红,男,1976 年 11 月 23 日生,无业。2015 年 1 月 23 日因涉嫌犯贩卖、制造毒品罪被逮捕。

江苏省苏州市吴江区人民检察院以被告人刘守红犯贩卖、制造毒品罪,向苏州市吴江区人民法院提起公诉。

被告人刘守红辩称,公安人员对其刑讯逼供,在苏州市吴江区盛泽镇郎中村租房查扣的东西并非其所有,其不构成制造毒品罪。其辩护人提出,现有证据无法证明用查扣的原料和设备,按照被告人刘守红供述的制毒方法可以制造出高纯度的甲基苯丙胺,故认定刘守红犯制造毒品罪的证据不足。

苏州市吴江区人民法院经公开审理查明:2014 年 11 月至 12 月间,被告人刘守红在其位于苏州市吴江区盛泽镇郎中村的租房内,采用从网上查找资料、购买制毒原料、工具等手段,制造甲基苯丙胺(冰毒)。刘守红在盛泽镇金盛花园小区附近、许金海外科诊所附近,采用电话联系等手段,先后 5 次向张永山、徐坤、谢继贩卖甲基苯丙胺共计 3.75 克。同年 11 月 17 日,公安人员从刘守红的租房内查获大量白色晶体和不同颜色的液体。经鉴定,净重 49.8 克的白色晶体中检出甲基苯丙胺成分,其中 22.8 克含量为 74.6%,19.5 克含量为 73%;净重 1 326.3 克的褐色液体中检出甲基苯丙胺成分,含量为 0.003%;净重 572.7 克的黄色液体中检出甲基苯丙胺成分,含量极低无法鉴定;净重 9 428.6 克的褐色液体中检出麻黄碱成分。

苏州市吴江区人民法院认为,被告人刘守红贩卖、制造甲基苯丙胺共计 53.55 克,其行为已构成贩卖、制造毒品罪。关于刘守红提出的其没有制造毒品、公安人员对其刑讯逼供的辩解及辩护人提出的相关辩护意见,经查,公安人员接到线索后在盛泽镇郎中村欧亚奔保行边的一号楼433房间抓获了刘守红,并在现场扣押毒品、制毒原料、工具及吸毒工具,证人朱久华指认刘守红就是向其租住上述房间的男子;刘守红对自己制造毒品的犯罪行为作过多次有罪供述,且刘守红被收押时,内外科检查均无异常,故对刘守红的辩解及辩护人的辩护意见不予采纳。刘守红对贩卖毒品事实当庭自愿认罪,酌情从轻处罚。据此,依照《中华人民共和国刑法》第三百四十七条第一款、第二款第一项、第七款,第五十五条第一款,第五十六条第一款,第五十九条之规定,判决如下:

被告人刘守红犯贩卖、制造毒品罪,判处有期徒刑十五年,剥夺政治权利五年,并处没收财产人民币五万元。

宣判后,被告人刘守红未提出上诉,公诉机关亦未抗诉,判决已发生法律效力。

二、主要问题

如何认定制造毒品行为以及制毒数量?

三、裁判理由

(一)关于制造毒品行为的认定

本案中,被告人刘守红在诉讼阶段前期曾承认制造甲基苯丙胺,但对制毒流程的供述不是特别清楚,对制毒原理也没有作出详细说明,后期则翻供否认实施制造毒品犯罪。其辩护人也提出,现有证据无法证明按照刘守红供述的方法能够制造出甲基苯丙胺。另外,公诉机关未提供侦查实验报告等证据证明按照刘守红供述的制毒方法确实能够制造出甲基苯丙胺。那么,刘守红的行为是否构成制造毒品罪?对刘守红供述的制毒方法是否需要通过侦查实验进行核实?

对此,我们认为,依据现有证据可以认定刘守红的行为构成制造毒品罪。理由如下:

第一,利用被告人刘守红供述的制毒"原料"能够制造出甲基苯丙胺(冰毒)。甲基苯丙胺,又名甲基安非他明、去氧麻黄碱,是一种无味或微有苦味的透明结晶体。甲基苯丙胺属于化学合成毒品,制造工艺相对简单。随着合成毒品消费需求在我国的迅速增长,制造合成毒品犯罪呈上升趋势。麻黄碱类物质是制造甲基苯丙胺等苯丙胺类合成毒品的主要原料,属于《易制毒化学品管理条例》品种目录列管的第一类易制毒化学品。早期,犯罪分子利用易制毒化学品管理上存在的个别漏洞,非法获得麻黄碱、伪麻黄碱等物质后合成甲基苯丙胺。随着行政管控的进一步加强,部分犯罪分子转而利用含有麻黄碱类物质的药品加工、提炼麻黄碱、伪麻黄碱,进而制造甲基苯丙胺。随后,又逐步发展成为利用天然植物麻黄草提炼麻黄碱类物质,或者是利用溴代苯丙酮化学合成麻黄碱类物质,再制造甲基苯丙胺。其中,含有麻黄碱类物质的药品是用于治疗感冒和咳嗽的常用药,常见的如新康泰克胶囊、麻黄碱苯海拉明片、消咳宁等。通过加工、提炼等方法,可以从这类药物中提取麻黄碱类物质,因而也使之成为犯罪分子争相获取的对象。本案中,刘守红曾供述,其通过从互联网上搜索"新康泰克""冰毒"查询到制造甲基苯丙胺的方法,将康泰克胶囊(复方盐酸伪麻黄碱缓释胶囊)与其他化学品混合后制造甲基苯丙胺,案发后公安人员不但从刘守红的租房内查获了甲基苯丙胺,也查获了大量含有麻黄碱成分的液体。据此,可以认定刘守红供述的利用含麻黄碱类物质的药物制造甲基苯丙胺的情况属实。

第二,根据现场查获物证情况,结合被告人刘守红供述,足以认定刘守红实施了制造毒品犯罪行为。办理制造毒品犯罪案件时,确有必要对犯罪嫌疑人、被告人制造毒品的方法、过程进行详细讯问,以查明其是否确实实施了制造毒品犯罪行为。但实践中,一些犯罪分子出于逃避罪责等考虑,并不如实供述自己制造毒品的具体方法和过程;也有一些犯罪分子受自身知识水平所限,并不了解也难以表述清楚自己制造毒品的具体技术原理,由此给司法人员查明案件相关事实带来了一定困难。那么,对于这种情况,是否都需要办案人员按照犯罪嫌疑人、被告人供述的制毒方法、过程进行侦查实验,以核实其供述的真伪,并据此认定其是否实施了制毒行为?

我们认为,如果根据在案查获的制毒原料、工具、技术配方及毒品成品、半成品等情况，结合犯罪嫌疑人、被告人对基本制毒方法、原理的供述，足以认定其实施了制造毒品犯罪行为的话，则不需要通过侦查实验来进行核实验证。况且，即使侦查实验表明犯罪嫌疑人、被告人供述的制毒方法不完全真实，亦不能得出其未实施制造毒品犯罪的结论。本案中，公安人员从刘守红的租房内查获了其供述的酒精、氯化铵、含麻黄碱成分的液体等制毒原料，酒精灯、电子秤等制毒工具，以及含甲基苯丙胺成分的白色晶体、液体等毒品成品或含毒品物质。案发后，公安人员从刘守红租房内搜查到刘守红供称的记载制毒方法的笔记本，上面确实记载了"甲基苯丙胺""麻黄草""红磷"等字样。刘守红亦曾供认，其将康泰克胶囊与其他化学品混合、加热后制造甲基苯丙胺。结合上述证据，足以认定刘守红实施了制造毒品行为，故无须通过侦查实验进一步核实，并且，即使被告人后期翻供，亦不足以推翻上述认定。

第三，被告人刘守红实施的行为属于利用化学方法加工、配制毒品的制造毒品行为。我国刑法没有对制造毒品犯罪的含义作出明确界定。由于犯罪分子制造毒品的手段复杂多样、不断翻新，为厘清制造毒品的概念，最高人民法院在2008年印发的《全国部分法院审理毒品犯罪案件工作座谈会纪要》（以下简称《大连会谈纪要》）中对此作了具体规定："制造毒品不仅包括非法用毒品原植物直接提炼和用化学方法加工、配制毒品的行为，也包括以改变毒品成分和效用为目的，用混合等物理方法加工、配制毒品的行为。"本案中，刘守红曾供述，其将康泰克胶囊、酒精、氯化铵、氢氧化钠及其他化学品在铁桶内混合，进行加热、冷却，后在桶壁上提取到白色晶体（甲基苯丙胺）。虽如前分析，刘守红可能并未全部如实供述制毒原料和方法、过程，但甲基苯丙胺只能通过化学方法加工合成，不能通过物理方法制造；且刘守红供述的制毒方法，符合将不同化学品混合后使之发生化学反应的基本原理。故可以认定刘守红实施了利用化学方法加工、配制毒品的行为，其行为属于《大连会谈纪要》规定的制造毒品行为。

综上，根据现有证据足以认定被告人刘守红从互联网上查询制毒方法后，以含麻黄碱类物质的药品和其他化学品为原料，采用化学方法制造合成甲基苯丙胺，其行为构成制造毒品罪。

（二）关于制造毒品的数量认定

本案中，公安机关从被告人刘守红的租房内查获40余克白色晶体和大量不同颜色的液体。其中，49.8克白色晶体经鉴定检出甲基苯丙胺成分，系甲基苯丙胺成品，应认定为刘守红贩卖、制造毒品的数量，对此不存在争议。对于9 428.6克检出麻黄碱成分的褐色液体，因未检出毒品成分，故不计入毒品数量。而对于检出甲基苯丙胺成分的1 326.3克褐色液体（甲基苯丙胺含量为0.003%）和572.7克黄色液体（甲基苯丙胺含量极低、无法鉴定含量）是否应当认定为刘守红制造毒品的数量，审理过程中存在一定争议。

对于制造毒品的数量认定，最高人民法院2015年印发的《全国法院毒品犯罪审判工作座谈会纪要》（以下简称《武汉会议纪要》）规定："制造毒品案件中，毒品成品、半成品的数量应当全部认定为制造毒品的数量，对于无法再加工出成品、半成品的废液、废料则不应计入制造毒品的数量。对于废液、废料的认定，可以根据其毒品成分的含量、外观形态，结合被告人对制毒过程的供述等证据进行分析判断，必要时可以听取鉴定机构的意见。"

废液、废料通常是指已经不具备进一步提取（提纯）毒品条件的固体或者液体废弃物，能够检出毒品成分但含量极低。从上述规定可以看出，废液、废料的认定对于制造毒品的数量认定较为重要。实践中，认定废液、废料的关键在于废液废料与半成品的区分。根据《武汉会议纪要》的上述规定，对于制造毒品案件中查获的含有毒品成分，但外观明显有别于成品的非常态物质，除结合被告人对制毒过程的供述、物品的外观、提取状况等进行分析外，主要根据其毒品含量判断属于半成品还是废液、废料，必要时可以听取鉴定机构的意见。而国内有关技术专家提出，对于制造毒品现场查获的毒品含量在0.2%以下的物质，犯罪分子因受技术水平所限，通常难以再加工出毒品，且从成本角度考虑，犯罪分子也不太可能再对含量如此之低的物质进行加工、提纯，故0.2%的含量标准可以作为认定废液、废料时的参考。

根据有关法律规定及通常做法，结合本案具体情况，我们认为，对于查获的1 326.3克褐色液体和572.7克黄色液体，应当认定为制毒过程中产生的废液，不应计入被告人刘守红制造毒品的数量。理由如下：第一，上述

1 326.3克褐色液体的甲基苯丙胺含量极低，仅为0.003%，572.7 克黄色液体甚至低至无法鉴定出准确含量。无论是从技术水平角度还是从成本角度，都很难再被用于制造毒品。第二，根据刘守红的供述，其将买来的“原料”加水后放在铁锅铁桶里煮，煮到沸腾之后再冷却，锅(桶)壁上就结了和冰毒一样的东西。公安人员从刘守红的租房内查获的褐色液体装在铁锅里，且甲基苯丙胺含量极低，故应系析出甲基苯丙胺后剩余的液体。第三，查获的572.7 克黄色液体的主要成分是酒精，里面含有极微量的甲基苯丙胺。根据刘守红的供述，酒精亦是他制毒的“原料”之一，故不排除是在制毒过程中混入了极少量的甲基苯丙胺成分。

综上，苏州市吴兴区人民法院将本案中现场查获的甲基苯丙胺含量极低的液体认定为废液，不计入被告人刘守红制造毒品的数量，符合《武汉会议纪要》的相关规定，体现了罪责刑相适应的刑法原则，是合理的。

(撰稿:最高人民法院刑五庭　李静然
江苏省苏州市吴兴区人民法院　沈　丽
审编:最高人民法院刑五庭　马　岩)

[第 1197 号]

章远贩卖毒品、容留他人吸毒案

——为索要债务而唆使他人贩卖毒品的行为如何定性

一、基本案情

被告人章远,男,1979 年 3 月 26 日出生。1996 年 12 月 21 日因犯盗窃罪、故意伤害罪被判处有期徒刑十五年,剥夺政治权利二年,2010 年 1 月 1 日刑满释放。2014 年 12 月 13 日因涉嫌犯贩卖毒品罪被逮捕。

湖北省襄阳市襄城区人民检察院以被告人章远犯贩卖毒品罪、容留他人吸毒罪,向襄城区人民法院提起公诉。

襄城区人民法院经公开审理查明:2012 年,邵辉欠被告人章远车辆维修费一直未还。2014 年 11 月 3 日晚,章远找到邵辉后将其带至襄城区艾泽万和时尚宾馆 8806 房间内索要欠款,邵辉无钱偿还债务,章远提出不管用什么方法都要还钱,并安排潘魏、李箓恩跟着邵辉;11 月 4 日至 5 日,邵辉在艾泽万和时尚宾馆房间内电话联系多名吸毒人员贩卖毒品,并将贩毒所得 1 000 余元交给章远;其间,章远在 8806 房间容留邵辉、潘魏、李箓恩多次吸食毒品;11 月 5 日 18 时许,公安机关在艾泽万和时尚宾馆门口将邵辉及李箓恩抓获,从邵辉身上查获甲基苯丙胺片剂(俗称“麻古”)6 粒共计 0.6 克,随后在 8806 房间抓获章远、潘魏,在房间内当场查获甲基苯丙胺(冰毒)3 袋共计 38.6 克、含海洛因成分的黄色粉末 1 袋共计 1 克、含咖啡因成分的红色药丸 127 粒共计 13.3 克。

襄城区人民法院认为,被告人章远容留他人吸食毒品,其行为已构成容留他人吸毒罪。公诉机关指控章远犯贩卖毒品罪,证据不足,不能成立。章远曾因故意犯罪被判处有期徒刑刑罚,刑满释放后五年内再次犯罪,构成累犯,依法应从重处罚。依照《中华人民共和国刑法》第三百五十四条、第六十五条第一款、第五十二条、第五十三条之规定,判决被告人章远犯容留他人吸毒罪,判处有期徒刑一年三个月,并处罚金人民币八千元。

宣判后,被告人章远未上诉。襄城区人民检察院提出抗诉,具体理由:一是章远明知邵辉系贩毒人员而唆使其贩卖毒品偿还债务,二人构成贩卖毒品罪的共犯,一审判决认定章远不构成贩卖毒品罪属于法律认识错误;二是查获的毒品所有权不能确定并不意味着章远对其房间的毒品不承担刑事责任,建议二审法院认定章远犯贩卖毒品罪。

襄阳市中级人民法院经审理查明:2012 年 3 月,邵辉(另案处理)因租用车辆发生车祸,欠下被告人章远修车费没有偿还。2014 年 11 月 3 日晚,章远指使他人将邵辉带至襄城区艾泽万和时尚宾馆由章远登记入住的 8806 房间,向邵辉索要欠款未果,章远又喊来潘魏、李箓恩(另案处理)帮助控制邵辉,后与邵辉达成合意:由邵辉通过贩卖毒品偿还债务;11 月 4 日至 5 日,邵辉在 8806 房间内打电话联系多名吸毒人员贩卖毒品,章远均派潘魏、李箓恩跟随邵辉前去交易,共贩卖甲基苯丙胺 10 余克,收取毒资 1 000 余元。其间,章远多次在 8806 房间容留邵辉、潘魏、李箓恩吸食毒品。11 月 5 日 18 时许,公安机关在艾泽万和时尚宾馆门口将邵辉及李箓恩抓获,从邵辉身上查获甲基苯丙胺片剂 6 粒共计 0.6 克,随后在 8806 房间抓获章远、潘魏,在房间内当场查获甲基苯丙胺 3 袋共计 38.6 克、含海洛因成分的黄色粉末 1 袋共计 1 克、含咖啡因成分的红色药丸 127 粒共计 13.3 克。

襄阳市中级人民法院认为,原审被告人章远与他人合谋并实施贩卖毒品的活动,获取利益,其行为已构成贩卖毒品罪。章远容留他人吸食毒品,其行为又构成容留他人吸毒罪。章远犯数罪,依法应予并罚。章远曾因故意犯罪被判处有期徒刑刑罚,刑满释放后五年内再次犯罪,构成累犯,依法应从重处罚。原审判决对指控的容留他人吸毒罪认定事实清楚,适用法律正确,量刑适当,审判程序合法,但对指控的贩卖毒品罪认定事实不清。依照《中华人民共和国刑法》第三百四十七条第三款、第三百五十四条、第二十五条第一款、第二十九条第一款、第六十五条第一款、第六十九条以及《中华人民共和国刑事诉讼法》第二百二十五条第一款第三项之规定,判决如下:

1. 撤销襄阳市襄城区人民法院(2015)鄂襄城刑初字第 00151 号刑事

判决;

2. 原审被告人章远犯贩卖毒品罪,判处有期徒刑七年,并处罚金人民币一万元;犯容留他人吸毒罪,判处有期徒刑一年三个月,并处罚金人民币八千元;决定执行有期徒刑八年,并处罚金人民币一万八千元。

二、主要问题

1. 明知债务人系贩毒分子而唆使其贩卖毒品以偿还债务,是否构成犯罪?

2. 在贩毒人员住地查获毒品的所有人不能查明时如何确定被告人的刑事责任?

三、裁判理由

(一)明知债务人系贩毒分子而唆使其贩卖毒品以偿还债务,应当以贩卖毒品罪的教唆犯定罪处罚

本案审理过程中,对被告人章远唆使邵辉贩卖毒品用来偿还债务的行为如何定性,存在两种不同意见:第一种意见认为,章远的主观故意是索要个人合法债务,至于邵辉以何种方式偿还债务,章远不仅无法决定,而且对他人的犯罪行为不负有特定的制止义务,因此,章远不构成犯罪。第二种意见认为,章远明知邵辉系贩毒人员,而唆使、控制其实施贩毒行为,构成贩卖毒品罪的教唆犯。

我们赞同第二种意见。本案涉及教唆犯的认定问题,根据刑法理论和刑法第二十九条的规定,教唆犯是故意唆使他人实行犯罪的人。构成教唆犯,需要具备两个条件:一是主观方面必须有教唆他人犯罪的故意。教唆的故意,也包括认识因素与意志因素两个方面,即认识到自己的教唆行为会使被教唆人产生犯罪意图进而实施犯罪,以及被教唆人的犯罪行为会发生危害社会的结果,希望或者放任被教唆人实施犯罪行为及其危害结果的发生。二是客观方面必须有教唆他人犯罪的行为。教唆行为必须引起他人实施犯罪行为的意思,进而使之实行犯罪。教唆行为的方式没有限制,既可以是口头的,也可以是书面的,还可以是暗示性的眼色、手势等动作。教唆的方法

也是多种多样的,如劝告、请求、指示、怂恿、命令、胁迫等。具体到本案,被告人章远故意教唆、控制他人实施贩卖毒品的活动,应以贩卖毒品罪的教唆犯论处,理由如下:

第一,被告人章远怂恿、控制他人贩卖毒品,收取毒赃以抵销债务,具有唆使他人贩卖毒品的客观行为和主观故意。

被告人章远指使李箓恩、潘魏将邵辉带到宾馆逼要债务,并限制其人身自由。章远索债未果,便怂恿邵辉贩卖毒品"赚"钱还债,并安排李箓恩、潘魏跟随、控制邵辉多次实施贩卖毒品的活动,收取毒赃归其所有。章远的行为客观上使他人产生了实施毒品犯罪的故意,并实施了毒品犯罪行为,造成了相应的社会危害。主观上,章远以怂恿、胁迫的方式唆使邵辉实施贩卖毒品活动,其应当认识到自己的教唆行为会使他人产生贩卖毒品的犯罪意图进而实施犯罪,同时亦认识到贩卖毒品行为会发生危害社会的结果,但对他人实施贩卖毒品行为及该行为产生的社会危害结果持希望或放任的态度,能够认定章远主观上具有教唆他人犯罪的故意。综上,章远具有唆使他人贩卖毒品的客观行为和主观故意,构成贩卖毒品罪的教唆犯。

第二,索要合法债务的犯罪动机,不影响对被告人章远贩卖毒品罪的认定。

在我国的刑事立法和司法实践中,犯罪动机不属于犯罪构成的要件,而是量刑时考虑的重要因素。本案中,被告人章远的犯罪动机虽然是向邵辉索要个人合法债务,但其明知债务人贩卖毒品,却唆使其通过贩卖毒品获利来偿还债务并对其贩卖毒品的过程实施监控,获取收益,其主观上虽然没有一般毒品犯罪牟取非法利益的目的,但仍然具有通过实施毒品犯罪获取非法利益来实现其债权的目的,与牟取非法利益的贩卖毒品行为没有本质上的区别。

第三,被告人章远教唆债务人贩卖毒品,对章远应当依照贩卖毒品罪的教唆犯量刑。

被告人章远虽未直接实施贩卖毒品的行为,但其教唆邵辉贩卖毒品,因此,章远系邵辉贩卖毒品的共同犯罪人,并构成教唆犯,应当依照刑法第二十九第一款关于"教唆他人犯罪的,应当按照他在共同犯罪中所起的作用处罚”的规定量刑。邵辉贩卖甲基苯丙胺的数量是10余克,对章远的教唆行为应当根据刑法第三百四十七条第三款的规定,依法在七年以上有期徒刑的幅度内量刑。章远具有累犯的从重处罚情节,依法应当从重处罚。章远教唆邵辉贩卖毒品的动机是实现自身的合法债务,这与一般贩卖毒品系为了获取暴利的动机有所区别,与一般贩卖毒品犯罪的主观恶性相比较轻。综合考虑上述情况,二审法院对章远的教唆贩卖毒品行为处以七年有期徒刑并处一万元罚金是适当的。

(二)涉案毒品的所有人不能确定,不影响本案的定性

本案中,被告人章远与邵辉均供述涉案毒品系对方所有,证人李箓恩、潘魏根据推测判断查获的毒品系章远所有;由于缺少宾馆监控视频、指纹痕迹鉴定等客观证据,根据本案现有证据难以确定查获的毒品是章远的还是邵辉的。根据最高人民法院2015年5月印发的《全国法院毒品犯罪审判工作座谈会纪要》的规定,对于从贩毒人员住所查获的毒品,一般均应认定为其贩卖的毒品。基于章远、邵辉具有共同贩卖毒品的主观故意和客观行为,即便不能确认涉案毒品的所有人,也不影响章远的行为构成贩卖毒品罪。当然,在量刑时可结合毒品数量与情节予以适当考虑。

(撰稿:湖北省襄阳市中级人民法院　李沈岐
审编:最高人民法院刑四庭　陆建红)

[第 1198 号]

阎某以危险方法危害公共安全案

——在家中释放天然气用以自杀，但引发室内、室外数次爆炸的，如何认定因果关系

一、基本案情

被告人阎某，男，1970 年 10 月 23 日出生。2013 年 10 月 10 日因涉嫌犯以危险方法危害公共安全罪被逮捕。

天津市人民检察院第二分院以被告人阎某犯以危险方法危害公共安全罪，向天津市第二中级人民法院提起公诉。

被告人阎某对指控的事实无异议。其辩护人提出，阎某认罪态度好，且系初犯，请求对其从轻处罚。

天津市第二中级人民法院经公开审理查明：2012 年 2 月 15 日 9 时许，被告人阎某在天津市河西区某小区 403 室家中，为自杀而持刀割断厨房内天然气软管，致使天然气长时间泄漏。当日 11 时 20 分许，该楼 503 室居民做饭时引发爆炸。11 时 35 分许，阎某触动厨房电灯开关，再次引发爆炸，致楼内居民詹某某当场死亡，3 人受轻微伤，多名居民家中财产遭受不同程度的损毁，该栋楼房构成局部危房。爆炸的坠落物造成附近停放的众多车辆损坏，损失共计 9.439 3 万元。

天津市第二中级人民法院认为，被告人阎某为求自杀在家中释放天然气，致使天然气发生爆炸，给周围邻里的生命、健康及财产造成重大损失，严重危害公共安全，其行为已构成以危险方法危害公共安全罪。据此，依照《中华人民共和国刑法》第一百一十五条、第五十七条第一款之规定，以危险方法危害公共安全罪判处被告人阎某死刑，剥夺政治权利终身。

一审宣判后，被告人阎某以原审量刑过重为由提出上诉。其辩护人提出，阎某属间接故意犯罪，平时表现良好，如实供述罪行，愿意积极赔偿，建议对阎某从宽处罚。

天津市高级人民法院经二审审理认为，被告人阎某为求自杀而置公共安全于不顾，释放天然气引发连续爆炸，造成无辜群众死伤及重大财产损失，其行为构成以危险方法危害公共安全罪。综合现场勘查及物证提取等情况，参考二审期间鉴定机构出具的关于爆炸原因的鉴定意见，能够认定系天然气爆炸，且在案证据能形成完整的证据锁链，足以认定阎某割断软管释放天然气的行为与最终引发爆炸之间存在因果关系。据此，依照《中华人民共和国刑事诉讼法》第二百二十五条第一款第一项、第二百三十五条之规定，于2013年12月4日裁定驳回上诉，维持原判，并依法报请最高人民法院核准。

最高人民法院经复核确认的事实与第一、二审相同。

最高人民法院认为，被告人阎某明知天然气是易燃易爆气体，为求自杀而故意释放家中天然气进而引发爆炸，危害公共安全，其行为已构成以危险方法危害公共安全罪。阎某的犯罪行为致1人死亡、数人受轻微伤，并使公私财产遭受重大损失，罪行严重，应依法惩处。鉴于阎某系为自杀而实施犯罪行为，主观上属间接故意，根据本案的具体情况，对阎某可不判处死刑立即执行。第二审裁定认定的事实清楚，证据确实、充分，定罪准确，审判程序合法。据此，依照《中华人民共和国刑事诉讼法》第二百三十五条、第二百三十九条和《最高人民法院关于适用〈中华人民共和国刑事诉讼法〉的解释》第三百五十条第五项、第三百五十三条第一款之规定，裁定不核准并撤销天津市高级人民法院维持第一审以以危险方法危害公共安全罪判处被告人阎某死刑，剥夺政治权利终身的刑事裁定，发回天津市高级人民法院重新审判。

天津市高级人民法院经重新审理，以以危险方法危害公共安全罪判处被告人阎某死刑，缓期二年执行，剥夺政治权利终身。

二、主要问题

行为人在家中释放天然气引发室外、室内数次爆炸的，如何认定数次爆炸均由行为人释放的天然气引发？

三、裁判理由

在司法实践中,因故意释放天然气引发爆炸而构成犯罪的案件并不多见。从实施释放天然气的行为到他人人身财产遭受损害,一般要经历较为复杂的过程,包括长时间释放天然气、空气中天然气达到一定浓度、天然气被引燃、燃烧过程中引发爆炸、爆炸造成人身财产损失等一系列环节。同时,天然气系日常使用的易燃易爆气体,在发生爆炸的场所可能有多个用户在爆炸前使用天然气,确定引发爆炸的天然气来源于行为人故意释放的天然气,需要排除其他用户泄漏天然气引发爆炸的可能性,故认定过程有一定复杂性。

本案是比较典型的在居民区故意释放天然气引发爆炸,致居民楼及其他住户遭受损害的案件。被告人阎某为求自杀而在家中割断天然气软管,致使天然气大量泄漏的事实,有充分的证据证实,认定上并无疑义。而对于先后发生在阎某楼上住户的小规模爆炸和阎某家中的大规模爆炸,是否均由阎某家中泄漏的天然气引发,在案件审理过程中存在不同意见:一种意见认为,根据在案证据尚无法认定阎某持刀割断天然气软管释放天然气与两次爆炸有因果关系,存在阎某楼上住户或其他住户天然气泄漏的可能性;同时,亦无法认定两次爆炸系天然气爆炸,不排除其他易燃易爆物质爆炸后引发天然气燃烧的可能性。另一种意见认为,根据在案证据足以认定两次爆炸均由阎某家中泄漏的天然气引发,其持刀割断天然气软管释放天然气行为与两次爆炸有因果关系。我们同意第二种意见,具体分析如下。

(一)在案证据足以证实第一次爆炸由403室释放的天然气引发

从在案证据来看,发生在503室的第一次爆炸由被告人阎某居住的403室释放的天然气引发。理由包括:第一,阎某供称,当日9时许其在家中割断天然气软管,至11时20分许其楼上发生爆炸时天然气已大量泄漏。经鉴定机构鉴定,两层楼房的水管与楼板之间有较大的缝隙,403室释放的天然气可由缝隙扩散到503室。第二,503室居民张某某的证言证实家中天然气使用正常,爆炸发生时其正在做饭,点火两三分钟后发生爆炸,未发现异常情况。公安机关技术人员在现场勘查时对503室厨房进行了检查,天然气相关设备均正常。综合这两方面理由,可排除503室厨房发生天然气泄漏的可能性,弥漫在503室厨房并导致爆炸的天然气只能来自楼下403室。至于503室厨房灶具点火两三分钟后才发生爆炸的现象,也符合天然气燃烧、爆炸的特点。据相关专家介绍,点火后燃气灶周围天然气浓度不高,故未发生爆炸,随着楼下泄漏气体的渗入,火焰附近空气中的天然气浓度达到临界点后即会发生爆炸。

(二)在案证据足以证实第二次爆炸发生在403室,且由被告人阎某开灯引发

综合分析证据,可以认定第二次爆炸发生在403室,且由被告人阎某开灯点燃厨房泄漏的天然气引发。理由是:第一,现场勘验、检查笔录证实,403室厨房内的天然气软管被切断且断口新鲜,燃气公司出具的说明材料证实案发当月该户燃气使用量陡增,说明该户天然气软管被人为割断,导致天然气大量泄漏。上述情况与阎某所供为求自杀而用刀割断天然气软管的情节能够相互印证。第二,该室防盗门及门锁均由内向外弯曲,卧室的上下楼板均被炸穿,鉴定意见亦证实自该室提取的镜子碎片上检出天然气爆炸燃烧残留成分,说明该室发生过剧烈的天然气爆炸,爆炸形成强烈的冲击波向周围扩散。死亡被害人詹某某居住的401室防盗门由外向内弯曲,室内有多处气体冲击波造成的物品位移、破损痕迹,但无燃烧痕迹,说明该室受到来自室外的爆炸冲击波破坏,室内并未发生爆炸。第三,理化检验报告证实从阎某身上检出与厨房遗留的橙黄色附着物同类的物质,鉴定意见证实此次爆炸的引火源是厨房电灯开关火花,上述情节与阎某所供躺在厨房内吸天然气,后起身开灯时发生爆炸的情节相互印证。

发生在403室的第二次爆炸比第一次更为剧烈,且直接造成被害人詹某某死亡,在通过在案证据认定被告人阎某开灯引发天然气爆炸事实的同时,从排除合理怀疑的角度出发,还应对以下两个问题进行合理解释:一是403室内空气中的天然气浓度在爆炸前是否达到爆炸临界点?是否有其他易燃易爆物质引发爆炸?二是为什么爆炸发生在403室厨房,但卧室受损更为严重,爆炸产生的冲击波还造成邻居詹某某死亡,而身处厨房的阎某本人仅受轻伤?

1.关于第一个问题。据相关专家介绍,空气中天然气含量达到一定比

例(一般为5%~15%)后会引发爆炸,但割断胶管后释放出的天然气总量无法准确计算,根据以往办案经验,天然气释放两三个小时后足以达到发生爆炸的浓度。403室建筑面积为36m^2(实际使用面积不详),按此类房屋通常层高2.7米计算,则室内总体积为97.2m^3,若按实际使用面积计算,总体积应不超过90m^3,考虑到室内设施、用品还占有一定体积,故实际可容纳气体的体积明显小于90m^3。该室燃气表显示每小时最大释放量为4m^3,按阎某所供至第二次爆炸时已放气约两小时,可释放天然气约8m^3,天然气如无外泄,则室内浓度为8.9%(室内总体积以90m^3计算)。即使有部分天然气泄漏至楼上,考虑到该室容纳气体的实际体积不足90m^3,厨房处天然气浓度可能相对较高等情况,认定该室发生爆炸时天然气浓度(至少是局部浓度)已达到爆炸临界点与科学常理并无明显矛盾。也就是说,在没有其他易燃易爆物质参与的情况下,该室内的天然气遇到电火花后足以发生燃烧、爆炸。上述测算虽然并不精确,但对解释爆炸发生的原因,增强内心确信有较大帮助。此外,现场勘查情况及相关技术鉴定显示,现场并未发现天然气以外的其他易燃易爆物质爆炸的痕迹。

2. 关于第二个问题。据相关专家介绍,天然气爆炸确有距离爆炸点较远的位置受损反而更严重的特点,引发爆炸的起火点处往往爆炸并不剧烈,冲击波经过传导可在较远处形成更剧烈的爆炸,大量的实际案例中存在这种现象,但形成此现象的具体原理尚待研究。本案第二次爆炸发生在厨房,但在卧室及室外造成更严重的损害,符合天然气爆炸的特点。

综上,根据在案证据及相关论证可认定先后发生的两次爆炸均由被告人阎某释放的天然气引发。因天然气泄漏引发爆炸的案件比较罕见,证实此类犯罪的证据体系也与抢劫、故意杀人等常见犯罪明显不同,审理时既要全面审查、判断证实行为人实施故意释放天然气行为的相关证据是否确实、充分,也要综合运用在案证据排除由其他因素引发爆炸的可能性,同时还要对有关疑问作出科学、合理的解释,最终得出唯一的结论。

(撰稿:最高人民法院刑五庭　张春喜
审编:最高人民法院刑五庭　马　岩)

[第 1199 号]

吕丽玲走私普通物品案

——携带贵金属纪念币入境的行为如何定性

一、基本案情

被告人吕丽玲,女,1961 年 5 月 15 日出生,香港居民。因涉嫌犯走私普通货物罪先后被罗湖海关缉私分局、深圳市人民检察院取保候审。

广东省深圳市人民检察院以被告人吕丽玲犯走私普通货物罪向深圳市中级人民法院提起公诉。

被告人吕丽玲对公诉机关指控的犯罪事实没有异议。其辩护人提出:(1)涉案物品系面额 300 元的纪念银币,为国家法定货币,海关将之计税的依据不足;(2)吕丽玲是初犯、从犯,有自首情节和悔罪表现,请求法院对其适用缓刑。

深圳市中级人民法院经审理查明:2012 年 2 月 18 日,被告人吕丽玲从香港经罗湖口岸入境,被海关抽查。海关工作人员经检查,在吕丽玲随身携带的行李内发现有 10 枚未向海关申报入境的纪念银币。经中国检验认证集团深圳有限公司鉴定,该 10 枚银币均为 2012 版中国壬辰(龙)纪念币,每枚重 1 千克,面额 300 元。经深圳市价格认证中心鉴定,涉案银币单价人民币 38 000 元。经深圳海关审单处计核,10 枚银币共计偷逃税款人民币 64 600 元。

案件审理过程中,深圳市人民检察院以法律规定发生变化为由,决定撤回对被告人吕丽玲的起诉。深圳市中级人民法院认为,深圳市人民检察院要求撤回对被告人吕丽玲起诉的理由符合法律规定,裁定准许广东省深圳市人民检察院撤回对吕丽玲的起诉。

二、主要问题

1. 携带贵金属纪念币入境的行为应如何定性?

2. 走私关税为零的普通货物、物品的行为是否构成走私罪?

3. 如何计算被告人的偷逃税款额?

三、裁判理由

(一)携带贵金属纪念币入境的行为应如何定性

司法实践中,对于走私纪念币的行为应如何定性争议较大。争议的焦点在于如何认定纪念币的属性,根据每种属性认定,会出现罪与非罪的不同定性结果。

第一种观点认为,纪念币属于法定货币,但不属于限制进出口货物、物品。《中华人民共和国人民币管理条例》明确规定,中华人民共和国的法定货币是人民币;纪念币是具有特定主题的限量发行的人民币,包括普通纪念币和贵金属纪念币。根据海关总署令第43号发布的《中华人民共和国禁止、限制进出境物品表》,国家货币属于限制进出境的物品,但相关法规规定的"人民币限额"系指流通人民币限额,贵金属纪念币不属于限制进出口的货物、物品,故携带法定货币中的贵金属纪念币入境的行为不构成犯罪。

第二种观点认为,纪念币属于贵重金属。贵重金属是指金银以及与金银同等重要的其他金属。《中华人民共和国金银管理条例》规定,金银包括金银铸币。经鉴定,涉案纪念币含银99.9%,物理性质是贵重金属。但被告人系携带银币入境,而非出境,其行为不构成走私贵重金属罪。

第三种观点认为,纪念币属于商品,可以成为走私普通货物、物品罪的对象。

我们同意第三种观点。在我国,贵金属纪念币是指具有特定主题的限量发行的国家法定货币,它由金、银、铂、钯等贵金属或其合成金制作而成。《中华人民共和国人民币管理条例》第十八条规定:"中国人民银行可以根据需要发行纪念币。纪念币是具有特定主题的限量发行的人民币,包括普通纪念币和贵金属纪念币。"因此,贵金属纪念币作为国家货币具有法定性。

但是，贵金属纪念币又不同于流通人民币，可以买卖，1997 年 9 月 5 日《中国人民银行、国家工商行政管理局关于贯彻落实〈国务院办公厅关于禁止非法买卖人民币的通知〉的通知》第三条规定，“贵金属纪念币自发行之日起即可上市经营”。因此，贵金属纪念币具有双重属性：既有货币属性，也有商品属性，具有价值和使用价值；其价值是设计、雕刻、铸造、发行等无差别的人类劳动，使用价值是满足人们收藏、纪念、投资等需求。作为人民币的一个特殊种类，贵金属纪念币还演变成了一种艺术品、收藏品和投资品，其面额只是象征法定货币的符号，不反映其真实价值，其实际价值远高于币面价值。故可以将贵金属纪念币区别于普通的人民币，作为走私普通货物、物品罪的对象。

走私普通货物、物品罪是选择性罪名。根据《中华人民共和国海关法》的规定，进出口“货物”与进出境“物品”的区别包括两个方面：一是实质要件，即货物在进出境环节或进出境目的上属于贸易性质，物品在进出境环节或进出境目的上属于非贸性质；二是形式要件，即货物应当签有合同或协议，物品则不存在合同或协议。根据上述区别，本案所涉贵金属纪念币应属于物品。行为人如果逃避海关监管，携带纪念币入境，偷逃应缴税额较大的，其行为构成走私普通物品罪。

（二）走私关税为零的普通货物、物品的行为能否构成走私罪

将涉案纪念币作为普通物品对待，有两种属性：一是作为收藏品；二是作为贵金属制品，根据海关《进出口税则商品及品目注释》的规定，分别可归入“硬币”“贵金属或包贵金属的其他制品”“收藏品”这三种品目的税则来计算偷逃税款。但不论归入上述三种税则中的哪一种，根据相关的海关规定，进口贵金属纪念币需缴纳的关税均为零。

根据我国一般的刑法理论，走私罪侵犯的客体是对外贸易管制，即通过对进出口货物的监督、管理与控制，防止偷逃关税及阻止或限制不该进出口的物资进出口，故走私罪是与关税的征收及许可证制度紧密联系在一起的，在关税为零的情况下，能否将在进出口时偷逃其他税款的行为认定为走私罪呢？对此我们持肯定态度。理由如下：

1. 依照《最高人民法院、最高人民检察院关于办理走私刑事案件适用法

律若干问题的解释》(以下简称《解释》)第十八条的规定,“应缴税额”包括进出口货物、物品应当缴纳的进出口关税和进口环节海关代征税的税额。故海关征收关税以外的代征税款也属于海关的监管职责,走私对象包括有关税的货物、物品和无关税但在进口环节由海关代征税款的货物、物品。随着我国对外贸易的发展,现在有很多货物、物品的关税均已取消,如果对于走私关税为零的货物一概不作为犯罪处理,将会对海关的监管工作和我国正常的经济秩序带来严重的不利影响。

2. 世界上许多国家均把在出入境环节偷逃普通税款的行为认定为走私行为,在我国的司法实践中,也已有很多将此类行为认定为走私罪的案例。

3. 从世界对外贸易发展的趋势来看,国与国之间货物、物品进出口的关税会越来越低,很多货物的关税都有可能取消,一个国家往往会通过关税以外的方式(如在这个环节征收较高的流转税)来控制物品的进出口,在这种贸易发展的大背景下,将在进口环节偷逃税款(即使偷逃的税款中关税为零)的行为认定为走私,符合走私认定观念转变、发展的大方向。

(三)如何计算被告人的偷逃税款额

偷逃税款额的计算涉及两个变量:一是货物、物品的价格;二是货物、物品的税率,而税率又与货物、物品归入哪个税则有关,所以我们首先需要解决的是本案纪念币的税则问题。经分析后我们认为,本案纪念币应归入“硬币”税则,理由如下:

1. 虽然本案纪念币具有收藏价值,但海关《进出口税则商品及品目注释》品目97.05明确了收藏品的定义,即“具有动物学、植物学、矿物学、解剖学、历史学、考古学、古生物学、人种学或钱币学意义的收集品及珍藏品”。涉案银币作为近年发行的一种纪念币,如要归入上述收藏品品目,也只可能是“具有钱币学意义的收集品及珍藏品”这一类。而“具有钱币学意义的收集品及珍藏品”指的是“报验时为成套或零散的硬币、不再作为法定货币使用的钞票(品目49.07所列货品除外)及纪念币”;“对于零散的硬币或纪念币,每批货物通常只有少量几个某种硬币或纪念币的样品。这些样品只有明显作为收集成套使用才能归入本品目”。本案中,被告人吕丽玲携带的纪念币为2012年中国壬辰(龙)年金银纪念币套币(共15款)中的同一款纪念币 10 枚,显然不是作为收集成套使用,不符合海关《进出口税则商品及品目注释》中收藏品的定义。

2. 从海关《进出口税则商品及品目注释》规定的“硬币(包括贵金属硬币)”和“贵金属或包贵金属的其他制品”两个税则的条款内容来看,纪念币似可纳入其中任何一个税则,但考虑到“硬币”税则中明确提到了贵金属硬币,按照特别优于一般的理论,将纪念币归入“硬币”税则应是更为妥当的做法。故本案侦查机关对涉案纪念币引用“硬币”的税则号列并无不妥。涉案纪念币的关税为零,但海关代征的增值税税率为 17% 。

关于涉案纪念币价格的确定问题。本案纪念币价格的确定存在以下几种情况:一是将其作为银制品作价,涉案纪念币每枚重 1 000 克,10 枚共重 10 000 克,按案发时每克 7.1 元左右的银价计算,涉案纪念币的总价值在 71 000元左右;二是按照纪念币的面额作价,每枚 300 元,10 枚 3 000 元;三是按照纪念币的市场价格计算。我们认为,第三种确定方式较为客观、合理。这主要是考虑本案中的纪念币体现更多的是一种商品属性,那么就应该以纪念币的市场价格来作为计核偷逃税款的基础。市场价格更能反映纪念币的真实价值,行为人走私贵金属纪念币的目的在于追求纪念币的市场价值,而不在于追求其金属的价值或标注的面额价值,所以这样的认定罚当其罪,更能体现罪刑相适应原则。此外,《中华人民共和国海关计核涉嫌走私的货物、物品偷逃税款暂行办法》第十九条规定,涉嫌走私进口的黄金、白银和其他贵重金属及其制品、珠宝制品以及其他有价值的收藏品,应当按国家定价或者国家有关鉴定部门确定的价值核定其计税价格。本案中,涉案银币由深圳市价格认证中心作出认定,每枚单价人民币 38 000 元。深圳海关以价格认证中心出具的价值认定意见为基础确定涉案纪念币的计税价格为380 000元,按照增值税 17% 的税率计算出被告人偷逃税款为 64 600 元并无不妥。

上述偷逃税款数额虽然已经达到了原司法解释中关于走私普通货物、物品罪的追诉标准,但在案件审理过程中,《解释》于 2014 年 9 月 10 日起施行,该新解释将走私偷逃应缴税额的入罪数额标准由原来的 5 万元提高到 10 万元。在司法解释相关规定发生变化的情况下,根据《最高人民法院、最高人民检察院关于适用刑事司法解释时间效力问题的规定》第三条"对于新的司法解释实施前发生的行为，行为时已有相关司法解释，依照行为时的司法解释办理，但适用新的司法解释对犯罪嫌疑人、被告人有利的，适用新的司法解释"的规定，故对本案吕丽玲的走私行为应适用新的司法解释，其偷逃税额未达追诉标准，不构成犯罪。公诉机关以法律规定发生变化为由，决定撤回对被告人吕丽玲的起诉，符合法律规定，一审法院作出准许撤回起诉的刑事裁定是正确的。

（撰稿：深圳市中级人民法院　吴　南
广东省高级人民法院　廖丽红　郑思思
最高人民法院刑二庭　徐　燕
审编：最高人民法院刑二庭　逄锦温）

[第 1200 号]

袁明祥、王汉恩故意杀人案

——如何理解“被采取强制措施以后，逃避侦查或者审判的，不受追诉期限的限制”

一、基本案情

被告人袁明祥，男，1971 年 4 月 24 日出生。1993 年 4 月 5 日因涉嫌犯故意杀人罪被逮捕，1994 年 10 月 26 日被取保候审，2015 年 8 月 17 日因本案再次被取保候审。

被告人王汉恩，男，1971 年 11 月 7 日出生。1993 年 4 月 2 日因涉嫌犯故意杀人罪被批准逮捕，因潜逃直至 2015 年 7 月 6 日被公安机关抓获归案，同年 7 月 16 日被执行逮捕。

贵州省黔南布依族苗族自治州人民检察院于 2016 年 4 月 18 日以被告人袁明祥、王汉恩犯故意杀人罪向黔南布依族苗族自治州中级人民法院提起公诉。

黔南布依族苗族自治州中级人民法院经审理查明：

1993 年 3 月 4 日晚，被告人袁明祥从父亲潘益群处获知，当日下午村民罗灿平(被害人，殁年 22 岁)携刀在其家门口徘徊。袁明祥认为罗灿平要报复自己，遂于当日 21 时许邀约被告人王汉恩打罗灿平，后二人各携带一把菜刀，在福泉市凤山镇牛角田村一油菜田中守候。当日 23 时许，罗灿平回家路过油菜田，袁明祥拦住罗灿平，二人发生争执扭打。袁明祥按倒罗灿平并骑压在罗身上，王汉恩随后用手殴打罗灿平，后又拿出携带的菜刀乱砍罗灿平头部、脖颈等部位。袁明祥发现罗灿平不再挣扎后，与王汉恩一起逃离现场。经鉴定，罗灿平系被锐器砍伤头、颈部，致右颈部总动脉破损而大失血死亡。

另查明:袁明祥1993年3月5日外逃至福泉市兴隆乡时被公安机关抓获,同年4月5日被逮捕。因同案犯在逃,案件事实无法查清,1994年10月26日袁明祥被取保候审。王汉恩作案后潜逃,1993年4月2日被批准逮捕。2015年7月6日,王汉恩被抓获归案。2015年8月17日,袁明祥被取保候审。

黔南布依族苗族自治州中级人民法院认为,被告人袁明祥被采取强制措施后没有逃避侦查、审判,其犯罪行为已过20年的追诉期限,如果公诉机关认为必须追诉,须报请最高人民检察院核准,而本案公诉机关并未履行此程序。据此,依照《中华人民共和国刑法》第十二条、第八十七条及《中华人民共和国刑事诉讼法》第十五条第一款第二项之规定,裁定对被告人袁明祥终止审理。被告人王汉恩持刀杀死被害人罗灿平的行为构成故意杀人罪,王汉恩在案发被批捕后逃避侦查和审判,其犯罪行为未过追诉期限,依照《中华人民共和国刑法》第十二条及1979年《中华人民共和国刑法》第一百三十二条、第二十二条、第二十四条、第六十三条之规定,以故意杀人罪判处被告人王汉恩有期徒刑十年。

宣判后,二被告人均服判,检察机关亦未提出抗诉,判决、裁定已发生法律效力。

二、主要问题

1. 如何理解1979年刑法所规定的不受追诉期限限制情形中的"被采取强制措施以后,逃避侦查或者审判"?

2. 对共同犯罪案件如何分别确定被告人的追诉期限?

三、裁判理由

本案中,被告人袁明祥、王汉恩1993年实施共同故意杀人犯罪后,袁明祥曾被采取强制措施,后因证据不足一直未得到依法审判;王汉恩负案潜逃20余年后被抓获归案。1979年和1997年颁布的刑法,对于犯罪追诉期限的规定基本相同,两者均规定被告人"逃避侦查或者审判"的,不受追诉期限限制。但对该例外情况的前提规定有所不同:1979 年刑法规定为“采取强制措施以后”;1997 年刑法为“立案侦查或者人民法院受理案件以后”,由此导致部分发生在 1997 年刑法颁布以前的案件,对犯罪是否超过追诉期限的问题出现不同认识。同时,对共同犯罪中部分被告人不受追诉期限限制的,是否引起其他被告人追诉期限的变化,刑法未明确规定,实践中认识不一。本案审理过程中,对二被告人故意杀人犯罪是否已超过追诉期限,存在不同意见:

第一种意见认为,袁明祥、王汉恩 1993 年 3 月 4 日犯罪,至 2015 年二被告人被采取强制措施追诉,已经超过 20 年的犯罪最长追诉期限,应裁定对二被告人终止审理。

第二种意见认为,袁明祥、王汉恩 1993 年 3 月 4 日犯罪后,侦查机关即立案侦查,二被告人的犯罪均未过追诉期限,应对二被告人继续审理。

第三种意见认为,袁明祥、王汉恩 1993 年 3 月 4 日实施犯罪,根据刑法从旧兼从轻的处罚原则及 1997 年《最高人民法院关于适用刑法时间效力规定若干问题的解释》(以下简称《刑法时间效力解释》)第一条之规定,对二被告人犯罪追诉期限的判断,应适用 1979 年刑法。据此,袁明祥犯罪后虽被采取逮捕、取保候审等强制措施,但未逃避侦查和审判,受追诉时效期限限制,袁明祥被起诉时已过 20 年追诉期限。根据 1979 年刑法第七十六条之规定,检察机关追诉袁明祥,须报请最高人民检察院核准。故根据《最高人民法院关于适用〈中华人民共和国刑事诉讼法〉的解释》第一百八十一条第一款第六项之规定,应裁定终止审理或者退回检察机关处理。王汉恩犯罪后,检察机关对王汉恩批准逮捕,因其潜逃未能执行,王汉恩的行为符合 1979 年刑法第七十七条规定的不受追诉期限限制的情形,对其应继续审理。

我们原则同意第三种意见。具体理由如下:

(一)判断追诉期限问题适用的法律依据

《刑法时间效力解释》第一条规定:“对于行为人 1997 年 9 月 30 日以前实施的犯罪行为,在人民检察院、公安机关、国家安全机关立案侦查或者在人民法院受理案件以后,行为人逃避侦查或者审判,超过追诉期限……是否追究行为人的刑事责任,适用修订前的刑法第七十七条的规定。”故对本案中被告人袁明祥、王汉恩的犯罪行为是否超过追诉期限,判断的法律依据应为1979年刑法第七十六条、第七十七条。

(二)袁明祥、王汉恩的犯罪行为是否超过追诉期限

本案袁明祥、王汉恩殴打罗灿平并致其死亡,涉及犯罪的法定最高刑为无期徒刑、死刑,根据1979年刑法第七十六条的规定,追诉时效期限为20年。本案从案发到二被告人被追诉,已经超过了20年。但同时根据1979年刑法第七十七条"在人民法院、人民检察院、公安机关采取强制措施以后,逃避侦查或者审判的,不受追诉期限的限制"的规定,袁明祥、王汉恩的行为若符合第七十七条规定的情形,则二人不受追诉期限限制。判断犯罪行为是否不受追诉期限的限制,需考虑两个方面:一是被告人是否曾被采取强制措施;二是在被采取强制措施之后,是否逃避侦查或者审判。袁明祥犯罪后虽被采取逮捕、取保候审等强制措施,但未逃避侦查和审判,不符合第七十七条规定的情形,应受追诉时效期限限制,袁明祥被起诉时已过20年追诉期限。

案发后,检察机关决定对王汉恩批准逮捕,但因王汉恩作案后潜逃,未能执行逮捕,则对王汉恩批准逮捕是否属于对王汉恩采取强制措施,即成为确认王汉恩的犯罪是否受追诉时效期限限制的关键。1992年4月9日《最高人民检察院关于刑法第七十七条有关采取强制措施的规定应如何适用的批复》(高检发研字〔1992〕4号,以下简称《批复》)明确规定,刑法第七十七条所规定的不受追诉期限限制的情形,既适用于已经执行强制措施后逃避侦查或者审判的,也适用于人民法院、人民检察院、公安机关决定(批准)采取强制措施后,由于犯罪分子逃避而无法执行,以及犯罪分子在逃,经决定(批准)逮捕并发布通缉令后拒不到案的。人民检察院对符合上述情况的犯罪分子,应当依法追诉。因此,根据本案的具体情况,王汉恩所实施的故意杀人犯罪不受追诉时效限制,应当追诉。

值得注意的是,2002年2月25日《最高人民检察院关于废止部分司法解释和规范性文件的决定》废止了《批复》,有观点据此认为该批复已经失效,王汉恩被批捕不应视为已被采取强制措施,而由于王汉恩被抓获时距离实施犯罪已超过20年,也没有经最高人民检察院核准继续追诉,其犯罪行为

的追诉期限已过。我们认为,废止《批复》的原因表述为"该批复中的相关内容已在刑法第八十八条、第八十九条中作出明确规定";刑法第八十八条规定,不受追诉期限限制的前提条件是"立案侦查或者人民法院受理案件以后","立案侦查以后"涵盖的情形范围显然宽于"被批准逮捕以后"。因此,该《批复》被废止是因内容已涵盖在刑法第八十八条的规定中,而非与现行刑法相悖,对其所明确的批准逮捕属于采取强制措施,应视为有权机关为明确特定法律适用问题而作出的权威解释。在没有其他法律法规对该问题作出相反规定的情况下,《批复》的精神仍可参照适用。故王汉恩在 1993 年犯罪后被批准逮捕,应视为被采取强制措施,王汉恩的行为符合 1979 年刑法第七十七条不受追诉期限限制的情形。

(三)对共同犯罪中部分被告人已过追诉期限的如何处理

对于共同犯罪中,部分被告人的追诉期限延长或中断,或者不受追诉期限限制,是否必然影响共同犯罪中其他被告人的追诉期限,法律没有明确规定。我们认为,应当对共同犯罪中各被告人的追诉时效分别评价判断,主要理由是:追诉时效是依照法律规定对犯罪分子追究刑事责任的有效期限,是解决某一犯罪行为经过一定的时限,是否还需要对犯罪分子起诉追究其刑事责任,设立时效制度的一项重要考虑是稳定既有的社会关系。追诉时效期限的长短,是根据犯罪分子所犯罪行对应的法定最高刑进行确定。是否受追诉期限限制,考察的是犯罪分子是否具有逃避侦查或者审判的情形,必然要求结合各被告人的具体情况进行个别化判断。本案中,袁明祥、王汉恩系共同犯罪,二人作案后,袁明祥未逃避侦查,而王汉恩在被批捕的情况下一直负案潜逃,故王汉恩犯罪不受追诉期限限制,不必然引起袁明祥也不受追诉期限的限制。

本案中,袁明祥的犯罪已过追诉期限,王汉恩不受追诉期限的限制,二被告人均被提起公诉,法院应当如何处理?我们认为,刑法对法定最高刑为有期徒刑的,规定了确定的追诉时效期限,超过了就不能再追诉;但对法定最高刑为无期徒刑、死刑的,除规定 20 年追诉时效期限外,还规定"如果二十年以后认为必须追诉的,须报请最高人民检察院核准"。就本案而言,袁明祥犯罪已经超过 20 年追诉时效期限,根据《最高人民法院关于适用〈中华人民共和国刑事诉讼法〉的解释》第一百八十一条第一款第六项以及《中华人民共和国刑事诉讼法》第十五条之规定,应裁定终止审理,或者若认为必须追诉,则退回检察机关,报请最高人民检察院核准后再依法起诉。在本案审理过程中,袁明祥、王汉恩就死亡赔偿问题与被害人亲属达成调解协议,取得一定程度的谅解;公诉机关亦未启动对袁明祥报请最高人民检察院核准追诉的程序,故法院依法裁定对袁明祥终止审理,对王汉恩依法定罪判刑,是合适的。

(撰稿:贵州省高级人民法院刑一庭 饶 星 杨雪梅

审编:最高人民法院刑一庭 管应时)

[第 1201 号]

李智豪抢劫案

——抢夺车辆后被对方 GPS 追踪、拦截而持枪威胁的，能否转化为抢劫罪

一、基本案情

被告人李智豪，男，1994 年 5 月 31 日出生，无业。2015 年 4 月 17 日因涉嫌犯抢劫罪被逮捕。

北京市朝阳区人民检察院以被告人李智豪犯抢劫罪，向北京市朝阳区人民法院提起公诉。

北京市朝阳区人民法院经公开审理查明：被告人李智豪预谋以购车为名抢车，在网上看到被害人谢军卫发布的出售二手车信息后，通过电话同对方取得联系，并约定了看车地点。2015 年 3 月 11 日 15 时许，李智豪携带枪支来到约定地点北京市朝阳区孙河乡"都市假日洗浴"门前停车场，谢军卫的侄子谢冬冬、弟弟谢营军驾驶欲售车辆前来商谈车辆买卖问题。后李智豪提出试驾，谢营军坐上副驾驶位置予以陪同，谢冬冬在车外等候，李智豪开车进行试驾。在试驾过程中，李智豪提出让谢营军进行驾驶，自己要查看车辆的其他问题。利用谢营军下车不备之机，李智豪迅速驾车逃离。谢营军见状立即打电话告知了谢冬冬，谢冬冬赶紧找了其他车辆和谢营军去追赶，追了一段没有发现李智豪的去向。谢冬冬随即打电话将该情况告知了谢军卫。谢军卫使用手机根据被抢车辆上安装的 GPS，对被抢车辆进行定位，自己开车去追，同时让朋友刘万才协助追赶。谢军卫用电话告诉刘万才被抢车辆的位置信息，刘万才开车带领秦万福按照谢军卫的指示一直追赶被抢车辆，后在西城区右安门附近将驾车的李智豪截住。李智豪见状掏出

枪支对刘万才、秦万福进行威胁,刘万才、秦万福被迫让开道路,李智豪遂驾车逃离。当日18时30分许,李智豪在朝阳区三里屯地区被公安机关抓获归案。

北京市朝阳区人民法院审理认为,被告人李智豪无视国法,抢夺汽车被追上后,为抗拒抓捕而持枪进行威胁,其行为侵犯了他人财产权利和人身权利,已构成抢劫罪,依法应予惩处。北京市朝阳区人民检察院指控李智豪犯抢劫罪的事实清楚,证据确实、充分,指控罪名成立。鉴于李智豪归案后对基本犯罪事实如实供述,当庭自愿认罪,故对其所犯罪行依法予以从轻处罚。据此,依照《中华人民共和国刑法》第二百六十七条、第二百六十三条、第六十一条、第六十七条第三款、第四十五条、第四十七条、第五十二条、第五十三条、第五十五条第一款、第五十六条第一款、第六十四条之规定,以抢劫罪判处被告人李智豪有期徒刑有期徒刑十年,剥夺政治权利二年,罚金人民币二万元。

一审宣判后,被告人李智豪未提起上诉,公诉机关亦未抗诉,判决已发生法律效力。

二、主要问题

李智豪抢夺汽车后逃离,在距案发现场十多公里之外的地方为抗拒抓捕而持枪进行威胁,是否属于转化抢劫中所要求的"当场"使用暴力或者以暴力相威胁?

三、裁判理由

根据刑法第二百六十九条的规定,犯盗窃、诈骗、抢夺罪,为窝藏赃物、抗拒抓捕或者毁灭罪证而当场使用暴力或者以暴力相威胁的,依照抢劫罪定罪处罚。理论界将这种行为称为转化型抢劫罪。根据该规定,构成转化型抢劫罪需要具备前提条件(犯盗窃、诈骗、抢夺罪)、目的条件(为窝藏赃物、抗拒抓捕或者毁灭罪证)、手段条件(使用暴力或者以暴力相威胁)和时空条件(当场)。本案中,被告人的行为能否构成转化型抢劫罪,核心问题在于是否具备时空条件,也即是否满足"当场"的要求。

关于如何理解刑法第二百六十九条中规定的“当场”，目前理论界和司法实践中主要有以下几种观点：第一种观点认为，“当场”就是实施盗窃、诈骗、抢夺罪的现场。第二种观点认为，“当场”是指与窝藏赃物、抗拒抓捕或者毁灭罪证有关的地方，而与盗窃、诈骗、抢夺罪的案发时间、地点关系不大。从时间上看，可以是案发当时，也可以是案发后数天甚至数月之后。从地点上看，可以是盗窃、诈骗、抢夺罪的犯罪地，也可以是离开犯罪地的途中，还可以是犯罪分子的住所地。第三种观点认为，“当场”既包括盗窃、诈骗、抢夺罪的现场，也包括以犯罪现场为中心与犯罪分子活动有关的一定空间范围，只要犯罪分子尚未摆脱监视者力所能及的范围，都属于“当场”。第四种观点认为，“当场”是指盗窃、诈骗、抢夺罪的现场，在现场或者刚一离开现场就被人及时发觉而立即追捕的过程中，也可视为现场的延伸。

上述第一种观点把“当场”理解为盗窃、诈骗、抢夺罪的现场，认识到了后行为与前行为的紧密联系，但是该观点对“当场”的理解过于机械。抢劫罪所保护的法益既包括财产权利，也包括人身权利。该观点忽视了转化型抢劫罪中侵犯财产权利向侵犯人身权利的转化，致使其对时空范围的界定过于狭窄，不符合转化型抢劫罪的客观实际，不利于对该类犯罪的有效打击。第二种观点对“当场”的理解又失之过宽，将“当场”视为可以完全脱离前行为的时空范围，完全忽视了前行为对该罪成立的前提意义，不符合立法原意，最终会造成司法实践中打击面过大。相比第二种观点，第三种观点注意到对“当场”的理解不能脱离与前行为的紧密联系，并试图修正前两种观点的偏颇之处，但是其界定标准过于模糊，对何谓“以犯罪现场为中心与犯罪分子活动有关”的空间范围，未能给出统一确定的标准，不利于实务操作。

第四种观点避免了第一种观点的严苛、第二种观点的宽泛和第三种观点的抽象，相比较更为妥当，是目前为大多数人所接受的主张。根据有关刑法理论及实践掌握，准确理解这里的“当场”，应当综合考虑以下三个方面：

1. 时空的接续性。“当场”从字面上看，就是当时和现场，包含了时间和空间两方面的要素，是时间上连续性和空间上连接性的统一体，前后行为在时间和空间上应当紧密联系，不能间断或者完全脱离。具体来说，前后行为在空间上应当具有连接性，即暴力、胁迫行为发生在盗窃、诈骗、抢夺行为现场或者与之紧密联系的场所;在时间上应具有连续性,即暴力、胁迫行为必须发生在盗窃、诈骗、抢夺行为之后,前后连续而未间断。只有在前行为与暴力、胁迫之间存在不间断的时空联系时,才能转化为抢劫罪。如果两者之间在时空关系上发生了中断,则失去了转化的可能性,不能转化为抢劫罪。一般来说,如果行为人作案后并未被及时发觉和追捕,而在其他时间或地点被发现、追捕的,应当认为不符合"当场"的条件,不能转化为抢劫罪。但是,对"当场"的理解不能过于机械,不能要求前后行为在同一时间点、同一地点上完全重合,二者之间应当允许存在短时间、短距离的间隔。比如,在行为人在超市内扒窃他人手机一部,3分钟后被害人发现被盗而在超市门口追赶上行为人,行为人为抗拒抓捕而实施暴力,在这种情况下,仍然应认为具有时间上的连续性和空间上的连接性。

2. 先后行为之间的关联性。前后行为除了时空上的紧密联系外,还要求具有引起与被引起的关联性,即事后的暴力、胁迫行为是因为前面的盗窃、诈骗、抢夺等行为而引起的,如果不是因为盗窃等前行为导致行为人被追捕,而是因为其他事由,即使行为人也同样是因为窝藏赃物、抗拒抓捕或者毁灭罪证而使用暴力或者以暴力相威胁,其前行为也不能转化为抢劫罪。

3. 追捕事态的继续性。从犯罪过程上看,实施前行为(盗窃、诈骗、抢夺)—被发现—被追捕—实施暴力或者以暴力相威胁,是一个连贯的过程,追捕的事态是持续不间断的。只要行为人始终处于追捕人耳目所及的控制范围内,即使行为人一时躲避藏匿、暂时脱离了追捕人的视线,但只要追捕行动未停止,并最终发现了行为人,整个追捕过程仍然具有继续性,行为人此时为抗拒抓捕等而使用暴力或者以暴力相威胁的,仍然属于"当场"的范围,依法构成转化型抢劫罪。如果行为人已成功脱逃,事后被他人发现而被追捕,或者因为其他犯罪行为被抓捕,即使当场使用暴力或者以暴力相威胁,该暴力行为相对于前行为而言不再是"当场"实施,已失去了转化的时空条件。持续不断的追捕过程既包括行为人尚未离开前行为现场或者刚离开现场就被人发觉并立即实施抓捕,也包括行为人作案后很快被发现并对其实施一定时间的监视后再实施抓捕。只要行为人始终处于追捕人的视线范围之内,不论持续多久,追捕的距离有多长,其暴力或者以暴力相威胁行为均属于“当场”实施。

本案的特殊之处在于，被害人方追赶被告人时，不是用肉眼直接观察到被告人，而是通过被抢车辆上的GPS导航定位对被告人进行追踪，且实施抢夺的地点距离被告人被截获的地点有十多公里之远。被告人被拦截后为抗拒抓捕而持枪威胁，这种情况能否认定为转化型抢劫罪中的“当场”？

基于上述分析，只要被告人始终在视线范围之内，追捕行为一直处于持续状态，那么就视为案发现场一直在延长，截获被告人的地方就可以视为“当场”。被告人的行踪始终在视线可及的范围内，是判断追捕行为是否持续的一个标准。掌握被告人行踪是实质要点，至于观察的方式，不能也没有必要局限于肉眼观察。随着经济社会的发展和科技水平的提高，除了最基本的肉眼观察外，也可以借助于各种仪器和设备进行观察，这是与客观社会生活现状相符的。就像追捕行为本身，没有必要限定于仅靠双腿追捕，借助于自行车、汽车及其他设备并不违背追捕行为的本质。因此，本案中借助GPS来掌握被告人的行踪，完全可以视为被告人在追捕人的视线范围之内。本案中，李智豪驾车逃离抢夺现场，谢营军立即电话告知谢冬冬，二人随即驾车追赶。在没有追上之后，谢冬冬给车主谢军卫打了电话，告知相关情况。谢军卫立即根据被抢车辆上的GPS使用手机对车辆进行定位，自己进行追赶，并让朋友刘万才帮忙追赶，后刘万才根据GPS定位一直追赶并在右安门附近拦截了李智豪。可以看出，汽车被抢夺之后，被害方的追捕行为一直处在持续状态之中，中间虽略有中断，但这种中断是很短暂的而不是长时间的，并不影响追捕行为的整体连续性，被告人的行踪也始终在被害人一方的掌握之中。因此，虽然被告人抢夺地距离被截获地有十多公里之远，这段距离应该被视为抢夺现场的延长。在这种情况下，被告人被堵截拦停后持枪威胁被害方的追赶人员，属于“当场”以暴力相威胁，构成转化型抢劫罪，法院判决的定性是准确的。

（撰稿：北京市朝阳区人民法院　徐清岱

审编：最高人民法院刑二庭　韩维中）

[第 1202 号]

赵宏铃等盗窃案

——非法侵入景点检售票系统修改门票数据获取门票收益的行为如何定性

一、基本案情

被告人赵宏铃,男,1983 年 12 月 25 日出生,系浙江省东阳市横店影视城有限公司网管员。2012 年 9 月 11 日因涉嫌犯破坏计算机信息系统罪被刑事拘留,同年 9 月 12 日被取保候审。

被告人章菲菲,女,1985 年 7 月 21 日出生。2012 年 9 月 11 日被刑事拘留,同年 9 月 12 日被取保候审。

被告人金俊,男,1983 年 3 月 2 日出生。2012 年 9 月 11 日被取保候审。

被告人周衍成,男,1972 年 8 月 13 日出生。2012 年 9 月 11 日被刑事拘留,同年 9 月 14 日被取保候审。

被告人胡海兵,男,1971 年 1 月 5 日出生。2012 年 9 月 15 日被取保候审。

被告人单宇进,男,1984 年 5 月 23 日出生。2012 年 9 月 13 日被取保候审。

浙江省东阳市人民检察院以被告人赵宏铃、章菲菲、金俊、周衍成犯破坏计算机信息系统罪、被告人胡海兵、单宇进犯盗窃罪,于 2013 年 10 月 14 日向东阳市人民法院提起公诉。

东阳市人民法院经公开审理查明:被告人赵宏铃系东阳市横店影视城有限公司网管员。2011 年,赵宏铃通过 PE 光盘启动横店影视城有限公司网络部开发组组长骆勇峰的电脑,盗取了公司检售票系统源程序和服务器密码。2012年6月至7月,赵宏铃在其笔记本电脑上编写程序,可以秘密侵入横店影视城有限公司检售票系统,修改梦幻谷景区门票数据,将允许进入人数从一人改成多人,遂产生以此盗取门票收益的想法,便与妻子被告人章菲菲商议、试验并获成功。后赵宏铃通过被告人章菲菲、金俊寻找客源,章菲菲让被告人周衍成为其组织客源,金俊让被告人周衍成、胡海兵、单宇进为其组织客源。具体作案手段为:章菲菲、金俊等人先以195元的价格购买一张一人次的梦幻谷原始电子门票卡,由赵宏铃侵入检售票系统,根据卡号将人数修改为6~8人,再由周衍成、胡海兵、单宇进组织客源进入景区。周衍成、胡海兵按实际带入游客每人150元的价格支付给赵宏铃、章菲菲、金俊,以每人170元的价格出售给游客;单宇进按实际带入游客每人160元的价格支付给赵宏铃、金俊,以每人170~190元的价格出售给游客。

经查,2012年7月至8月间,赵宏铃、章菲菲改卡20余张,赵宏铃、金俊改卡20余张,周衍成、胡海兵、单宇进在明知赵宏铃、章菲菲、金俊的梦幻谷电子门票为非法修改的门票后,仍积极组织客源,盗取门票收益。其中,赵宏铃参与盗窃数额为人民币42 000余元,章菲菲、金俊参与盗窃数额为人民币21 000余元,周衍成参与盗窃数额为人民币13 000余元,胡海兵参与盗窃数额为人民币7 000余元,单宇进参与盗窃数额为人民币5 000余元。案发后,单宇进主动向公安机关投案,归案后如实供述自己的罪行。赵宏铃、章菲菲向公安机关上缴人民币25 500元,金俊上缴人民币10 000元,周衍成上缴人民币4 000元,胡海兵上缴人民币1 500元,单宇进上缴人民币1 000元。公安机关从赵宏铃处扣押作案工具惠普牌笔记本电脑1台。

东阳市人民法院认为,被告人赵宏铃、章菲菲、金俊、周衍成、胡海兵、单宇进以非法占有为目的,采用秘密手段,窃取公私财物,数额较大,其行为已触犯刑律,构成盗窃罪。被告人单宇进犯罪后主动向公安机关投案,并能如实供述自己的罪行,系自首,依法可以从轻处罚;赵宏铃、章菲菲、金俊、周衍成、胡海兵归案后如实供述自己的罪行,依法可以从轻处罚;周衍成、胡海兵、单宇进获利较少,在共同犯罪中情节相对赵宏铃、章菲菲、金俊较轻,可酌情从轻处罚;赵宏铃、章菲菲、金俊、周衍成、胡海兵、单宇进在庭审中认罪态度好,积极退赃,均可酌情从轻处罚。根据章菲菲、金俊、周衍成、胡海兵、单宇进的犯罪情节及其悔罪表现，依法可以宣告缓刑。据此，依照《中华人民共和国刑法》第二百六十四条，第二十五条第一款，第六十七条第一款、第三款，第五十二条，第五十三条，第七十二条第一款、第三款，第七十三条，第六十四条之规定，判决如下：

1. 被告人赵宏铃犯盗窃罪，判处有期徒刑一年二个月，并处罚金人民币一万元。

2. 被告人章菲菲犯盗窃罪，判处有期徒刑九个月，缓刑一年三个月，并处罚金人民币四万二千元。

3. 被告人金俊犯盗窃罪，判处有期徒刑九个月，缓刑一年三个月，并处罚金人民币四万二千元。

4. 被告人周衍成犯盗窃罪，判处有期徒刑七个月，缓刑一年，并处罚金人民币一万八千元。

5. 被告人胡海兵犯盗窃罪，判处拘役五个月，缓刑十个月，并处罚金人民币一万元。

6. 被告人单宇进犯盗窃罪，判处拘役三个月，缓刑六个月，并处罚金人民币六千元。

7. 暂存于公安机关由被告人赵宏铃、章菲菲、金俊、周衍成、胡海兵、单宇进上缴的退赔款人民币四万二千元，发还被害单位。

一审宣判后，各被告人均未提出上诉，检察机关亦未抗诉，该判决已发生法律效力。

二、主要问题

网管员非法侵入单位的景点检售票系统修改门票数据并获取门票收益的行为，如何定性？

三、裁判理由

被告人赵宏铃等人在窃取门票收益的过程中，非法侵入景点检售票系统并修改门票数据，同时触犯了破坏计算机信息系统罪和盗窃罪。本案争议的焦点是，本案是否应当数罪并罚，如果不并罚最终究竟以何罪来认定。

对此,法院在审理过程中,主要存在两种意见:

第一种意见认为,被告人非法侵入景点检售票系统修改门票数据仅仅是手段行为,其目的在于随后进行的窃取门票收益行为,二者之间形成了典型的手段与目的的牵连关系,根据"从一重定罪"的原则,应当以破坏计算机信息系统罪来认定。

第二种意见认为,根据刑法第二百八十七条之规定,凡是利用计算机来实施金融诈骗、盗窃、贪污、挪用公款、窃取国家秘密或者其他犯罪的,应当直接认定为金融诈骗罪、盗窃罪、贪污罪、挪用公款罪等,而不能认定为相关的计算机犯罪,故对各被告人应当以盗窃罪论处。

我们倾向于第二种意见。具体分析如下:

(一)被告人赵宏铃等人非法侵入景点检售系统修改门票的行为,符合破坏计算机信息系统罪的构成要件

所谓破坏计算机信息系统罪,是指违反国家规定,对计算机信息系统功能或计算机信息系统中存储、处理或者传播的数据和应用程序进行破坏,或者故意制作、传播计算机病毒等破坏性程序,影响计算机系统正常运行,后果严重的行为。

本罪的主体为一般主体,即年满 16 周岁具有刑事责任能力的自然人均可构成。从司法实践来看,构成该罪的通常是那些精通计算机技术、知识的专业人员,如计算机程序设计人员、计算机操作、管理维修人员。本罪在主观方面必须出于故意,如果是因为操作疏忽大意或者技术不熟练而失误致使计算机系统功能,或者计算机信息系统中存储的数据、应用程序遭受破坏,不构成本罪。根据我国刑法第二百八十六条的规定,本罪的客观要件主要有三种行为方式:一是违反国家规定,对计算机信息系统功能进行删除、修改、增加、干扰,造成计算机信息系统不能正常运行,后果严重的,后果严重的;二是违反国家规定,对计算机信息系统中存储、处理或者传输的数据和应用程序进行删除、修改、增加的操作,后果严重的;三是故意制作、传播计算机病毒等破坏性程序,影响计算机系统正常运行,后果严重的。在量刑上,后果严重的,处五年以下有期徒刑或者拘役;后果特别严重的,处五年以上有期徒刑。针对何谓"后果严重""后果特别严重"情形,《最高人民法院、

最高人民检察院关于办理危害计算机信息系统安全刑事案件应用法律若干问题的解释》(以下简称《解释》)第四条规定,违法所得5 000元以上或者造成经济损失1万元以上的,属于“后果严重”;数量或者数额达到上述标准5倍以上的,应当认定为破坏计算机信息系统“后果特别严重”。

本案中,被告人赵宏铃系景区公司的网管员,非法侵入景区检售票系统,故意对景区门票数据进行修改,将允许进入人数从一人改为多人,是一种针对计算机数据进行非法操作,使相应的数据更改的行为,符合上述第二种行为方式。赵宏铃窃取门票收益的违法所得数额达到了42 000余元,根据《解释》规定已属“后果特别严重”,故其行为符合破坏计算机信息系统罪的构成要件。

(二)被告人赵宏铃窃取数额巨大的景点门票收益行为,又符合盗窃罪的构成要件

被告人赵宏铃以非法占有为目的,采用秘密手段非法侵入景点检售票系统修改门票数据,窃取公司数额巨大的景点门票收益,还涉嫌触犯盗窃罪。由于其系公司网管员,还进一步涉及盗窃罪与职务侵占罪的区分问题。

本案中,被告人赵宏铃系被害公司的网管员,其所侵占的门票收益亦属于公司所有,能否构成职务侵占罪的关键在于是否利用了职务上的便利。我们知道,与单位外人员侵占单位财物不同,单位职工或多或少都会利用到一些便利条件,这些便利条件可以归纳为“工作条件”和“职务之便”两种,并由此构成不同的犯罪。其中,“工作条件”,是指行为人凭借单位职工的特殊身份,熟悉作案环境,更容易接近他人管理、经手的单位财物等。“工作条件”是一种与行为人工作职责不相关的便利,行为人不会因此对单位财物产生实际控制,其利用这样的便利条件窃取单位财物的,应定性为盗窃罪。而所谓“职务之便”,是指根据行为人的职责范围,对单位财物形成的支配控制关系,包括组织、领导、监管、经营、管理、经手、保管等。行为人利用这样的便利条件窃取单位财物的,应认定为职务侵占罪。

本案中,被告人赵宏铃系横店影视城有限公司网管员,其职责是负责公司网络系统的日常维护、电脑软硬件的安装、升级与维护等工作,对景区门票收益并无主管、经手和管理等的职责。为获取景区门票收益而修改景区

门票数据,其中所必需的公司检售票系统源程序和服务器密码,赵宏铃在其职责范围内也并不掌握,而系通过PE光盘启动公司网络部开发组组长骆勇峰的电脑盗取而来,然后再在其自己的笔记本电脑上编写程序,秘密侵入横店影视城有限公司检售票系统,修改景区门票数据。可见,被告人赵宏铃在获取景区门票收益过程中,未利用其职责范围内的便利,故其行为性质并非职务侵占而系盗窃。

(三)被告人赵宏铃的行为同时触犯了破坏计算机信息系统罪和盗窃罪,根据刑法第二百八十七条之规定应当以盗窃罪定罪处罚

被告人赵宏铃在窃取门票收益的过程中,非法侵入景点检售票系统并修改门票数据,同时触犯了破坏计算机信息系统罪和盗窃罪。其中,非法侵入景点检售票系统修改门票数据仅仅是手段行为,其目的在于随后进行的窃取门票收益,二者之间形成了典型的手段与目的的牵连关系。我国刑法尽管没有规定牵连犯的相关处理原则,但刑法理论与实务界均普遍接受"从一重定罪"原则。赵宏铃等人获得的门票收益达到42 000元,从其所触犯的两项罪名的量刑来看,若认定为盗窃罪,属于数额巨大情形,依法应当判处三年以上十年以下有期徒刑,并处罚金;若认定为破坏计算机信息系统罪,则应当判处五年以上十五年以下有期徒刑。显然,以破坏计算机信息系统罪来认定的量刑要重于盗窃罪,根据牵连犯"从一重定罪"的原则,本来应当认定为破坏计算机信息系统罪。

然而,针对具有牵连关系的两个行为,适用"从一重定罪"原则的前提是刑法没有例外规定。如果刑法存在例外规定,明确要求以其中某项罪名来认定或者要求并罚的,那么就只能按照刑法的规定来定罪。以《最高人民法院关于审理挪用公款案件具体应用法律若干问题的解释》为例,其第七条规定:国家工作人员挪用公款进行非法活动构成其他犯罪的,或者因挪用公款而索取、收受贿赂构成犯罪的,实行并罚。根据上述规定,行为人为了进行非法活动或者为了索取、收受他人贿赂而挪用公款,尽管二者之间存在手段与目的牵连关系,但是司法解释明确要求实行并罚,故不再适用"从一重定罪"原则。同样,我国刑法就利用计算机实施犯罪也作出了例外规定。刑法第二百八十七条规定:"利用计算机实施金融诈骗、盗窃、贪污、挪用公款、窃

取国家秘密或者其他犯罪的,依照本法有关规定定罪处罚。"刑法之所以安排专门的条款作上述规定,是因为在司法实践中,行为人单纯出于报复、泄愤动机而破坏计算机信息系统的情况较为少见,更多的是通过实施破坏计算机信息系统行为来实现其他目的,由此很容易出现一个行为同时侵犯数个法益触犯不同罪名的情形。在此情况下,就面临着破坏计算机信息系统罪与其他犯罪是否数罪并罚,如果不并罚又应当选择何种罪名来认定的问题。

根据刑法第二百八十七条之规定,凡是利用计算机来实施金融诈骗、盗窃、贪污、挪用公款、窃取国家秘密或者其他犯罪的,不论手段行为是否构成相关计算机犯罪,均应以金融诈骗罪、盗窃罪、贪污罪、挪用公款罪等目的犯罪定罪处罚。具体到本案,被告人赵宏铃通过非法侵入景点检售票系统修改门票数据的方式,获取了价值42 000元的门票收益,同时构成破坏计算机信息系统罪和盗窃罪。因刑法第二百八十七条对此类行为规定了明确的处理意见,故审理法院依法以盗窃罪定罪处罚是正确的。需要指出的是,本案虽未对破坏计算机信息系统行为定罪处罚,但应当作为盗窃罪的情节在量刑时予以适当考虑。

(撰稿:浙江省高级人民法院　聂昭伟
审编:最高人民法院刑二庭　刘为波)

[第 1203 号]

林在清等人诈骗案

——无明确的犯罪意思联络，但为诈骗犯罪分子提取赃款并获利，是否构成诈骗共犯

一、基本案情

被告人林在清，男，1979 年 3 月 21 日出生。2014 年 6 月 23 日因涉嫌犯诈骗罪被刑事拘留。

被告人柯世铵，男，1983 年 12 月 3 日出生。2014 年 7 月 5 日因涉嫌犯诈骗罪被刑事拘留。

被告人林永生，男，1974 年 11 月 2 日出生。2014 年 6 月 23 日因涉嫌犯诈骗罪被刑事拘留。

被告人蓝清辉，男，1976 年 10 月 27 日出生。2014 年 6 月 23 日因涉嫌犯诈骗罪被刑事拘留。

淮安市淮安区人民检察院以被告人林在清、柯世铵、林永生、蓝清辉犯诈骗罪向淮安市淮安区人民法院提起公诉。

被告人林在清、林永生、蓝清辉对公诉机关指控的诈骗犯罪事实及罪名没有异议，但请求对其从轻处罚。

被告人柯世铵辩称其行为不构成诈骗罪，其辩护人提出公诉机关指控事实不清，证据不足的辩护意见。

淮安市淮安区人民法院经公开审理查明：

2014 年 2 月，被告人林在清通过网上聊天与他人商议，由其提供银行卡账户，并在他人通过网络骗取的钱财进入其银行卡账户后代为取款。同月 25 日，被告人柯世铵利用伪基站群发社保补贴未有领取的短信，诱使宁夏回

族自治区固原市原州区居民马秀芸将钱款人民币92 355元转入该银行卡账户,后林在清指使被告人林永生将该钱款取出,扣减其中的10%作为"报酬",将余款转入柯世铵指定账户。

同年3月23日,被告人林在清采用同样的方法获取淮安市广州路办事处居民高崇茂钱款人民币5 500元。

同年6月7日,被告人林在清指使被告人蓝清辉将安徽省固镇县城关镇居民徐善兰银行卡账户钱款人民币25 800元取出,并将部分余款汇入该上线指定账户。

淮安市淮安区人民法院认为,被告人柯世铵以非法占有为目的,经与他人共同预谋后,通过网络伪基站假借某一地区固定电话向该地区不特定用户群发送有经济利益或利益受损信息,诱使受害人通过银行ATM机按其设定的模式进行转账或所谓的银行卡升级,从而将钱款骗入自己控制的银行卡账户;被告人林在清与上线共同预谋,为实施犯罪提供银行卡账号,直接参与或指挥他人提取上线所骗取赃款;被告人林永生、蓝清辉在被告人林在清组织指挥下,积极参与提取赃款,四被告人行为均已构成诈骗罪。遂依照《中华人民共和国刑法》第二百六十六条,第二十五条第一款,第二十六条第一款、第四款,第二十七条,第六十七条第三款,第七十二条第一款、第三款,第七十三条第二款、第三款和第六十四条之规定,分别以诈骗罪判处:林在清有期徒刑三年,并处罚金人民币三万五千元;柯世铵有期徒刑四年,并处罚金人民币三万元;林永生有期徒刑一年六个月,并处罚金人民币二万元;蓝清辉有期徒刑六个月,缓刑一年,并处罚金人民币一万五千元;扣押在案退赔款,发还给相关被害人;责令被告人继续向相关被害人退赔经济损失。

一审宣判后,被告人柯世铵、林永生不服,均向淮安市中级人民法院提出上诉,在二审法院审理期间,被告人林永生自愿申请撤回了上诉。

淮安市中级人民法院经公开审理认为,一审判决认定事实清楚,证据确实、充分,定罪准确,量刑适当,审判程序合法,遂依照《中华人民共和国刑事诉讼法》第二百二十五条第一款第一项、《最高人民法院关于适用〈中华人民共和国刑事诉讼法〉的解释》第三百零五条第一款的规定,裁定驳回柯世铵的上诉,维持原判。

二、主要问题

事先无明确的犯罪意思联络，但为诈骗犯罪分子提取赃款并获利，是否构成诈骗共犯？

三、裁判理由

信息时代的来临使信息的传递更加快捷、顺畅，但信息传递方式的普及又为公民个人信息外泄提供可能，为违法犯罪活动提供了新的运作空间和便利条件，大量诈骗短信使公民权利遭受侵犯的范围扩展到人身与有形财产方面。近年来，通过信息网络发布违法犯罪信息，进而实施违法犯罪活动的现象层出不穷，给人民群众造成严重的损失，严重破坏了社会运行的正常秩序。网络安全已成为我国乃至世界面临的一个严峻的社会安全问题。本案即是一起典型的通过网络传播虚假信息，进而骗取他人钱财的案件。

在本案审理过程中，对于被告人柯世铵的行为构成诈骗犯罪均没有异议，但对被告人林在清、林永生、蓝清辉与诈骗分子无明确的犯罪意思联络，而提取赃款并获得所谓“劳动报酬”的行为能否构成诈骗共犯存在不同认识：一种意见认为，林在清、林永生、蓝清辉事先没有明确与诈骗上线就如何进行诈骗犯罪进行预谋，所实施的犯罪行为并非由诈骗上线所指使，所获得的利益并非诈骗上线给予的，而是通过自己的所谓“劳动”所得。三被告人行为虽然客观上对诈骗分子所实施的行为起到帮助作用，但并未达到应受刑事处罚的程度，不宜以诈骗犯罪论处。另一种意见认为，虽然三被告人事先与诈骗上线未就如何具体实施诈骗犯罪进行预谋，但就其所处的生活环境以及被告人的个人认知水平，其是知道也应当知道诈骗上线所实施行为的严重社会危害性已经达到犯罪程度，在诈骗上线实施犯罪行为过程中，林在清提供银行卡账户以及与林永生、蓝清辉提取赃款等行为均是诈骗犯罪不可缺少的重要组成部分，只是在诈骗犯罪中分工不同而已，应当以诈骗共犯论处。

我们认为，共同犯罪并不是若干单独犯罪的简单相加，它必须是一个各犯罪行为人的共同犯罪故意和共同犯罪行为联系起来的犯罪整体，它体现在各共同犯罪人愿意与他人共同实施犯罪,认识到自己所实施的具体犯罪是在与他人共同实施,而且他人也在与自己共同实施,同时每一个人都希望或放任共同犯罪结果的发生。具体到本案,我们认为:

(一)三被告人对自己行为的社会危害性有明确的认识,具有实施诈骗犯罪的共同故意和行为

在共同实行犯罪的情况下,各共同犯罪人必须具有全面与互相的主观联系。所谓共同犯罪故意,是指各共同犯罪人通过意思联络,认识到他们的共同犯罪行为会发生危害社会的结果,并决意参与共同犯罪,希望或放任这种结果发生的心理态度。意思联络就是共同犯罪人以明示或暗示的方法表明愿意共同实施某种犯罪。正是这种意思联络,各共同犯罪人的个人犯罪故意才结成一体,转化为共同的犯罪故意,这种共同犯罪人之间的意思联络并不要求所有共同犯罪人之间都必须存在,只要实行犯与其他共同犯罪人之间存在意思联络即可,事前犯意联络就是故意犯罪的重要方式,它通常包括共同犯罪人之间用语言或文字互相沟通犯罪意思,就拟实施的犯罪性质、实施方法、地点、时间和分工进行商议,有时也以表示同意的身体动作作为犯意联络的行为表现。对共同犯罪而言,有无直接明确的意思联络,并不影响共同犯罪的成立。共谋的内容是共同协议决定实行犯罪,但共谋并不要求必须谋议犯罪的时间、地点、手段以及具体实行方法的细节,即使行为人不知道这些情况,只要参加犯罪基本问题的谋议就可以认定为共谋。在共同谋议实行犯罪的场合,不论其是否直接参与实行行为,都应据其在共同犯罪中所起的作用处罚。在司法实践中,法官在认定行为人的犯罪故意时就是根据行为人的行为表现,结合自身的经验、知识和一般的常理、常识进行推断。《最高人民法院、最高人民检察院、海关总署关于办理走私刑事案件适用法律若干问题的意见》推定行为人具有走私主观故意的七种情形以及《最高人民法院、最高人民检察院关于办理侵犯知识产权刑事案件具体应用法律若干问题的解释》中认定“明知”系假冒注册商标的商品的四种情形等就是以司法推定的方式认定故意在实践中的例证。

本案中,虽无明确证据可以证明林在清等人与诈骗上线之间存在整体诈骗犯罪的意思联络,但综观全案,应当说是存在如何实施犯罪的犯罪联系

的，只是这种联系内容与通常状态下的预谋分工有一定的区别。本案行为人林在清作为福建安溪地区的居民，在明知当地存在许多人实施诈骗行为的情况下，自己为了挣钱而与柯世铵等人联系，且柯世铵等人已告知其所取款项系诈骗而来。从其主观而言，其对上线通过虚构信息骗取他人钱财的事实是有明确认知的，其对自己未向他人发布虚假信息、未告知被害人如何操作 ATM 机将钱款打入、钱款的进入并非自己的直接行为所致以及没有实施所谓实质性损害行为的性质如何认识，并不影响犯罪行为的成立。至于林在清与林永生、蓝清辉之间是否存在犯罪意思联络，我们认为同样不影响整个诈骗共同犯罪的成立。基于林永生、蓝清辉自身实际情况，其二人与林在清同处福建安溪地区，对当地许多人从事虚构网络信息进行诈骗获取钱款的行为同样有较为清晰的认识，从其年龄和实施方法、利益分成看，其事先与诈骗上线未直接联系既有林在清已与上线联系清楚，无须联系的考虑，也有怕事情暴露的顾虑，况且林在清提出以这种取款方式带二人挣钱时其二人就有所感知，在其二人以后的行为实施过程中，二人是知道也是应当知道林在清所指挥行为的社会违法性，但知道而不制止、退出反而继续参与实施并获利，说明其具有临时产生共同实施犯罪行为的故意。因此，根据现有材料，完全可以认定三被告人与诈骗上线之间存在一定程度的犯罪联系，具有实施共同诈骗犯罪的主观故意。

刑法上所讲的共同犯罪行为，要求各共同犯罪人实施的行为指向同一犯罪事实，都具有社会危害性，且达到严重的程度，各共同犯罪人的行为彼此联系，互相配合，与犯罪结果之间都存在因果联系。通常情况下，自然人对行为性质的认识是通过其对行为手段或行为方法的认识来确定的。无论行为人是知道（直接故意）还是应当知道（间接故意），外界都可依据一定的客观基础事实和主观认识进行判定，具体到本案，我们认为可从下列几方面确认三被告人的行为与其上线一样均是诈骗犯罪的共同实行行为：

第一，行为手段。行为手段是行为人实现犯罪目的的重要条件。从被告人林在清等人实施犯罪的行为手段来看，其首先在网络上购买银行卡，编成代号告知柯世铵等上线，柯世铵等上线通过他人设定的伪基站发送虚假信息，在被害人认为自己有经济利益或认为自身经济利益有可能受损而与柯世铵等人联系后,柯世铵等人诱使被害人通过银行ATM机进行所谓的转账或银行卡升级,将钱款汇入林在清等人事先购买的银行卡上,再告知林在清等人前往附近银行取款。林在清等人将被害人的钱款取出,扣减其中的10%作为自己的报酬后,将余款汇入柯世铵等上线控制的银行卡。柯世铵、林在清等人煞费心机地设计、使用的这种特殊手段,利润之高、手段之怪与日常生活中的网络货物交易完全不同,也由此可以说明行为人对自己的行为后果、违法性质等要素有一定的认知。

第二,实施侵害的行为对象。柯世铵等上线是在他人对该受信用户情况并不了解,不知受害人是否有如短信所言内容的情况下,明知自己并不具有短信中所描述的资格和能力,只是为了达到犯罪目的而去实施。林在清等人对这种有选择地确定侵害对象的方式和内容是明知的。

第三,行为人案发前后的表现。林在清在案发前所办理的银行卡为网上非实名购买,柯世铵等上线在收到短信的被害人对其质疑时,往往也是直接挂断电话,不再启用原先告知的电话号码、银行卡号,在案发后毁灭、伪造证据,同时为避免被他人发现,一般都是借用非本地联系电话,而且林在清等取款也都是在非本人居住地宾馆开房,等候通知,收取钱款后立即转移,实质是一种掩盖犯罪事实、逃避法律追究的行为。

上述内容可以确认三被告人所实施的行为均是具有诈骗犯罪性质的共同实行行为。

(二)三被告人的提取赃款行为,是诈骗犯罪系列行为的一部分,是诈骗行为人实现犯罪目的不可缺少的重要组成部分

共同犯罪的严重危害性来源于其整体性,整体性体现为各犯罪人行为的相互配合、相互补充,共同犯罪故意使各共同犯罪人的行为在它的支配下成为一个统一整体。各共同犯罪人的行为不管在共同犯罪中的表现形式如何,都不是互相孤立的,而是有一个共同的犯罪目标把它们联系起来,成为统一的犯罪活动。他们每一个人的行为都是共同犯罪不可或缺的组成部分,行为表现既可是共同作为,也可是共同不作为,还可表现为作为与不作为的结合;既可能是共同实施实行行为,也可能是不同行为的配合。我们不能孤立地只就共同犯罪中的某一人的行为是否现实地导致结果发生来认定

其行为与结果之间是否存在因果关系，而应当理解为各共同犯罪人基于共同犯罪意思的联系，彼此互相利用他人的行为而共同实施犯罪，他们的行为是围绕着一个犯罪目标，互相配合、互为条件的，这些行为的总和才导致犯罪结果的发生，每个人的行为都是犯罪结果发生不可分割的原因的一部分，即使其中某一人的行为引起犯罪结果发生，其他人的行为虽然没有直接导致犯罪结果的发生，也应认为与犯罪结果之间存在因果关系。各共同犯罪人对共同实行的故意犯罪行为整体负责，而不只是对自身参与实行的犯罪行为负责。当然，在共同犯罪人之间存在分工的场合，如果事后的帮助行为不存在事前或事中通谋，就不构成共同犯罪，但如果存在事前或事中共谋，则存在共同犯罪。我国刑法第一百五十六条关于在一系列走私犯罪过程中的不同行为以走私共犯论处的规定就体现了这一点。本案也是如此，各犯罪人的行为方式虽有差异，但这种差异是基于林在清与诈骗上线网络聊天时即已确定的不同分工，他们之间是一种协作配合的关系，尽管三被告人在实施诈骗犯罪之前对犯什么罪以及如何实施犯罪等事项与诈骗上线事前无明确的犯罪预谋，但先后实施不同的犯罪行为均没有超出林在清与上线商议的范围：

首先，如上所述，本案三被告人与柯世铵等上线具有实施诈骗犯罪的共同犯罪故意，其犯罪的目的均是希望通过实施虚构事实、隐瞒真相的手段获取不特定被害人的钱财，其相互之间目的明确、手段共知，均指向同一的诈骗犯罪。

其次，各犯罪人之间行为的不同只是他们之间因特殊诈骗行为的要求而导致的不同分工。本案与其他普通共同犯罪的区别在于三被告人与诈骗上线并未见面，与被害人是通过网络联系，犯罪钱财的取得也不是从被害人手中直接取得，行为的实施具有时间、空间的不同一性，因而需要犯罪行为人采取各自不同的方法、手段，三名被告人的取款行为正是适应这种需要的行为。

最后，三被告人行为与上线的前期行为都是诈骗目的实现不可分割的组成部分，缺一不可。柯世铵等上线一方在实施自身行为时认识到自己实施完毕后，林在清等人自然会去取款并汇给自己，而林在清等三被告人在实施自身的取款行为时亦明知或应当知道取款资金来自柯世铵等上线的前期诈骗所得。事实上从购买银行卡,到通过网络向不特定人员发送虚假信息诱使他人为获得所谓钱财或避免利益受损而将钱款转移,再到将此钱款转入犯罪行为人控制的银行卡,整个过程都是诈骗犯罪的实行行为,无论是缺少诈骗上线的前期行为,还是三被告人后期到附近ATM机上将上线骗得的尚在银行的钱财取出行为,该诈骗犯罪的实际目的均不能得逞。需要特别强调的是,三被告人行为并非如有些共同犯罪中的帮助行为。认定帮助犯要从行为人在共同犯罪中的地位、参与程度、具体犯罪情节以及危害后果原因大小等因素综合考量,本案三被告人所实施行为是诈骗目的得以实现不可缺少的必要条件,缺少其行为则诈骗结果不能实现,这与在共同犯罪中未直接实行犯罪,只是对实行犯罪提供方便条件的帮助行为是有原则区别的,我们不能错误地认为虚构事实让被害人将钱款转入预先设立的账户是诈骗,其他过程都是一种辅助行为,如此则会产生林在清等三被告人行为在整个犯罪过程中的必要性以及是否构成诈骗共犯的困惑。

综上,我们同意第二种意见。一、二审法院以三被告人犯诈骗罪进行处罚是正确的。

(撰稿:江苏省淮安市淮安区人民法院　颜　赤　贺同新
审编:最高人民法院刑二庭　高洪江)

[第1204号]

龙某某拒不执行判决案

——如何理解拒不执行判决、裁定罪中的"有能力执行"

一、基本案情

自诉人罗某某,女,1987年1月20日出生,农民。

被告人龙某某,男,1971年6月20日出生,无业。2016年12月14日因涉嫌犯拒不执行判决罪被逮捕。

自诉人罗某某以被告人龙某某犯拒不执行判决、裁定罪,于2016年7月4日向北京市朝阳区人民法院提起刑事自诉。

被告人龙某某辩称,其没有财产可供执行,不构成拒不执行判决罪。

北京市朝阳区人民法院经审理查明:2005年1月,沈某某驾驶小型汽车将自诉人罗某某(女,时年19岁)撞伤,导致罗某某肢体残疾,后经鉴定残疾等级为二级。因龙某某是肇事车辆的车主,2006年8月4日,北京市朝阳区人民法院作出(2006)朝民初字第7142号民事判决,判令龙某某与沈某某连带赔偿罗某某医疗费、残疾赔偿金、精神损害赔偿金等损失共计人民币19万余元。判决生效后于2007年进入执行程序。在执行过程中,龙某某曾到执行庭表示给其1个月时间,但其逾期未到庭并失去联系。法院将执行通知、财产报告令及传票一并交与龙某某的姐姐代为转交,龙某某承认已收到前述法律文书,但未按要求申报财产,亦未履行生效判决确定的给付义务。在案件执行期间,龙某某名下有轿车,且有一定的经济收入。2016年10月8日,龙某某因拒不履行生效判决确定的义务被法院决定司法拘留十五日。司法拘留后,龙某某仍未履行生效判决确定的给付义务,直至同年12月14日经法院通知到案后被逮捕。

北京市朝阳区人民法院经审理认为,被告人龙某某无视国法,负有执行义务,有能力执行而拒不执行人民法院生效判决,情节严重,其行为已构成拒不执行判决罪。关于龙某某所提其没有财产可供执行的辩解,经查,在生效判决执行期间,龙某某名下有车辆,且有一定的经济收入,自述曾出境旅游、赌博。履行能力的大小不能等同于履行能力的有无,即使其没有能力一次性履行全部给付义务,也可以分次履行或者部分履行,但龙某某无视人民法院生效判决,既不申报财产也未履行任何给付义务,属于有能力执行而拒不执行生效判决,对该辩解不予采纳。龙某某属于拒不执行支付医疗费用等判决,对其酌予从重处罚。鉴于龙某某经通知到案,到案后对犯罪行为能够如实供述,对其予以从轻处罚。综上,依照《中华人民共和国刑法》第三百一十三条第一款、第六十一条、第四十五条、第四十七条及《全国人民代表大会常务委员会关于〈中华人民共和国刑法〉第三百一十三条的解释》《最高人民法院关于审理拒不执行判决、裁定刑事案件适用法律若干问题的解释》第二条第一项、第八项和第七条之规定,以拒不执行判决罪判处被告人龙某某有期徒刑六个月。

一审宣判后,自诉人、被告人均未提出上诉,判决已发生法律效力。

二、主要问题

如何理解拒不执行判决、裁定罪中的"有能力执行"?

三、裁判理由

本案系2015年7月20日公布的《最高人民法院关于审理拒不执行判决、裁定刑事案件适用法律若干问题的解释》(以下简称《解释》)确立拒不执行判决、裁定罪自诉机制以来,北京市法院判处的首例拒不执行判决、裁定自诉人刑案件。本案审理中遇到的主要问题是,被告人辩称其没有可供执行的财产,且此前经法院裁定终结本次执行程序,那么,被告人的行为是否属于对人民法院的判决"有能力执行"而拒不执行从而构成犯罪?对此有两种意见:第一种意见认为,民事判决已经法院裁定终结执行程序,案件审理时被告人名下没有财产可供执行,故对被告人不能以拒不执行判决罪定罪处罚。第二种意见认为,被告人属于"有能力执行"而拒不执行人民法院的判决,已构成拒不执行判决罪。

我们赞同第二种意见。“有能力执行”是构成拒不执行判决、裁定罪的必备要件之一,没有执行能力而没有执行的,不构成本罪。关于“有能力执行”应当从以下几个方面来理解和把握:

(一)认定“有能力执行”的时间从判决、裁定生效时起算,不限于执行期间或刑事案件审理期间

关于“有能力执行”的时间节点认定存在四种观点:一是宣告裁判结果说,即认定被告人“有能力执行”从判决、裁定宣告时起算;二是裁判结果生效说,即从判决、裁定发生法律效力时起算;三是执行程序立案说,即执行案件立案时起算;四是执行文书送达说,即从行为人收到执行文书时起算。

我们赞同第二种观点,“有能力执行”的时间起算节点应为判决、裁定发生法律效力时。主要理由在于:

1. 判决、裁定生效时,双方当事人的权利义务关系才得以明确,被执行人的法定义务才得以确立。在判决、裁定未生效的情况下,双方当事人的权利义务尚未明确,判决、裁定处于不确定的状态,判决、裁定尚未开始执行。宣告裁判结果说对行为人“有能力执行”的时间节点认定过于提前,忽视了拒不执行判决、裁定罪侵犯的客体是人民法院的生效判决、裁定,判决、裁定宣告不等同于生效,判决、裁定未生效,也就谈不上被侵犯。犯罪客体未受侵犯,自然不能成立犯罪。

2. 判决、裁定生效时,行为人的法定义务就已经确立,应当自觉、及时履行判决、裁定所要求的内容。只要行为人收到了人民法院的判决、裁定,就应当认定其知晓了判决、裁定的内容,执行案件是否立案、执行文书是否送达并不影响判决、裁定确定的义务。执行程序立案说和执行文书送达说有违裁判文书生效,行为人法定义务即确定的基本规则。“判决、裁定生效后,行为人便产生了执行判决、裁定的义务,此时实施隐瞒、转移财产等行为,必然妨碍了判决、裁定的执行,妨害了司法。”①

3. 符合拒不执行判决、裁定罪的立法本意。《全国人民代表大会常务委

① 张明楷:《刑法学》(第5版),法律出版社2016年版,第1105页。

员会关于〈中华人民共和国刑法〉第三百一十三条的解释》对本罪中的人民法院判决、裁定加以明确，“是指人民法院依法作出的具有执行内容并已发生法律效力的判决、裁定”。本罪侵犯的客体是人民法院生效判决、裁定的权威性，那么作为本罪构成要件的“有能力执行”应当与犯罪客体相适应，即对生效的判决、裁定有执行能力，故应以判决、裁定生效时作为认定行为人是否“有能力执行”的时间节点。

4.符合最高人民法院指导性案例的要旨。最高人民法院指导案例71号（毛建文拒不执行判决、裁定案）的裁判要旨为：“有能力执行而拒不执行判决、裁定的时间从判决、裁定发生法律效力时起算。具有执行内容的判决、裁定发生法律效力后，负有执行义务的人有隐瞒、转移、故意毁损财产等拒不执行行为，致使判决、裁定无法执行，情节严重的，应当以拒不执行判决、裁定罪定罪处罚。”指导性案例应当作为司法审判的参照依据。

自判决、裁定生效至被控犯拒不执行判决、裁定罪的刑事案件立案审理期间，行为人在任何时间点有履行生效判决、裁定能力的，均可以认定“有能力执行”，而非限于执行期间或刑事案件审理期间，这样理解既符合法律规定，也利于打击拒不执行判决、裁定的犯罪行为。

本案被告人龙某某辩称其在案件审理期间没有执行能力，法院审理中查明，在案证据足以证明龙某某自判决生效至刑事案件立案前，有一定的经济收入，能够执行生效判决确定的给付义务，其未履行义务，亦未申报财产。虽然在刑事案件审理期间，可能如其所述，没有给付能力，但“有能力执行”的时间起点为判决生效时，自判决生效后被告人只要有执行的能力就应当自觉履行执行义务，刑事案件审理期间是否有执行能力不影响本罪的成立。

（二）“有能力执行”是客观事实，不以行为人的主观认识为要件，且不受执行情况的制约

1998年《最高人民法院关于审理拒不执行判决、裁定案件具体应用法律若干问题的解释》（已废止）第二条规定：“对人民法院发生法律效力的判决、裁定‘有能力执行’，是指根据查实的证据证明，负有执行人民法院判决、裁定义务的人有可供执行的财产或者具有履行特定行为义务的能力。”据此，“有能力执行”应是一种客观事实，行为人主观上认为其不具有执行能力的

不影响认定。认定行为人“有能力执行”应当综合全部案情加以判断,要考虑行为人自身的收入、支出情况等。对给付的执行义务,则要考虑行为人实施给付行为的能力及现实的可能性等。

需要指出的是,认定行为人是否“有能力执行”不应受执行情况的影响。拒不执行判决、裁定案件中,尤其是自诉程序中,执行机构可能出具执行终结裁定书,以被执行人名下无可供执行的财产为由,裁定终结本次执行程序。对此,我们认为,执行终结裁定书通常是以被执行人名下无“显性”财产为根据的,如名下存款、不动产等,而刑事程序中行为人是否“有能力执行”不仅要考虑行为人“显性”财产,而且要考虑其“隐性”财产,需要依据综合情节认定行为人是否“有能力执行”。举例而言,行为人名下无存款、无不动产或高额动产,但确实存在高消费、高支出的,仍可认定其“有能力执行”。简言之,除了行为人及其家庭生活必需外,如果行为人有非必要性支出的,即使名下无财产,仍可视情认定其“有能力执行”。

本案被告人龙某某辩称其没有执行能力,系其主观认识,不影响法院对客观事实的认定。在案证据显示,在生效判决执行期间,龙某某名下有车辆,且有一定的经济收入,还自述曾出境旅游、赌博,故法院审理认为其有执行能力,且执行部门裁定终结民事赔偿判决的执行程序也不影响对被告人是否“有能力执行”的认定。

(三)“有能力执行”包括部分执行能力

在对财产的执行中,“有能力执行”是指有可供执行的财产,既包括有可供全部执行的财产,也包括可供部分执行的财产。[①]即使行为人没有能力一次性全部履行执行义务,但有能力分次履行、部分履行执行义务的,可以认定行为人“有能力执行”。这样理解是为了防止行为人以不能全部履行义务为由,拒不履行法定义务。当然,在执行只具备部分执行能力的被告人时,需要在实现债权和尊重人权之间、在执行目的和执行手段之间、在债权人与

① 刘贵祥、刘慧卓:《〈关于审理拒不执行判决、裁定刑事案件适用法律若干问题的解释〉的理解与适用》,载《人民司法·应用》2015年第23期。

债务人法律地位之间找到一个最佳的平衡点。[①]简言之，在财产给付中，行为人能够通过自己的行为获得生活来源并能够维持一般人的生活水平的，就能分批给付小额财产，具有了部分履行的能力，如系低保人员、家庭严重困难、失业无收入来源等则除外。

本案被告人龙某某辩称其不能履行给付义务，法院审查后认为其有一定的收入，即使该收入不足以一次性履行全部给付义务，仍可以分时段、分批次履行部分给付义务，但自判决生效后，被告人始终分文不付，属于“对人民法院的判决、裁定有能力执行而拒不执行”。鉴于被告人在近十年的时间里拒不执行判决，且在因拒不履行生效判决确定的义务被法院决定司法拘留的情况下仍未执行判决，自诉人因伤严重残疾，生活不能自理，亟须救治资金时，持生效判决书却不能得到应得的赔偿，被告人拒不执行判决的行为情节严重，且属于《解释》第七条规定的拒不执行支付医疗费用等判决而可以酌情从重处罚的情况，故法院以拒不执行判决罪对被告人定罪处罚，是适当的。

（撰稿：北京市朝阳区人民法院　付想兵　王向明
审编：最高人民法院刑二庭　韩维中）

① 关俊:《拒不执行判决、裁定罪中执行能力和情节严重的判断标准》，载《人民司法·案例》2013年第20期。

中华人民共和国主席令

第五十三号

《中华人民共和国网络安全法》已由中华人民共和国第十二届全国人民代表大会常务委员会第二十四次会议于2016年11月7日通过，现予公布，自2017年6月1日起施行。

中华人民共和国主席　习近平

2016年11月7日

中华人民共和国网络安全法

（2016年11月7日第十二届全国人民代表大会常务委员会第二十四次会议通过）

第一章　总　　则

第一条　为了保障网络安全，维护网络空间主权和国家安全、社会公共利益，保护公民、法人和其他组织的合法权益，促进经济社会信息化健康发展，制定本法。

第二条　在中华人民共和国境内建设、运营、维护和使用网络，以及网络安全的监督管理，适用本法。

第三条 国家坚持网络安全与信息化发展并重，遵循积极利用、科学发展、依法管理、确保安全的方针，推进网络基础设施建设和互联互通，鼓励网络技术创新和应用，支持培养网络安全人才，建立健全网络安全保障体系，提高网络安全保护能力。

第四条 国家制定并不断完善网络安全战略，明确保障网络安全的基本要求和主要目标，提出重点领域的网络安全政策、工作任务和措施。

第五条 国家采取措施，监测、防御、处置来源于中华人民共和国境内外的网络安全风险和威胁，保护关键信息基础设施免受攻击、侵入、干扰和破坏，依法惩治网络违法犯罪活动，维护网络空间安全和秩序。

第六条 国家倡导诚实守信、健康文明的网络行为，推动传播社会主义核心价值观，采取措施提高全社会的网络安全意识和水平，形成全社会共同参与促进网络安全的良好环境。

第七条 国家积极开展网络空间治理、网络技术研发和标准制定、打击网络违法犯罪等方面的国际交流与合作，推动构建和平、安全、开放、合作的网络空间，建立多边、民主、透明的网络治理体系。

第八条 国家网信部门负责统筹协调网络安全工作和相关监督管理工作。国务院电信主管部门、公安部门和其他有关机关依照本法和有关法律、行政法规的规定，在各自职责范围内负责网络安全保护和监督管理工作。

县级以上地方人民政府有关部门的网络安全保护和监督管理职责，按照国家有关规定确定。

第九条 网络运营者开展经营和服务活动，必须遵守法律、行政法规，尊重社会公德，遵守商业道德，诚实信用，履行网络安全保护义务，接受政府和社会的监督，承担社会责任。

第十条 建设、运营网络或者通过网络提供服务，应当依照法律、行政法规的规定和国家标准的强制性要求，采取技术措施和其他必要措施，保障网络安全、稳定运行，有效应对网络安全事件，防范网络违法犯罪活动，维护网络数据的完整性、保密性和可用性。

第十一条 网络相关行业组织按照章程，加强行业自律，制定网络安全行为规范，指导会员加强网络安全保护，提高网络安全保护水平，促进行业健康发展。

第十二条 国家保护公民、法人和其他组织依法使用网络的权利，促进网络接入普及，提升网络服务水平，为社会提供安全、便利的网络服务，保障网络信息依法有序自由流动。

任何个人和组织使用网络应当遵守宪法法律，遵守公共秩序，尊重社会公德，不得危害网络安全，不得利用网络从事危害国家安全、荣誉和利益，煽动颠覆国家政权、推翻社会主义制度，煽动分裂国家、破坏国家统一，宣扬恐怖主义、极端主义，宣扬民族仇恨、民族歧视，传播暴力、淫秽色情信息，编造、传播虚假信息扰乱经济秩序和社会秩序，以及侵害他人名誉、隐私、知识产权和其他合法权益等活动。

第十三条 国家支持研究开发有利于未成年人健康成长的网络产品和服务，依法惩治利用网络从事危害未成年人身心健康的活动，为未成年人提供安全、健康的网络环境。

第十四条 任何个人和组织有权对危害网络安全的行为向网信、电信、公安等部门举报。收到举报的部门应当及时依法作出处理；不属于本部门职责的，应当及时移送有权处理的部门。

有关部门应当对举报人的相关信息予以保密，保护举报人的合法权益。

第二章 网络安全支持与促进

第十五条 国家建立和完善网络安全标准体系。国务院标准化行政主管部门和国务院其他有关部门根据各自的职责，组织制定并适时修订有关网络安全管理以及网络产品、服务和运行安全的国家标准、行业标准。

国家支持企业、研究机构、高等学校、网络相关行业组织参与网络安全国家标准、行业标准的制定。

第十六条 国务院和省、自治区、直辖市人民政府应当统筹规划，加大投入，扶持重点网络安全技术产业和项目，支持网络安全技术的研究开发和应用，推广安全可信的网络产品和服务，保护网络技术知识产权，支持企业、研究机构和高等学校等参与国家网络安全技术创新项目。

第十七条 国家推进网络安全社会化服务体系建设,鼓励有关企业、机构开展网络安全认证、检测和风险评估等安全服务。

第十八条 国家鼓励开发网络数据安全保护和利用技术,促进公共数据资源开放,推动技术创新和经济社会发展。

国家支持创新网络安全管理方式,运用网络新技术,提升网络安全保护水平。

第十九条 各级人民政府及其有关部门应当组织开展经常性的网络安全宣传教育,并指导、督促有关单位做好网络安全宣传教育工作。

大众传播媒介应当有针对性地面向社会进行网络安全宣传教育。

第二十条 国家支持企业和高等学校、职业学校等教育培训机构开展网络安全相关教育与培训,采取多种方式培养网络安全人才,促进网络安全人才交流。

第三章 网络运行安全

第一节 一般规定

第二十一条 国家实行网络安全等级保护制度。网络运营者应当按照网络安全等级保护制度的要求,履行下列安全保护义务,保障网络免受干扰、破坏或者未经授权的访问,防止网络数据泄露或者被窃取、篡改:

(一)制定内部安全管理制度和操作规程,确定网络安全负责人,落实网络安全保护责任;

(二)采取防范计算机病毒和网络攻击、网络侵入等危害网络安全行为的技术措施;

(三)采取监测、记录网络运行状态、网络安全事件的技术措施,并按照规定留存相关的网络日志不少于六个月;

(四)采取数据分类、重要数据备份和加密等措施;

(五)法律、行政法规规定的其他义务。

第二十二条 网络产品、服务应当符合相关国家标准的强制性要求。网络产品、服务的提供者不得设置恶意程序;发现其网络产品、服务存在安全缺陷、漏洞等风险时，应当立即采取补救措施，按照规定及时告知用户并向有关主管部门报告。

网络产品、服务的提供者应当为其产品、服务持续提供安全维护；在规定或者当事人约定的期限内，不得终止提供安全维护。

网络产品、服务具有收集用户信息功能的，其提供者应当向用户明示并取得同意；涉及用户个人信息的，还应当遵守本法和有关法律、行政法规关于个人信息保护的规定。

第二十三条 网络关键设备和网络安全专用产品应当按照相关国家标准的强制性要求，由具备资格的机构安全认证合格或者安全检测符合要求后，方可销售或者提供。国家网信部门会同国务院有关部门制定、公布网络关键设备和网络安全专用产品目录，并推动安全认证和安全检测结果互认，避免重复认证、检测。

第二十四条 网络运营者为用户办理网络接入、域名注册服务，办理固定电话、移动电话等入网手续，或者为用户提供信息发布、即时通讯等服务，在与用户签订协议或者确认提供服务时，应当要求用户提供真实身份信息。用户不提供真实身份信息的，网络运营者不得为其提供相关服务。

国家实施网络可信身份战略，支持研究开发安全、方便的电子身份认证技术，推动不同电子身份认证之间的互认。

第二十五条 网络运营者应当制定网络安全事件应急预案，及时处置系统漏洞、计算机病毒、网络攻击、网络侵入等安全风险；在发生危害网络安全的事件时，立即启动应急预案，采取相应的补救措施，并按照规定向有关主管部门报告。

第二十六条 开展网络安全认证、检测、风险评估等活动，向社会发布系统漏洞、计算机病毒、网络攻击、网络侵入等网络安全信息，应当遵守国家有关规定。

第二十七条 任何个人和组织不得从事非法侵入他人网络、干扰他人网络正常功能、窃取网络数据等危害网络安全的活动；不得提供专门用于从事侵入网络、干扰网络正常功能及防护措施、窃取网络数据等危害网络安全活动的程序、工具；明知他人从事危害网络安全的活动的，不得为其提供技术支持、广告推广、支付结算等帮助。

第二十八条 网络运营者应当为公安机关、国家安全机关依法维护国家安全和侦查犯罪的活动提供技术支持和协助。

第二十九条 国家支持网络运营者之间在网络安全信息收集、分析、通报和应急处置等方面进行合作,提高网络运营者的安全保障能力。

有关行业组织建立健全本行业的网络安全保护规范和协作机制,加强对网络安全风险的分析评估,定期向会员进行风险警示,支持、协助会员应对网络安全风险。

第三十条 网信部门和有关部门在履行网络安全保护职责中获取的信息,只能用于维护网络安全的需要,不得用于其他用途。

第二节 关键信息基础设施的运行安全

第三十一条 国家对公共通信和信息服务、能源、交通、水利、金融、公共服务、电子政务等重要行业和领域,以及其他一旦遭到破坏、丧失功能或者数据泄露,可能严重危害国家安全、国计民生、公共利益的关键信息基础设施,在网络安全等级保护制度的基础上,实行重点保护。关键信息基础设施的具体范围和安全保护办法由国务院制定。

国家鼓励关键信息基础设施以外的网络运营者自愿参与关键信息基础设施保护体系。

第三十二条 按照国务院规定的职责分工,负责关键信息基础设施安全保护工作的部门分别编制并组织实施本行业、本领域的关键信息基础设施安全规划,指导和监督关键信息基础设施运行安全保护工作。

第三十三条 建设关键信息基础设施应当确保其具有支持业务稳定、持续运行的性能,并保证安全技术措施同步规划、同步建设、同步使用。

第三十四条 除本法第二十一条的规定外,关键信息基础设施的运营者还应当履行下列安全保护义务:

(一)设置专门安全管理机构和安全管理负责人,并对该负责人和关键岗位的人员进行安全背景审查;

(二)定期对从业人员进行网络安全教育、技术培训和技能考核;

（三）对重要系统和数据库进行容灾备份；

（四）制定网络安全事件应急预案，并定期进行演练；

（五）法律、行政法规规定的其他义务。

第三十五条 关键信息基础设施的运营者采购网络产品和服务，可能影响国家安全的，应当通过国家网信部门会同国务院有关部门组织的国家安全审查。

第三十六条 关键信息基础设施的运营者采购网络产品和服务，应当按照规定与提供者签订安全保密协议，明确安全和保密义务与责任。

第三十七条 关键信息基础设施的运营者在中华人民共和国境内运营中收集和产生的个人信息和重要数据应当在境内存储。因业务需要，确需向境外提供的，应当按照国家网信部门会同国务院有关部门制定的办法进行安全评估；法律、行政法规另有规定的，依照其规定。

第三十八条 关键信息基础设施的运营者应当自行或者委托网络安全服务机构对其网络的安全性和可能存在的风险每年至少进行一次检测评估，并将检测评估情况和改进措施报送相关负责关键信息基础设施安全保护工作的部门。

第三十九条 国家网信部门应当统筹协调有关部门对关键信息基础设施的安全保护采取下列措施：

（一）对关键信息基础设施的安全风险进行抽查检测，提出改进措施，必要时可以委托网络安全服务机构对网络存在的安全风险进行检测评估；

（二）定期组织关键信息基础设施的运营者进行网络安全应急演练，提高应对网络安全事件的水平和协同配合能力；

（三）促进有关部门、关键信息基础设施的运营者以及有关研究机构、网络安全服务机构等之间的网络安全信息共享；

（四）对网络安全事件的应急处置与网络功能的恢复等，提供技术支持和协助。

第四章 网络信息安全

第四十条 网络运营者应当对其收集的用户信息严格保密，并建立健全用户信息保护制度。

第四十一条 网络运营者收集、使用个人信息，应当遵循合法、正当、必要的原则，公开收集、使用规则，明示收集、使用信息的目的、方式和范围，并经被收集者同意。

网络运营者不得收集与其提供的服务无关的个人信息，不得违反法律、行政法规的规定和双方的约定收集、使用个人信息，并应当依照法律、行政法规的规定和与用户的约定，处理其保存的个人信息。

第四十二条 网络运营者不得泄露、篡改、毁损其收集的个人信息；未经被收集者同意，不得向他人提供个人信息。但是，经过处理无法识别特定个人且不能复原的除外。

网络运营者应当采取技术措施和其他必要措施，确保其收集的个人信息安全，防止信息泄露、毁损、丢失。在发生或者可能发生个人信息泄露、毁损、丢失的情况时，应当立即采取补救措施，按照规定及时告知用户并向有关主管部门报告。

第四十三条 个人发现网络运营者违反法律、行政法规的规定或者双方的约定收集、使用其个人信息的，有权要求网络运营者删除其个人信息；发现网络运营者收集、存储的其个人信息有错误的，有权要求网络运营者予以更正。网络运营者应当采取措施予以删除或者更正。

第四十四条 任何个人和组织不得窃取或者以其他非法方式获取个人信息，不得非法出售或者非法向他人提供个人信息。

第四十五条 依法负有网络安全监督管理职责的部门及其工作人员，必须对在履行职责中知悉的个人信息、隐私和商业秘密严格保密，不得泄露、出售或者非法向他人提供。

第四十六条 任何个人和组织应当对其使用网络的行为负责，不得设立用于实施诈骗，传授犯罪方法，制作或者销售违禁物品、管制物品等违法犯罪活动的网站、通讯群组,不得利用网络发布涉及实施诈骗,制作或者销售违禁物品、管制物品以及其他违法犯罪活动的信息。

第四十七条 网络运营者应当加强对其用户发布的信息的管理,发现法律、行政法规禁止发布或者传输的信息的,应当立即停止传输该信息,采取消除等处置措施,防止信息扩散,保存有关记录,并向有关主管部门报告。

第四十八条 任何个人和组织发送的电子信息、提供的应用软件,不得设置恶意程序,不得含有法律、行政法规禁止发布或者传输的信息。

电子信息发送服务提供者和应用软件下载服务提供者,应当履行安全管理义务,知道其用户有前款规定行为的,应当停止提供服务,采取消除等处置措施,保存有关记录,并向有关主管部门报告。

第四十九条 网络运营者应当建立网络信息安全投诉、举报制度,公布投诉、举报方式等信息,及时受理并处理有关网络信息安全的投诉和举报。

网络运营者对网信部门和有关部门依法实施的监督检查,应当予以配合。

第五十条 国家网信部门和有关部门依法履行网络信息安全监督管理职责,发现法律、行政法规禁止发布或者传输的信息的,应当要求网络运营者停止传输,采取消除等处置措施,保存有关记录;对来源于中华人民共和国境外的上述信息,应当通知有关机构采取技术措施和其他必要措施阻断传播。

第五章　监测预警与应急处置

第五十一条 国家建立网络安全监测预警和信息通报制度。国家网信部门应当统筹协调有关部门加强网络安全信息收集、分析和通报工作,按照规定统一发布网络安全监测预警信息。

第五十二条 负责关键信息基础设施安全保护工作的部门,应当建立健全本行业、本领域的网络安全监测预警和信息通报制度,并按照规定报送网络安全监测预警信息。

第五十三条 国家网信部门协调有关部门建立健全网络安全风险评估和应急工作机制,制定网络安全事件应急预案,并定期组织演练。

负责关键信息基础设施安全保护工作的部门应当制定本行业、本领域的网络安全事件应急预案,并定期组织演练。

网络安全事件应急预案应当按照事件发生后的危害程度、影响范围等因素对网络安全事件进行分级,并规定相应的应急处置措施。

第五十四条 网络安全事件发生的风险增大时,省级以上人民政府有关部门应当按照规定的权限和程序,并根据网络安全风险的特点和可能造成的危害,采取下列措施:

(一)要求有关部门、机构和人员及时收集、报告有关信息,加强对网络安全风险的监测;

(二)组织有关部门、机构和专业人员,对网络安全风险信息进行分析评估,预测事件发生的可能性、影响范围和危害程度;

(三)向社会发布网络安全风险预警,发布避免、减轻危害的措施。

第五十五条 发生网络安全事件,应当立即启动网络安全事件应急预案,对网络安全事件进行调查和评估,要求网络运营者采取技术措施和其他必要措施,消除安全隐患,防止危害扩大,并及时向社会发布与公众有关的警示信息。

第五十六条 省级以上人民政府有关部门在履行网络安全监督管理职责中,发现网络存在较大安全风险或者发生安全事件的,可以按照规定的权限和程序对该网络的运营者的法定代表人或者主要负责人进行约谈。网络运营者应当按照要求采取措施,进行整改,消除隐患。

第五十七条 因网络安全事件,发生突发事件或者生产安全事故的,应当依照《中华人民共和国突发事件应对法》、《中华人民共和国安全生产法》等有关法律、行政法规的规定处置。

第五十八条 因维护国家安全和社会公共秩序,处置重大突发社会安全事件的需要,经国务院决定或者批准,可以在特定区域对网络通信采取限制等临时措施。

第六章 法律责任

第五十九条 网络运营者不履行本法第二十一条、第二十五条规定的网络安全保护义务的，由有关主管部门责令改正，给予警告；拒不改正或者导致危害网络安全等后果的，处一万元以上十万元以下罚款，对直接负责的主管人员处五千元以上五万元以下罚款。

关键信息基础设施的运营者不履行本法第三十三条、第三十四条、第三十六条、第三十八条规定的网络安全保护义务的，由有关主管部门责令改正，给予警告；拒不改正或者导致危害网络安全等后果的，处十万元以上一百万元以下罚款，对直接负责的主管人员处一万元以上十万元以下罚款。

第六十条 违反本法第二十二条第一款、第二款和第四十八条第一款规定，有下列行为之一的，由有关主管部门责令改正，给予警告；拒不改正或者导致危害网络安全等后果的，处五万元以上五十万元以下罚款，对直接负责的主管人员处一万元以上十万元以下罚款：

（一）设置恶意程序的；

（二）对其产品、服务存在的安全缺陷、漏洞等风险未立即采取补救措施，或者未按照规定及时告知用户并向有关主管部门报告的；

（三）擅自终止为其产品、服务提供安全维护的。

第六十一条 网络运营者违反本法第二十四条第一款规定，未要求用户提供真实身份信息，或者对不提供真实身份信息的用户提供相关服务的，由有关主管部门责令改正；拒不改正或者情节严重的，处五万元以上五十万元以下罚款，并可以由有关主管部门责令暂停相关业务、停业整顿、关闭网站、吊销相关业务许可证或者吊销营业执照，对直接负责的主管人员和其他直接责任人员处一万元以上十万元以下罚款。

第六十二条 违反本法第二十六条规定，开展网络安全认证、检测、风险评估等活动，或者向社会发布系统漏洞、计算机病毒、网络攻击、网络侵入等网络安全信息的，由有关主管部门责令改正，给予警告；拒不改正或者情节严重的，处一万元以上十万元以下罚款，并可以由有关主管部门责令暂停相关业务、停业整顿、关闭网站、吊销相关业务许可证或者吊销营业执照，对直接负责的主管人员和其他直接责任人员处五千元以上五万元以下罚款。

第六十三条 违反本法第二十七条规定，从事危害网络安全的活动，或者提供专门用于从事危害网络安全活动的程序、工具，或者为他人从事危害网络安全的活动提供技术支持、广告推广、支付结算等帮助,尚不构成犯罪的,由公安机关没收违法所得,处五日以下拘留,可以并处五万元以上五十万元以下罚款;情节较重的,处五日以上十五日以下拘留,可以并处十万元以上一百万元以下罚款。

单位有前款行为的,由公安机关没收违法所得,处十万元以上一百万元以下罚款,并对直接负责的主管人员和其他直接责任人员依照前款规定处罚。

违反本法第二十七条规定,受到治安管理处罚的人员,五年内不得从事网络安全管理和网络运营关键岗位的工作;受到刑事处罚的人员,终身不得从事网络安全管理和网络运营关键岗位的工作。

第六十四条 网络运营者、网络产品或者服务的提供者违反本法第二十二条第三款、第四十一条至第四十三条规定,侵害个人信息依法得到保护的权利的,由有关主管部门责令改正,可以根据情节单处或者并处警告、没收违法所得、处违法所得一倍以上十倍以下罚款,没有违法所得的,处一百万元以下罚款,对直接负责的主管人员和其他直接责任人员处一万元以上十万元以下罚款;情节严重的,并可以责令暂停相关业务、停业整顿、关闭网站、吊销相关业务许可证或者吊销营业执照。

违反本法第四十四条规定,窃取或者以其他非法方式获取、非法出售或者非法向他人提供个人信息,尚不构成犯罪的,由公安机关没收违法所得,并处违法所得一倍以上十倍以下罚款,没有违法所得的,处一百万元以下罚款。

第六十五条 关键信息基础设施的运营者违反本法第三十五条规定,使用未经安全审查或者安全审查未通过的网络产品或者服务的,由有关主管部门责令停止使用,处采购金额一倍以上十倍以下罚款;对直接负责的主管人员和其他直接责任人员处一万元以上十万元以下罚款。

第六十六条 关键信息基础设施的运营者违反本法第三十七条规定,在境外存储网络数据,或者向境外提供网络数据的,由有关主管部门责令改正,给予警告,没收违法所得,处五万元以上五十万元以下罚款,并可以责令暂停相关业务、停业整顿、关闭网站、吊销相关业务许可证或者吊销营业执照;对直接负责的主管人员和其他直接责任人员处一万元以上十万元以下罚款。

第六十七条 违反本法第四十六条规定,设立用于实施违法犯罪活动的网站、通讯群组,或者利用网络发布涉及实施违法犯罪活动的信息,尚不构成犯罪的,由公安机关处五日以下拘留,可以并处一万元以上十万元以下罚款;情节较重的,处五日以上十五日以下拘留,可以并处五万元以上五十万元以下罚款。关闭用于实施违法犯罪活动的网站、通讯群组。

单位有前款行为的,由公安机关处十万元以上五十万元以下罚款,并对直接负责的主管人员和其他直接责任人员依照前款规定处罚。

第六十八条 网络运营者违反本法第四十七条规定,对法律、行政法规禁止发布或者传输的信息未停止传输、采取消除等处置措施、保存有关记录的,由有关主管部门责令改正,给予警告,没收违法所得;拒不改正或者情节严重的,处十万元以上五十万元以下罚款,并可以责令暂停相关业务、停业整顿、关闭网站、吊销相关业务许可证或者吊销营业执照,对直接负责的主管人员和其他直接责任人员处一万元以上十万元以下罚款。

电子信息发送服务提供者、应用软件下载服务提供者,不履行本法第四十八条第二款规定的安全管理义务的,依照前款规定处罚。

第六十九条 网络运营者违反本法规定,有下列行为之一的,由有关主管部门责令改正;拒不改正或者情节严重的,处五万元以上五十万元以下罚款,对直接负责的主管人员和其他直接责任人员,处一万元以上十万元以下罚款:

(一)不按照有关部门的要求对法律、行政法规禁止发布或者传输的信息,采取停止传输、消除等处置措施的;

(二)拒绝、阻碍有关部门依法实施的监督检查的;

(三)拒不向公安机关、国家安全机关提供技术支持和协助的。

第七十条 发布或者传输本法第十二条第二款和其他法律、行政法规禁止发布或者传输的信息的,依照有关法律、行政法规的规定处罚。

第七十一条 有本法规定的违法行为的,依照有关法律、行政法规的规定记入信用档案,并予以公示。

第七十二条 国家机关政务网络的运营者不履行本法规定的网络安全保护义务的,由其上级机关或者有关机关责令改正;对直接负责的主管人员和其他直接责任人员依法给予处分。

第七十三条 网信部门和有关部门违反本法第三十条规定,将在履行网络安全保护职责中获取的信息用于其他用途的,对直接负责的主管人员和其他直接责任人员依法给予处分。

网信部门和有关部门的工作人员玩忽职守、滥用职权、徇私舞弊,尚不构成犯罪的,依法给予处分。

第七十四条 违反本法规定,给他人造成损害的,依法承担民事责任。

违反本法规定,构成违反治安管理行为的,依法给予治安管理处罚;构成犯罪的,依法追究刑事责任。

第七十五条 境外的机构、组织、个人从事攻击、侵入、干扰、破坏等危害中华人民共和国的关键信息基础设施的活动,造成严重后果的,依法追究法律责任;国务院公安部门和有关部门并可以决定对该机构、组织、个人采取冻结财产或者其他必要的制裁措施。

第七章　附　　则

第七十六条 本法下列用语的含义:

(一)网络,是指由计算机或者其他信息终端及相关设备组成的按照一定的规则和程序对信息进行收集、存储、传输、交换、处理的系统。

(二)网络安全,是指通过采取必要措施,防范对网络的攻击、侵入、干扰、破坏和非法使用以及意外事故,使网络处于稳定可靠运行的状态,以及保障网络数据的完整性、保密性、可用性的能力。

(三)网络运营者,是指网络的所有者、管理者和网络服务提供者。

(四)网络数据,是指通过网络收集、存储、传输、处理和产生的各种电子数据。

(五)个人信息,是指以电子或者其他方式记录的能够单独或者与其他信息结合识别自然人个人身份的各种信息,包括但不限于自然人的姓名、出生日期、身份证件号码、个人生物识别信息、住址、电话号码等。

第七十七条 存储、处理涉及国家秘密信息的网络的运行安全保护,除应当遵守本法外,还应当遵守保密法律、行政法规的规定。

第七十八条 军事网络的安全保护,由中央军事委员会另行规定。

第七十九条 本法自 2017 年 6 月 1 日起施行。

最高人民法院
最高人民检察院
公　告

《最高人民法院、最高人民检察院关于适用犯罪嫌疑人、被告人逃匿、死亡案件违法所得没收程序若干问题的规定》已于2016年12月26日由最高人民法院审判委员会第1705次会议、最高人民检察院第十二届检察委员会第59次会议通过，现予公布，自2017年1月5日起施行。

最高人民法院
最高人民检察院
2017年1月4日

最高人民法院　最高人民检察院
关于适用犯罪嫌疑人、被告人逃匿、死亡案件违法所得没收程序若干问题的规定

（2016年12月26日最高人民法院审判委员会第1705次会议、最高人民检察院第十二届检察委员会第59次会议通过，自2017年1月5日起施行）

法释〔2017〕1号

为依法适用犯罪嫌疑人、被告人逃匿、死亡案件违法所得没收程序，根据《中华人民共和国刑事诉讼法》《中华人民共和国刑法》《中华人民共和国

民事诉讼法》等法律规定，现就办理相关案件具体适用法律若干问题规定如下：

第一条 下列犯罪案件，应当认定为刑事诉讼法第二百八十条第一款规定的“犯罪案件”：

（一）贪污、挪用公款、巨额财产来源不明、隐瞒境外存款、私分国有资产、私分罚没财物犯罪案件；

（二）受贿、单位受贿、利用影响力受贿、行贿、对有影响力的人行贿、对单位行贿、介绍贿赂、单位行贿犯罪案件；

（三）组织、领导、参加恐怖组织，帮助恐怖活动，准备实施恐怖活动，宣扬恐怖主义、极端主义、煽动实施恐怖活动，利用极端主义破坏法律实施，强制穿戴宣扬恐怖主义、极端主义服饰、标志，非法持有宣扬恐怖主义、极端主义物品犯罪案件；

（四）危害国家安全、走私、洗钱、金融诈骗、黑社会性质的组织、毒品犯罪案件。

电信诈骗、网络诈骗犯罪案件，依照前款规定的犯罪案件处理。

第二条 在省、自治区、直辖市或者全国范围内具有较大影响，或者犯罪嫌疑人、被告人逃匿境外的，应当认定为刑事诉讼法第二百八十条第一款规定的“重大”。

第三条 犯罪嫌疑人、被告人为逃避侦查和刑事追究潜逃、隐匿，或者在刑事诉讼过程中脱逃的，应当认定为刑事诉讼法第二百八十条第一款规定的“逃匿”。

犯罪嫌疑人、被告人因意外事故下落不明满二年，或者因意外事故下落不明，经有关机关证明其不可能生存的，依照前款规定处理。

第四条 犯罪嫌疑人、被告人死亡，依照刑法规定应当追缴其违法所得及其他涉案财产的，人民检察院可以向人民法院提出没收违法所得的申请。

第五条 公安机关发布通缉令或者公安部通过国际刑警组织发布红色国际通报，应当认定为刑事诉讼法第二百八十条第一款规定的“通缉”。

第六条 通过实施犯罪直接或者间接产生、获得的任何财产，应当认定为刑事诉讼法第二百八十条第一款规定的“违法所得”。

违法所得已经部分或者全部转变、转化为其他财产的,转变、转化后的财产应当视为前款规定的"违法所得"。

来自违法所得转变、转化后的财产收益,或者来自已经与违法所得相混合财产中违法所得相应部分的收益,应当视为第一款规定的"违法所得"。

第七条 刑事诉讼法第二百八十一条第三款规定的"利害关系人"包括犯罪嫌疑人、被告人的近亲属和其他对申请没收的财产主张权利的自然人和单位。

刑事诉讼法第二百八十一条第二款、第二百八十二条第二款规定的"其他利害关系人"是指前款规定的"其他对申请没收的财产主张权利的自然人和单位"。

第八条 人民检察院向人民法院提出没收违法所得的申请,应当制作没收违法所得申请书。

没收违法所得申请书应当载明以下内容:

(一)犯罪嫌疑人、被告人的基本情况;

(二)案由及案件来源;

(三)犯罪嫌疑人、被告人涉嫌犯罪的事实及相关证据材料;

(四)犯罪嫌疑人、被告人逃匿、被通缉、脱逃、下落不明、死亡的情况;

(五)申请没收的财产的种类、数量、价值、所在地以及已查封、扣押、冻结财产清单和相关法律手续;

(六)申请没收的财产属于违法所得及其他涉案财产的相关事实及证据材料;

(七)提出没收违法所得申请的理由和法律依据;

(八)有无利害关系人以及利害关系人的姓名、身份、住址、联系方式;

(九)其他应当载明的内容。

上述材料需要翻译件的,人民检察院应当将翻译件随没收违法所得申请书一并移送人民法院。

第九条 对于没收违法所得的申请,人民法院应当在三十日内审查完毕,并根据以下情形分别处理:

(一)属于没收违法所得申请受案范围和本院管辖,且材料齐全、有证据证明有犯罪事实的，应当受理；

（二）不属于没收违法所得申请受案范围或者本院管辖的，应当退回人民检察院；

（三）对于没收违法所得申请不符合“有证据证明有犯罪事实”标准要求的，应当通知人民检察院撤回申请，人民检察院应当撤回；

（四）材料不全的，应当通知人民检察院在七日内补送，七日内不能补送的，应当退回人民检察院。

第十条 同时具备以下情形的，应当认定为本规定第九条规定的“有证据证明有犯罪事实”：

（一）有证据证明发生了犯罪事实；

（二）有证据证明该犯罪事实是犯罪嫌疑人、被告人实施的；

（三）证明犯罪嫌疑人、被告人实施犯罪行为的证据真实、合法。

第十一条 人民法院受理没收违法所得的申请后，应当在十五日内发布公告，公告期为六个月。公告期间不适用中止、中断、延长的规定。

公告应当载明以下内容：

（一）案由、案件来源以及属于本院管辖；

（二）犯罪嫌疑人、被告人的基本情况；

（三）犯罪嫌疑人、被告人涉嫌犯罪的事实；

（四）犯罪嫌疑人、被告人逃匿、被通缉、脱逃、下落不明、死亡的情况；

（五）申请没收的财产的种类、数量、价值、所在地以及已查封、扣押、冻结财产的清单和相关法律手续；

（六）申请没收的财产属于违法所得及其他涉案财产的相关事实；

（七）申请没收的理由和法律依据；

（八）利害关系人申请参加诉讼的期限、方式以及未按照该期限、方式申请参加诉讼可能承担的不利法律后果；

（九）其他应当公告的情况。

第十二条 公告应当在全国公开发行的报纸、信息网络等媒体和最高人民法院的官方网站刊登、发布，并在人民法院公告栏张贴。必要时，公告可以在犯罪地、犯罪嫌疑人、被告人居住地或者被申请没收财产所在地张贴。公告最后被刊登、发布、张贴日期为公告日期。人民法院张贴公告的,应当采取拍照、录像等方式记录张贴过程。

人民法院已经掌握境内利害关系人联系方式的,应当直接送达含有公告内容的通知;直接送达有困难的,可以委托代为送达、邮寄送达。经受送达人同意的,可以采用传真、电子邮件等能够确认其收悉的方式告知其公告内容,并记录在案;人民法院已经掌握境外犯罪嫌疑人、被告人、利害关系人联系方式,经受送达人同意的,可以采用传真、电子邮件等能够确认其收悉的方式告知其公告内容,并记录在案;受送达人未作出同意意思表示,或者人民法院未掌握境外犯罪嫌疑人、被告人、利害关系人联系方式,其所在地国(区)主管机关明确提出应当向受送达人送达含有公告内容的通知的,受理没收违法所得申请案件的人民法院可以决定是否送达。决定送达的,应当将公告内容层报最高人民法院,由最高人民法院依照刑事司法协助条约、多边公约,或者按照对等互惠原则,请求受送达人所在地国(区)的主管机关协助送达。

第十三条 利害关系人申请参加诉讼的,应当在公告期间内提出,并提供与犯罪嫌疑人、被告人关系的证明材料或者证明其可以对违法所得及其他涉案财产主张权利的证据材料。

利害关系人可以委托诉讼代理人参加诉讼。利害关系人在境外委托的,应当委托具有中华人民共和国律师资格并依法取得执业证书的律师,依照《最高人民法院关于适用〈中华人民共和国刑事诉讼法〉的解释》第四百零三条的规定对授权委托进行公证、认证。

利害关系人在公告期满后申请参加诉讼,能够合理说明理由的,人民法院应当准许。

第十四条 人民法院在公告期满后由合议庭对没收违法所得申请案件进行审理。

利害关系人申请参加及委托诉讼代理人参加诉讼的,人民法院应当开庭审理。利害关系人及其诉讼代理人无正当理由拒不到庭,且无其他利害关系人和其他诉讼代理人参加诉讼的,人民法院可以不开庭审理。

人民法院对没收违法所得申请案件开庭审理的,人民检察院应当派员出席。

人民法院确定开庭日期后，应当将开庭的时间、地点通知人民检察院、利害关系人及其诉讼代理人、证人、鉴定人员、翻译人员。通知书应当依照本规定第十二条第二款规定的方式至迟在开庭审理三日前送达；受送达人在境外的，至迟在开庭审理三十日前送达。

第十五条 出庭的检察人员应当宣读没收违法所得申请书，并在法庭调查阶段就申请没收的财产属于违法所得及其他涉案财产等相关事实出示、宣读证据。

对于确有必要出示但可能妨碍正在或者即将进行的刑事侦查的证据，针对该证据的法庭调查不公开进行。

利害关系人及其诉讼代理人对申请没收的财产属于违法所得及其他涉案财产等相关事实及证据有异议的，可以提出意见；对申请没收的财产主张权利的，应当出示相关证据。

第十六条 人民法院经审理认为，申请没收的财产属于违法所得及其他涉案财产的，除依法应当返还被害人的以外，应当予以没收；申请没收的财产不属于违法所得或者其他涉案财产的，应当裁定驳回申请，解除查封、扣押、冻结措施。

第十七条 申请没收的财产具有高度可能属于违法所得及其他涉案财产的，应当认定为本规定第十六条规定的“申请没收的财产属于违法所得及其他涉案财产”。

巨额财产来源不明犯罪案件中，没有利害关系人对违法所得及其他涉案财产主张权利，或者利害关系人对违法所得及其他涉案财产虽然主张权利但提供的相关证据没有达到相应证明标准的，应当视为本规定第十六条规定的“申请没收的财产属于违法所得及其他涉案财产”。

第十八条 利害关系人非因故意或者重大过失在第一审期间未参加诉讼，在第二审期间申请参加诉讼的，人民法院应当准许，并发回原审人民法院重新审判。

第十九条 犯罪嫌疑人、被告人逃匿境外，委托诉讼代理人申请参加诉讼，且违法所得或者其他涉案财产所在地国（区）主管机关明确提出意见予以支持的,人民法院可以准许。

人民法院准许参加诉讼的,犯罪嫌疑人、被告人的诉讼代理人依照本规定关于利害关系人的诉讼代理人的规定行使诉讼权利。

第二十条 人民检察院、利害关系人对第一审裁定认定的事实、证据没有争议的,第二审人民法院可以不开庭审理。

第二审人民法院决定开庭审理的,应当将开庭的时间、地点书面通知同级人民检察院和利害关系人。

第二审人民法院应当就上诉、抗诉请求的有关事实和适用法律进行审查。

第二十一条 第二审人民法院对不服第一审裁定的上诉、抗诉案件,经审理,应当按照下列情形分别处理:

(一)第一审裁定认定事实清楚和适用法律正确的,应当驳回上诉或者抗诉,维持原裁定;

(二)第一审裁定认定事实清楚,但适用法律有错误的,应当改变原裁定;

(三)第一审裁定认定事实不清的,可以在查清事实后改变原裁定,也可以撤销原裁定,发回原审人民法院重新审判;

(四)第一审裁定违反法定诉讼程序,可能影响公正审判的,应当撤销原裁定,发回原审人民法院重新审判。

第一审人民法院对于依照前款第三项规定发回重新审判的案件作出裁定后,第二审人民法院对不服第一审人民法院裁定的上诉、抗诉,应当依法作出裁定,不得再发回原审人民法院重新审判。

第二十二条 违法所得或者其他涉案财产在境外的,负责立案侦查的公安机关、人民检察院等侦查机关应当制作查封、扣押、冻结的法律文书以及协助执行查封、扣押、冻结的请求函,层报公安、检察院等各系统最高上级机关后,由公安、检察院等各系统最高上级机关依照刑事司法协助条约、多边公约,或者按照对等互惠原则,向违法所得或者其他涉案财产所在地国(区)的主管机关请求协助执行。

被请求国(区)的主管机关提出,查封、扣押、冻结法律文书的制发主体必须是法院的，负责立案侦查的公安机关、人民检察院等侦查机关可以向同级人民法院提出查封、扣押、冻结的申请，人民法院经审查同意后制作查封、扣押、冻结令以及协助执行查封、扣押、冻结令的请求函，层报最高人民法院后，由最高人民法院依照刑事司法协助条约、多边公约，或者按照对等互惠原则，向违法所得或者其他涉案财产所在地国（区）的主管机关请求协助执行。

请求函应当载明以下内容：

（一）案由以及查封、扣押、冻结法律文书的发布主体是否具有管辖权；

（二）犯罪嫌疑人、被告人涉嫌犯罪的事实及相关证据，但可能妨碍正在或者即将进行的刑事侦查的证据除外；

（三）已发布公告的，发布公告情况、通知利害关系人参加诉讼以及保障诉讼参与人依法行使诉讼权利等情况；

（四）请求查封、扣押、冻结的财产的种类、数量、价值、所在地等情况以及相关法律手续；

（五）请求查封、扣押、冻结的财产属于违法所得及其他涉案财产的相关事实及证据材料；

（六）请求查封、扣押、冻结财产的理由和法律依据；

（七）被请求国（区）要求载明的其他内容。

第二十三条 违法所得或者其他涉案财产在境外，受理没收违法所得申请案件的人民法院经审理裁定没收的，应当制作没收令以及协助执行没收令的请求函，层报最高人民法院后，由最高人民法院依照刑事司法协助条约、多边公约，或者按照对等互惠原则，向违法所得或者其他涉案财产所在地国（区）的主管机关请求协助执行。

请求函应当载明以下内容：

（一）案由以及没收令发布主体具有管辖权；

（二）属于生效裁定；

（三）犯罪嫌疑人、被告人涉嫌犯罪的事实及相关证据，但可能妨碍正在或者即将进行的刑事侦查的证据除外；

（四）犯罪嫌疑人、被告人逃匿、被通缉、脱逃、死亡的基本情况；

(五)发布公告情况、通知利害关系人参加诉讼以及保障诉讼参与人依法行使诉讼权利等情况;

(六)请求没收违法所得及其他涉案财产的种类、数量、价值、所在地等情况以及查封、扣押、冻结相关法律手续;

(七)请求没收的财产属于违法所得及其他涉案财产的相关事实及证据材料;

(八)请求没收财产的理由和法律依据;

(九)被请求国(区)要求载明的其他内容。

第二十四条 单位实施本规定第一条规定的犯罪后被撤销、注销,单位直接负责的主管人员和其他直接责任人员逃匿、死亡,导致案件无法适用刑事诉讼普通程序进行审理的,依照本规定第四条的规定处理。

第二十五条 本规定自2017年1月5日起施行。之前发布的司法解释与本规定不一致的,以本规定为准。

《关于适用犯罪嫌疑人、被告人逃匿、死亡案件违法所得没收程序若干问题的规定》的理解与适用

裴显鼎* 王晓东** 刘晓虎***

2017年1月5日，最高人民法院、最高人民检察院联合发布《关于适用犯罪嫌疑人、被告人逃匿、死亡案件违法所得没收程序若干问题的规定》（法释〔2017〕1号，以下简称《规定》）。《规定》共25条，就违法所得没收程序适用的罪名范围、概念认定、证明标准以及具体操作规范进行了明确。《规定》从追逃追赃实际出发，针对新情况、新问题，突破传统诉讼理念，进行了一系列全新的制度设计。《规定》是目前唯一对违法所得没收程序进行系统解释的司法文件，实践运用时存在一定理解和适用难度。为帮助办案人员正确理解与适用《规定》，现对《规定》的制定背景、意义和主要内容说明如下：

一、《规定》制定的背景、意义

党的十八大以来，以习近平同志为核心的新一届中央领导集体把从严惩治腐败放在突出位置，坚持有腐必反、有贪必肃，坚持"老虎""苍蝇"一起打，体现了中央反腐败的坚强决心和鲜明态度。追逃追赃工作，是反腐败斗争的重要组成部分。在党中央的坚强领导和统一部署下，国际追逃追赃工作取得了重大成果。仅2016年，就从70多个国家和地区追回外逃人员1 032人，追回赃款人民币24.08亿余元，赢得了党心、民心，国际社会高度认同，海内外舆论高度评价。

---

* 最高人民法院审判委员会副部级专职委员、刑事审判第二庭庭长。

** 最高人民法院刑事审判庭第二庭副庭长，法学博士。

*** 最高人民法院刑事审判庭第二庭代理审判长，法学博士。

追逃与追赃工作相辅相成。追逃若不彻底,就意味着犯罪分子找到了避罪的“天堂”,逍遥法外;追赃若不彻底,就必然会助长更多的腐败分子携款外逃,国家和人民的经济损失就无法挽回。只有坚持追逃与追赃两手抓,最终人赃俱获,才能实现除恶务尽、大快人心之目的。为了严密追逃追赃法网,2012年刑事诉讼法修正时首次规定了违法所得没收程序,为犯罪嫌疑人、被告人逃匿、死亡情况下没收违法所得及其他涉案财产提供了直接法律依据。但因违法所得没收程序在我国是一个新的制度设计,已有的立法及相关司法解释规定比较原则,法律适用存在较多困惑,难以满足办案需要。2013年至2016年年底,全国检察机关公诉部门共受理违法所得没收程序案件62件,向法院提出没收违法所得申请案件38件。大多数案件还处在公告、延长审理期限状态,难以向前推进。特别是犯罪嫌疑人携款潜逃境外后取得外国国籍的案件,最大的问题是如果没有具体的可供操作的司法程序,限制或者没收境外赃款的请求就难以获取被请求国的协助执行。这种现状严重影响了反腐败战略的实施和成效。综合分析,导致上述现状的原因主要集中在以下四个方面:一是适用范围过窄。刑事诉讼法仅明文规定了贪污贿赂、恐怖活动犯罪,而诸如国家安全、黑社会性质组织、走私、毒品、金融诈骗、电信诈骗、网络诈骗等大量犯罪均未明确是否在适用范围之内。除了罪名限制,刑事诉讼法对违法所得没收程序的适用还设置了“重大犯罪案件”的条件,而“重大”的认定标准在理解上不一,这就使很多案件无法进入程序;二是对违法所得没收程序的本质是刑事程序还是民事程序存在不同看法,对此类案件中有关事实证据证明标准存在较大争议;三是缺少实践经验指引,各地司法机关对于如何申请和审理,如何制作相关法律文书,以及如何执行,认识不足,基本都是“摸着石头过河”,普遍存在严重的畏难情绪;四是违法所得没收程序涉及诉讼环节较多,特别是有的案件涉及境外诉讼保全措施和没收裁定协助执行,司法机关职责不清,难以有效衔接。

为充分发挥违法所得没收程序的积极作用,切实提高反腐败国际追逃追赃工作成效,极大促进国内规则与国际规则形成良性互动和有效对接,推动违法所得没收程序规范、统一适用,2014年11月,最高人民法院、最高人民检察院对违法所得没收程序开展专项调研。2015年5月至7月,最高人民法院课题组对美加澳新等外逃人员比较集中的国家的相关法律制度和对外协作部门进行了考察访问。在总结吸收国际国内先进理论和实践经验的基础上，“两高”针对当前办理没收违法所得申请案件比较突出的法律适用问题起草了系统指导意见，并广泛征求了立法机关、各级司法机关及社会各界人士的意见，经提交最高人民法院审判委员会、最高人民检察院检察委员会审议，形成了本《规定》。

《规定》从我国司法实际出发，不仅对实践中容易引发争议的概念进行了界定，明确了认定犯罪事实、申请没收的财产与犯罪事实关联性的证明标准，而且对没收申请的审查、一审开庭、二审裁定、利害关系人参加诉讼方式、请求境外协助执行等相关程序，公告等法律文书格式、内容以及送达方式作了具体规定，增强了违法所得没收程序的实践可操作性，既有利于推进违法所得没收程序的规范、统一适用，也有利于与国外追逃追赃机制制度形成良性互动和对接，推进反腐败国际追逃追赃工作取得更大成效。

二、《规定》的主要内容

（一）关于标题和导语

《规定》仅针对违法所得没收程序适用过程中的重点突出问题明确了处理原则，故《规定》在标题和导语中采用了“若干问题”的表述。虽然违法所得没收程序整体架构在刑事诉讼理念基础上，但其中多个诉讼环节又借鉴吸收了民事诉讼理念，甚至直接援引了民事诉讼法相关规定，故适用依据包括民事诉讼法相关规定。同时，关于违法所得没收程序适用的罪名范围、没收原理主要依据的是刑法原理和刑法规定，故适用依据又包括刑法相关规定。

（二）关于违法所得没收程序适用的罪名范围

理论界和实务界对违法所得没收程序适用的罪名范围存在一定争议。一种观点认为，应当严格限制罪名范围，刑事诉讼法第二百八十条规定的“等”应当作等内解释，违法所得没收程序仅适用于贪污贿赂、恐怖活动犯罪。另一种观点认为，从当前犯罪形势和打击犯罪的需要出发，刑事诉讼法第二百八十条规定的“等”应当作等外解释。当前，危害国家安全、黑社会性质组织、毒品犯罪以及洗钱犯罪、走私犯罪、金融诈骗、电信诈骗等犯罪态势十分猖獗,犯罪所得往往特别巨大,有必要将此类犯罪纳入适用范围。经研究,《规定》基本采纳了后一种观点。

《规定》第一条所列罪名共五项:第一项以占有性、挪用性犯罪为主。第二项基本上是受贿类、行贿类犯罪。第三项是恐怖活动犯罪,包括刑法修正案(九)新增设的几类恐怖活动犯罪。第四项是类罪,包括洗钱罪及其上游犯罪。从体系上讲,似乎应当将破坏金融管理秩序罪规定在内,但在征求意见过程中,不少观点提出破坏金融管理秩序罪在实践中难以妥善处理,建议删去破坏金融管理秩序罪。经研究,基于实践可操作性的考虑,《规定》删去破坏金融管理秩序罪,保留了洗钱罪。第五项是两类新型特殊诈骗犯罪。由于在电信诈骗、网络诈骗案件中,犯罪嫌疑人、被告人违法所得往往特别巨大,且多数无法通过普通刑事诉讼程序处理,故纳入违法所得没收程序适用范围。

鉴于我国违法所得没收程序适用的罪名范围相比国外民事没收制度适用的罪名范围以及《联合国反腐败公约》明确的没收制度适用的罪名范围要窄,《规定》最初规定了兜底项。后不少观点建议,鉴于没收违法所得申请案件毕竟是在犯罪嫌疑人、被告人缺席的情况下进行审判,在一定程度上限制了犯罪嫌疑人、被告人陈述、辩解等诉讼权利,对其适用范围应当审慎把握,不宜将罪名范围过于扩大,故《规定》在具体列举罪名后未规定兜底项。

(三)关于"重大"的认定标准

在《规定》第二条起草过程中,不少观点主张从刑罚轻重和犯罪数额的角度明确违法所得没收程序所适用的重大犯罪案件的标准。经研究,无论从刑罚轻重还是从犯罪数额角度都难以明确一个普遍适用的标准。

1. 难以从刑罚轻重角度明确"重大"的认定标准。对"重大"案件明确认定标准的司法解释主要有两个:一是1998年出台的《最高人民法院关于处理自首和立功具体应用法律若干问题的解释》(以下简称《自首立功解释》)第七条第二款明确的"可能被判处无期徒刑以上刑罚或者案件在本省、自治区、直辖市或者全国范围内有较大影响的"犯罪案件;二是2016年"两高"出台的《关于办理贪污贿赂刑事案件适用法律若干问题的解释》(以下简称

《贪污贿赂解释》)第十四条第二款明确的“已经或者可能被判处十年有期徒刑以上刑罚或者案件在本省、自治区、直辖市或者全国范围内有较大影响的”犯罪案件。《贪污贿赂解释》对“重大案件”明确的刑罚标准显然轻于《自首立功解释》。主要理由是:立功作为法定从轻、减轻处罚情节,在认定上应严格把握,同时要建立均衡阶梯,将重大立功与一般立功对应的刑罚标准区别开来,故当时《自首立功解释》将“重大案件”的标准明确为无期徒刑以上刑罚有一定道理。18 年后,随着司法理念的发展,职务犯罪定罪量刑标准的整体调整,判处无期徒刑以上刑罚的职务犯罪大幅减少,因此《贪污贿赂解释》将“重大案件”的标准明确为十年有期徒刑以上刑罚。违法所得没收程序仅是针对犯罪所得及其他涉案财产的追缴,最基本的目的是不让犯罪分子通过犯罪受益,切断外逃人员财源,迫使其回国受审。在这一理念主导下,将违法所得没收程序的适用范围限制在可能判处无期徒刑以上刑罚犯罪或者十年有期徒刑以上刑罚犯罪,对可能判处轻于上述刑罚的犯罪放任其违法所得不管与立法原意不符,也不利于反腐败斗争的深入推进。

2. 难以从数额角度明确“重大”的标准。从数额角度明确“重大”案件的认定标准,面临一个难以绕开的难题,即如何寻求境内违法所得没收程序适用数额与境外违法所得没收程序适用数额的平衡。例如,确定境外标准高于境内标准则有鼓励犯罪嫌疑人、被告人逃匿境外之嫌;如境内与境外按照统一标准,则缺乏可操作性。又如,以 50 万元为标准,对于境内高于 30 万元不满 50 万元的贪污所得,不适用违法所得没收程序同样违反了不让犯罪分子通过犯罪受益的基本原理,但对于境外 50 万元贪污所得启动违法所得没收程序,则可能不够办案成本,即与当前追逃追赃实践不符。

基于上述考虑,《规定》第二条采取了原则性规定:一是援引《自首立功解释》《贪污贿赂解释》关于“在全省、自治区、直辖市或者全国范围内具有较大影响的”犯罪案件的标准;二是明确了犯罪嫌疑人、被告人逃匿境外的犯罪案件应当认定为“重大犯罪案件”。此类案件一般犯罪数额都较大,不仅在本省、自治区、直辖市,甚至在全国都具有较大影响,更何况对逃匿境外的犯罪嫌疑人、被告人进行追赃,是严密法网,挽回国家和人民损失,切断外逃人员财路,促使其回国受审的重要途径。在某种意义上可以说,对逃匿境外的犯罪嫌疑人、被告人进行追赃是刑事诉讼法增设违法所得没收程序最基本的动因,故将此项条件明确为没收违法所得申请案件的"重大"标准符合立法原意。

(四)关于"逃匿"的认定

《规定》第三条对"逃匿"的一般情形和特殊情形进行了明确。

1.关于"逃匿"的一般认定

司法实践中对"逃匿"的认定存在一定争议。有观点认为,只要犯罪嫌疑人、被告人离开居住地、工作地,对外失联,即可认定为"逃匿"。也有观点建议借鉴加拿大的规定,进行客观推定,"自逮捕令签发之日起六个月不能到案的",即可认定为"逃匿"。但多数观点认为,应当坚持主客观统一原则,与司法机关及其工作人员失去联系未必一定与其他人失去联系;即使与外界所有人失去联系,也未必是主观上想"逃匿"。因此,仅以对外失联或者客观不能到案认定"逃匿"都难免失之偏颇。对于超过一定期限不能到案情形,要结合主观方面认定是否属于"逃匿"。如果不是故意,而是因为生病或者其他不可抗力因素不能到案,则不属于"逃匿"。

基于上述考虑,《规定》从客观和主观两个维度对"逃匿"作了界定:客观方面,犯罪嫌疑人、被告人存在潜逃、隐匿行为;主观方面,犯罪嫌疑人、被告人必须是为了逃避侦查和刑事追究。犯罪嫌疑人、被告人离开居住地、工作地,逃避侦查和刑事追究的,属于最典型的"逃匿";犯罪嫌疑人、被告人未离开居住地、工作地,在原地隐匿起来逃避侦查和刑事追究的,亦属于"逃匿"情形;犯罪嫌疑人、被告人为了将来逃避侦查和刑事追究逃匿境外,后因各种原因不能或者不愿回国受审的,均应视为"逃匿"。

2.关于"逃匿"的特殊认定

(1)将犯罪嫌疑人、被告人"在刑事诉讼过程中脱逃的"情形明确为"逃匿"。《最高人民法院、最高人民检察院、公安部、国家安全部、司法部、全国人大常委会法制工作委员会关于实施刑事诉讼法若干问题的规定》(以下简称《六部门规定》)第三十八条第二款对"死亡""脱逃"两种情形作了突破现行法律的规定,即对此两种情形适用违法所得没收程序没有设置罪名范围和"通缉一年后不能到案"的限制条件。《最高人民法院关于适用〈中华人民共和国刑事诉讼法〉的解释》(以下简称《刑诉法解释》)第五百零七条第二项仅对死亡情形未设置罪名范围和"通缉一年后不能到案"的限制。鉴于《六部门规定》与《刑诉法解释》规定不尽统一,《规定》对此作了明确。《规定》起草过程中,多数观点认为,"脱逃"和"死亡"存在本质不同,"脱逃"在本质上是一种"逃匿",应设置罪名范围和"通缉一年后不能到案"的限制。《规定》对此意见予以采纳,将刑事诉讼过程中的脱逃行为明确为"逃匿"情形。

(2)将民事程序中两类宣告死亡情形明确为"逃匿"。《规定》明确,犯罪嫌疑人、被告人因意外事故下落不明满二年,或者因意外事故下落不明,经有关机关证明该公民不可能生存的,依照"逃匿"情形处理。这样规定的考虑是,如果犯罪嫌疑人、被告人通过实施贪污贿赂犯罪获得大量财产,发生上述两种情形后,对其不法财产放任不管显然与立法原意不符。在坚持这一前提下,需要考虑的是,能否按照民事诉讼程序采取先由利害关系人申请再宣告死亡的办法处理?根据民事诉讼法第一百八十四条第一款规定,上述两种情形"经利害关系人申请,人民法院可以宣告死亡"。有观点据此提出,犯罪嫌疑人、被告人出现上述情况的,也应由利害关系人申请宣告死亡。经研究,在没收违法所得申请案件中,利害关系人多是犯罪嫌疑人、被告人的近亲属,由近亲属提出申请进而作出对犯罪嫌疑人、被告人的财产不利的处理,既不现实,也不合情理。另外,对公民宣告死亡不仅涉及非法财产的处置,还涉及合法财产和人身关系的确认,如遗产继承等,故不宜将人民法院宣告犯罪嫌疑人、被告人死亡作为上述两种情形没收违法所得申请的前置条件。那么能否考虑采取不经利害关系人申请而直接推定死亡的办法?《规定》最初明确,犯罪嫌疑人、被告人因意外事故下落不明满二年,或者因意外事故下落不明,经有关机关证明该公民不可能生存的,人民检察院可以向人民法院提出没收违法所得的申请。后在征求意见过程中,有关部门提出,这样规定有推定死亡之嫌,与刑事诉讼不得推定死亡精神相违背。这个问题必然涉及违法所得没收程序本质认识问题,即该程序究竟是民事程序还是刑事程序,抑或是民事和刑事之间的特别程序?而且即使认为其是一种特别程序,也难以在是否允许推定死亡问题上达成共识。经反复研究,《规定》将上述两种下落不明情形明确了依照“逃匿”情形处理。考虑到因意外事故下落不明毕竟在直观上与“逃匿”不同,故《规定》未直接将上述两种下落不明情形明确为“逃匿”,而是采取了技术性表述,明确规定依照逃匿情形处理。这样规定,意味着上述两种情形适用违法所得没收程序依然受到罪名范围和“通缉一年后不能到案”的限制。虽然程序相对烦琐,但相对于由利害关系人申请和人民法院宣告死亡,则更加便于把握和操作执行。

值得提及的是,民事诉讼法第一百八十四条还规定了公民下落不明满4年的宣告死亡情形。此种情形相对于犯罪嫌疑人、被告人实施犯罪后不久下落不明,更有理由推定犯罪嫌疑人、被告人具有逃避侦查和刑事追究的目的。如犯罪嫌疑人、被告人实施犯罪后下落不明满4年,在没有客观意外情况发生的情况下,更有理由认定犯罪嫌疑人、被告人逃匿。故此类情形可直接依照一般逃匿情形处理。

（五）关于死亡情形下违法所得没收的条件

在没收违法所得申请案件中,必须坚持一个最基本的前提,即依照刑法规定应当追缴违法所得及其他涉案财产,故《规定》第四条明确,对于犯罪嫌疑人、被告人死亡案件,只有依照刑法规定应当追缴其违法所得及其他涉案财产的,人民检察院才可以向人民法院提出没收违法所得的申请。

司法实践中对以下四种情形能否适用违法所得没收程序,认识不一,故有必要探讨:

1. 申请没收的财产不足以返还被害人的情形。即在认定申请没收的财产属于违法所得及其他涉案财产后,按照优先返还被害人的原则,最终无剩余财产予以没收。有观点据此认为,既然返还被害人后无剩余财产予以没收,就应认定不属于依照刑法规定应当追缴违法所得及其他涉案财产的情形,人民检察院不能提出没收违法所得申请。经研究认为,只要犯罪嫌疑人、被告人逃匿、死亡,符合没收违法所得申请条件,即应提起没收违法所得申请。至于审理后,是否有剩余财产予以没收上缴国库,不能作为检察机关是否提出没收违法所得申请的依据。

2. 行为人在纪检监察阶段或者在公安立案侦查前就死亡的情形。此类情形能否适用违法所得没收程序存在一定争议。有观点认为,刑事诉讼法规定适用违法所得没收程序的主体必须是犯罪嫌疑人，而“犯罪嫌疑人”的称谓必须是在司法机关刑事立案后，因而上述情形不应适用违法所得没收程序。经研究认为，刑事诉讼法表述的“犯罪嫌疑人”的外延包括但不限于刑事立案后的主体。例如，刑事诉讼法第一百零八条第一款、第二款规定：“任何单位和个人发现有犯罪事实或者犯罪嫌疑人，有权利也有义务向公安机关、人民检察院或者人民法院报案或者举报。被害人对侵犯其人身、财产权利的犯罪事实或者犯罪嫌疑人，有权向公安机关、人民检察院或者人民法院报案或者控告。”由上述“犯罪嫌疑人”的表述推之，对于实施《规定》第一条所列罪名的主体，即便是在刑事立案之前，也可以“犯罪嫌疑人”进行表述。据此，行为人在纪检监察阶段或者在公安立案侦查前就死亡的，适用违法所得没收程序没有法律障碍。

值得注意的是，在具体案件中，是表述为犯罪嫌疑人还是被告人，不是以行为人逃匿、死亡后法院是否受理没收违法所得申请案件为标准，而是以行为人逃匿、死亡前案件是否起诉到法院为标准。例如，行为人逃匿、死亡前，案件已起诉到法院，行为人应表述为“被告人”；否则，应表述为“犯罪嫌疑人”。

3. 犯罪嫌疑人、被告人“丧失诉讼行为能力经有关机关鉴定不可能恢复的”情形。有观点主张将此种情形纳入违法所得没收程序适用的范围，后考虑到此种情形与逃匿、死亡情形存在较大差别，跨越立法界限太大，故《规定》最终未采纳。

4. “犯罪已过追诉期限”情形。一种观点认为，刑事追诉期限已过，刑事责任不追究，故犯罪嫌疑人、被告人的违法所得及涉案财产不能没收。另一种观点认为，无论是否已过追诉期限，对违法所得及涉案财产都应当予以没收。理由是：所有权各项权能的分离是暂时的，最终都要回复到所有权中来。无论时间过多久，国家或者被害人的财产所有权不因追诉期限已过而丧失；基于不让犯罪者通过犯罪受益的原理，无论时间过多久，只要犯罪者通过犯罪获取利益，就要一追到底。后一种观点似有一定道理，但“犯罪已过追诉期限”毕竟情况特殊，在具体操作程序上会带来一系列全新的问题。例如，对于一般没收违法所得申请案件，犯罪嫌疑人、被告人到案即终止违法所得没收程序,但在犯罪已过追诉期限情形下,对行为人如何称谓、是否允许其参与诉讼、能否允许其就刑事部分事实提出意见以及是否允许其委托代理人等,都是全新的问题,故《规定》暂未对此种情形予以明确。

(六)关于通缉的认定

1. 关于"网上追逃"是否认定为"通缉"。一种观点认为,应当将"网上追逃"纳入"通缉"的范围。实践中已有将"网上追逃"作为"通缉"使用,并且有诸多成功的案例。另一种观点认为,"网上追逃"既可以适用于逮捕对象,也可以适用于刑事拘留对象,甚至包括侦查、调查的对象,门槛太低,不应将"网上追逃"纳入"通缉"的范围。《规定》第三条采纳了后一种观点。理由是:(1)从刑事诉讼法第一百五十三条、《公安机关办理刑事案件程序规定》第二百六十五条的规定分析,"通缉"的对象只能是应当逮捕的犯罪嫌疑人,而"网上追逃"的对象则是可能被刑事拘留的犯罪嫌疑人。例如,《公安机关办理刑事案件程序规定》第二百六十五条规定,"应当逮捕的犯罪嫌疑人如果在逃,公安机关可以发布通缉令,采取有效措施,追捕归案"。(2)从规范违法所得没收程序的角度分析,不应将"网上追逃"纳入"通缉"的范围。"网上追逃"不属于实质意义上的"通缉",实践中经常出现侦查机关既不对犯罪嫌疑人、被告人采取任何强制措施,也不深入调查了解,而简单以"网上追逃"方式结案的情形。为督促侦查机关规范通缉权限,不应将"网上追逃"认定为"通缉"。《公安机关办理刑事案件程序规定》第二百七十一条修改过去通缉令的发布方法,规定通缉令应当广泛张贴,并可以通过广播、电视、报刊、互联网等方式发布。从上述关于规范"通缉"发布方式的规定分析,不应将"网上追逃"认定为"通缉"。

"协查通报""内部通报"比"网上追逃"随意性更大,同理推之,更不应认定为刑事诉讼法第二百八十条第一款规定的"通缉"。实践中,有观点提出,"悬赏广告"能否认定为"通缉"。经研究,"悬赏广告"不属于法律正式用语,也不必然是司法机关的行为,故"悬赏广告"不应认定为"通缉"。

2. 是否有必要规定A、B级通缉令。根据《公安部关于实行"破案追逃"新机制的通知》(公通字〔1999〕91号),A、B级通缉令仅指公安部发布的通缉令。而实践中,重大犯罪案件并非都是由公安部发布通缉令,各地公安机关根据刑事诉讼法的相关规定,可以在自己管辖的地区范围内发布通缉令。基于上述考虑,《规定》未对通缉令作A、B级限制。

3. 关于国际刑警组织发布红色通报(俗称“红色通缉令”)。公安部凭逮捕证可以向国际刑警组织请求发布红色通报。红色通报在有些国家可以作为提请临时羁押的事由,故国际刑警组织发布红色通报在国际惯例上往往被视为“通缉”。《规定》最初明确国际刑警组织发布蓝色通报亦应认定为“通缉”。后经向有关部门进一步了解,向国际刑警组织请求发布蓝色通报无须提交逮捕证,国际刑警组织发布蓝色通报后,相关国家亦不会采取临时羁押措施,仅是作一些协助性盘问,故《规定》第五条仅明确公安部通过国际刑警组织发布红色国际通报应当认定为“通缉”。实践中,公安部向国际刑警组织请求发布红色通报,不以国内发布通缉令为前提,特别是在明知犯罪嫌疑人、被告人已逃往境外的情况下,如李华波案件,公安机关在国内对李华波未发布通缉令,而是直接向国际刑警组织请求发布红色通报。

(七)关于违法所得的认定

《规定》第六条对违法所得的认定进行了明确。在征求意见过程中,不少观点建议就违法所得已经部分或者全部转变、转化为其他财产以及违法所得已经与从合法来源获得的财产相混合的情形是否属于违法所得进行明确。如有观点提出,犯罪嫌疑人、被告人将犯罪所得款物用于投资所形成的财产系违法所得还是属于涉案财产。例如,受贿后用于购买房产、购买书画、玉石珠宝、投资股票或者开设公司等形成的财产,并非行为人直接犯罪所得,其中还包含了行为人的投资能力甚至是直接生产经营活动,如认定为违法所得似有不妥,宜认定为与案件相关的涉案财产;因认定犯罪金额只能以犯罪时所获得的款物来计算,如上述款物通过投资经营行为获得了增值,没收的是其犯罪所得金额还是现有的财产价值,等等。基于上述疑问,参考《联合国反腐败公约》第二条“术语的使用”第五项及第三十一条“冻结、扣押和没收”第四款、第五款、第六款的规定,《规定》第六条明确了不同情形下对违法所得的认定:

第一种情形,即原始形态的违法所得,是指通过实施犯罪直接或者间接产生、获得的任何财产;第二种情形,即转变、转化形态的违法所得,是指违法所得已经部分或者全部转变、转化为其他财产的,转变、转化后的财产;第三种情形,即单纯收益和添附收益形态的违法所得,是指来自违法所得转变、转化后的财产收益,或者来自已经与违法所得相混合财产中违法所得相应部分的收益。

(八)关于利害关系人、其他利害关系人的认定

刑事诉讼法既规定了"利害关系人",又规定了"其他利害关系人",但对"其他利害关系人"的概念未作明确。考虑到实践中"其他利害关系人"和"利害关系人"的认定可能发生争议,《规定》明确了两者逻辑种属关系。另外,虽然《刑诉法解释》对"其他利害关系人"的概念作了解释,但将"利害关系人"限制为对申请没收的财产主张所有权的范围似乎过窄,故《规定》将此概念扩大到对财物主张权利的人,除了对财物主张所有权的人外,还包括主张部分物权的人,如主张留置权、担保物权等。

关于被害人是否属于利害关系人,即两者是否属于种属关系,实践中存在不同看法。经研究,只有被害人依法可以对申请没收的财产主张权利时,才能认定为利害关系人;被害人对申请没收的财产不主张权利(即仅主张赔偿权利)时,被害人与利害关系人不属于同一主体。从这个角度分析,被害人与利害关系人不存在种属关系,两者在外延上不同,但在具体案件中可能存在交叉重合关系。

(九)关于违法所得申请书的内容及附件

《规定》第八条主要明确了违法所得申请书的内容及附件移送要求。申请书的内容参考了《刑诉法解释》第五百一十条、《人民检察院刑事诉讼规则(试行)》(以下简称《规则试行》)第五百二十六条的规定,并作了以下调整:一是考虑到"两高"联发,从人民法院审查的角度调整为没收违法所得申请书自身具备的内容;二是增加了列明犯罪嫌疑人、被告人的基本情况以及案件来源的要求;三是增加了列明脱逃、下落不明的情形;四是增加了列明申请没收财产价值的要求,此项要求与《联合国反腐败公约》相关条款相呼应;五是增加了列明有无利害关系人的内容。此项内容旨在避免申请机关在具体案件中不认真审查有无利害关系人;六是增加了列明申请没收的财产与犯罪嫌疑人、被告人犯罪事实的关联性及相关证据的要求;七是增加了兜底

项的规定；八是增加了翻译件随案移送的要求。该项内容主要是针对申请没收的财产在境外的情形。

对于申请没收的财产，部分在境内，部分在境外的，宜一并提出申请，即在同一没收申请中提出。在征求意见过程中，有观点提出，检察机关提出没收违法所得申请时，是否需要明确犯罪嫌疑人、被告人涉嫌犯罪的具体罪名。经研究认为，申请书应当载明相关的犯罪事实及证据，这些犯罪事实及证据的认定一般是围绕犯罪构成要件进行的，如不明确罪名，反而显得检察机关缺乏申请没收财产的法律依据，甚至容易引发外界法律质疑，故在认定事实时应当确定相关罪名。

（十）关于没收违法所得申请案件的立案审查处理

1.《规定》第九条主要明确了没收违法所得申请案件立案审查的期限和处理原则，对《刑诉法解释》第五百一十一条进行了以下主要调整：

（1）增加了"有证据证明有犯罪事实"的审查内容。将此项内容的审查作为人民法院受理条件，是《规定》对立案审查的一个创设性规定。"有证据证明有犯罪事实"在普通刑事程序中是法院审理阶段认定的内容。但对于没收违法所得申请案件，如将此项内容的审查安排在开庭审理阶段，则可能会存在以下难题。开庭前难题：一是是否允许诉讼代理人复制、查阅案卷。二是是否将检察机关移送法院的刑事部分证据提供给诉讼参与人。如不提供便构成证据突袭，也不利于保障诉讼权利；如提供便可能会妨碍正在或者即将进行的刑事侦查。开庭审理过程中难题：一是证明犯罪事实的证据是否全部出示。二是是否允许参与诉讼的利害关系人及其诉讼代理人就证明犯罪事实的证据进行质证。例如，出庭的检察人员在庭审过程中宣读犯罪事实但不允许诉讼参与人提出意见，则对犯罪事实的审理完全流于形式。三是在部分案件中，犯罪嫌疑人、被告人所在国可能依据其本国法将允许犯罪嫌疑人、被告人的诉讼代理人参与诉讼作为协助执行我国法院裁定的条件。在此情况下，如果诉讼代理人就犯罪事实部分提出异议，则其身份与辩护人几乎无异，如此便体现不出违法所得没收程序与普通刑事诉讼程序的差异，这样的做法不仅违背了特别程序的本意，而且审判的社会效果也不好。将刑事部分的审理提前至立案审查阶段，既可以有效解决庭审难题，又可以提前对犯罪事实证据进行审查，避免合法财产因没收申请错误而遭受不必要的损害。

(2)调整了立案审查期限。《刑诉法解释》规定的立案审查期限为7日。由于《规定》将立案审查由形式审查调整为包含实体内容的审查，难以在7日期限内审查完毕，故将审查期限调整为30日。

2. 对不同情形的处理方式。(1)对于同时具备四项条件的，应当立案受理。该四项条件分别是：属于没收违法所得申请受案范围；受理法院具有管辖权；申请材料齐全；有证据证明有犯罪事实。(2)对于不符合形式受理条件的，应当退回人民检察院。具体又分为两种情形：一种是不属于没收违法所得申请受案范围或者本院管辖的，应当退回人民检察院；另一种是材料不全的，应当通知人民检察院在7日内补送，7日内不能补送的，应当退回人民检察院。(3)对于不符合实体受理条件的，即没收违法所得申请不符合"有证据证明有犯罪事实"标准要求的，应当通知人民检察院撤回申请。为避免实践中出现人民法院通知人民检察院撤回申请，人民检察院不主动撤回的现象，《规定》在"通知人民检察院撤回申请"后，专门增加了"人民检察院应当撤回"的规定。

3. 应当退回人民检察院的文书形式。起草过程中，有观点提出，退回人民检察院是采用决定退回还是裁定退回。经研究认为，退回人民检察院不宜采用裁定形式，宜采用决定形式。基于篇幅考虑，《规定》对此未予明确。

(十一)关于"有证据证明有犯罪事实"的认定标准

对于没收违法所得申请案件，由于犯罪嫌疑人、被告人逃匿、死亡，对犯罪事实认定及相关证据收集的难度比普通刑事案件要大，如坚持普通刑事案件证据证明标准，则绝大多数案件难以顺利推进。加上此类案件仅是对财产进行处理，且犯罪嫌疑人、被告人如到案，则终止审理，这些特征决定了此类案件的证明标准相对于普通刑事案件要有所降低。除犯罪嫌疑人、被告人死亡外，"通缉一年不能到案"是适用违法所得没收程序的前提条件，而在此类案件中对犯罪嫌疑人、被告人进行通缉的条件，即是"逃匿+逮捕"的条件，故参照逮捕阶段对证据证明标准的要求，明确没收违法所得申请案件立案审查阶段刑事部分的证据证明标准，具有一定的合理性。

从立法趋势来看,1996 年刑事诉讼法第六十条第一款(关于逮捕条件的规定)将 1979 年刑事诉讼法第四十条第一款中的“主要犯罪事实已经查清”修改为“有证据证明有犯罪事实”,在一定程度上体现了降低逮捕证明标准和以审判为中心的立法态势。《规则试行》第一百三十九条亦使用了该表述,并在第二款明确了“有证据证明有犯罪事实”的认定标准:(1)有证据证明发生了犯罪事实;(2)有证据证明该犯罪事实是犯罪嫌疑人、被告人实施的;(3)证明犯罪嫌疑人、被告人实施犯罪行为的证据已经查证属实。参考上述规定,《规定》第十条明确,同时具备以下情形的,应当认定为“有证据证明有犯罪事实”:(1)有证据证明发生了犯罪事实;(2)有证据证明该犯罪事实是犯罪嫌疑人、被告人实施的;(3)证明犯罪嫌疑人、被告人实施犯罪行为的证据真实、合法。其中第一项、第二项是关于证明内容的表述,《规定》对《规则试行》第一百三十九条第一项、第二项未作改动。第三项是对证据资格的表述,要求证据必须客观的,且不属于非法手段取得。鉴于未经庭审质证认定,“证据已经查证属实”在表述上不够严谨,可能引发质疑,故《规定》将《规则试行》第三项“证据已经查证属实”的规定修改为“证明犯罪嫌疑人、被告人实施犯罪行为的证据真实、合法”。

没收违法所得申请的案件既不同于普通的刑事案件,也不同于一般的民事财产关系确权案件,它是一个特别程序,兼具两者的特点。上述标准提高了没收违法所得申请案件的立案门槛。这种门槛的提高,正是出于庭审过程中对财产所有权确权采用高度盖然性证据证明标准的必要补充,也是针对该类案件特征进行的专门制度设计。

(十二)关于公告时间、方式及内容的规定

《规定》第十一条明确了公告期间为 6 个月,且不适用中止、中断、延长的规定。公告的发布日期必须自人民法院受理没收违法所得申请案件之日起 15 日之内。

与《刑诉法解释》第五百一十二条相比,《规定》本条增加了以下几项内容:(1)增加了申请没收的财产与犯罪嫌疑人、被告人犯罪事实的关联性,此项内容非常重要,有利于保护无辜财产权利人免受侵害。(2)增加了案件来源,属于受理法院管辖,犯罪嫌疑人、被告人的基本情况,脱逃、下落不明,查封、扣押、冻结财产价值以及已查封、扣押、冻结财产的清单和相关法律手续，等等。(3)增加了不按规定期限、方式申请参加诉讼所应承担的不利后果。公告主要起到公示催告利害关系人尽快行使权利的作用，故在载明申请参加诉讼的期限、方式的同时，应当明确不按规定期限、方式申请参加诉讼所应承担的不利法律后果。

此外，与没收违法所得申请书相比，鉴于公告是公开对外的，故与犯罪事实相关的刑事部分证据不作为公告内容。

在征求意见过程中，有观点提出，在公告期间，以通知形式告知公告内容且已有利害关系人申请参加诉讼的，公告是否仍然需要持续至6个月。经研究认为，公告的作用在于发现利害关系人和公示催告利害关系人行使权利，利害关系人是一个不确定的群体，即使根据在案证据能够确信所有利害关系人已申请参加诉讼，也不排除根据新的证据发现新的利害关系人，或者权利人根据新发现的证据申请参加诉讼而成为新的利害关系人，以及因新的证据出现利害关系人撤回参与诉讼申请的情形。因此，公告依然要持续到6个月的法定期限。

(十三)关于公告内容的发布、张贴、送达方式

1. 关于公告的意义、方式、日期。

(1)公告的意义。公告是没收违法所得申请案件审理的必经程序。公告除了公示催告犯罪嫌疑人、被告人外，还有发现利害关系人、公示催告利害关系人申请参加诉讼的功能。因此，没收违法所得申请案件在审理前都必须公告。

(2)公告内容的刊登、发布。《规定》第十二条第一款明确，公告内容应当在全国公开发行的报纸、信息网络等媒体和最高人民法院的官方网站刊登、发布。《规定》起草过程中，有观点提出，全国各地的市、县级报纸等官方媒体，公众关注比较少，但亦属于全国公开发行或者公开的媒体。实践中，利害关系人可能以地方媒体不为本人知晓为由进行抗辩。经研究，固然报纸等级越高，其刊载信息就越容易传播，利害关系人也就越容易知悉信息内容。但这一情况也不尽然，如果犯罪嫌疑人、被告人的近亲属都集中居住在某一地区，接触更多的可能是当地有影响力的报纸，因此当地有影响力的报

纸刊登的信息更容易被知悉。综合考虑公告的途径，除了报纸刊登，还有网络媒体和张贴，特别是对于境外犯罪嫌疑人、被告人、利害关系人而言，通过信息网络发布是更为重要的途径，故《规定》未对报纸等级作特别要求，但对信息网络作了刚性限制，即公告内容必须在最高人民法院官方网站刊登、发布。

(3)公告的张贴。《规定》第十二条第一款明确，公告在人民法院公告栏张贴。必要时，公告可以在犯罪地、犯罪嫌疑人、被告人居住地或者被申请没收财产所在地张贴。与《刑诉法解释》第五百一十二条第二款相比，本条将"申请没收的不动产所在地"修改为"被申请没收财产所在地"。这一考虑是，张贴公告旨在发挥补充公示催告的作用。有的案件中，动产价值可能比不动产价值更高，针对不同人群，如不关注网络媒体、报纸人群，采取在财产所在地张贴公告，更能起到补充公示催告的作用。参考《最高人民法院关于适用〈中华人民共和国民事诉讼法〉的解释》(以下简称《民诉法解释》)第一百三十八条的表述，《规定》明确，人民法院张贴公告的，应当采取拍照、录像等方式记录张贴过程。

(4)公告的日期。对于公告刊登、发布、张贴日期不同的，为避免引发争议，从有利于犯罪嫌疑人、被告人、利害关系人出发，《规定》明确公告最后被刊登、发布、张贴日期为公告日期。

2. 关于境外犯罪嫌疑人、被告人、利害关系人公告内容的补充送达。《规定》根据是否掌握联系方式两种情形，对公告内容的补充送达方式作了区分。对于掌握联系方式的又进一步区分受送达人是否同意采用传真、电子邮件收悉方式两种情形。对于已掌握境外犯罪嫌疑人、被告人、利害关系人的联系方式，参考民事诉讼法第八十七条的规定，《规定》明确，经受送达人同意的，可以采取传真、电子邮件等方式直接告知其公告内容，并记录在案。受送达人不同意或者不掌握境外受送达人联系方式的，也可以不补充送达。出于对被请求国法律和司法主权的尊重，为顺利推进境外协助执行请求最终得到执行，参考近年来刑事司法协助条约、多边条约以及国际惯例的做法，《规定》明确，如果所在地国(区)主管机关明确提出应当向受送达人送达含有公告内容的通知的，受理没收违法所得申请案件的法院可以综合案情决定是否送达。决定送达的,应当将公告内容层报最高人民法院,由最高人民法院依照刑事司法协助条约、多边公约,或者按照对等互惠原则,请求受送达人所在地国(区)的主管机关协助送达。上述送达是对公告送达的补充,旨在进一步确认受送达人知悉公告内容,确保其诉讼权利。补充送达日期不影响公告日期的认定。

值得注意的是,在我国,中央主管机关未必是司法部,还有可能是外交部以及其他机关。例如,根据《中俄刑事司法协助条约》,最高人民检察院可能是主管机关,故本条未直接明确规定具体部门。

3. 关于在国外是否需要补充公告。《规定》起草过程中,一种观点认为,除了在国内公告外,还有必要在犯罪嫌疑人、被告人、利害关系人所在地国(区)公告,唯有如此,才能避免犯罪嫌疑人、被告人、利害关系人以不知晓国内公告为由提出抗辩,同时,在国外进行公告,更有利于体现正当程序,提高国外协助执行我国没收请求的效率。有观点提出,对于全球范围内的公告,建议参照美国民事没收程序公告的方式,将相关公告发布在特定权威网站上。另一种观点认为,在国内公告后没必要再在国外公告。目前,刑事司法协助合作的内容不包括请求外国协助进行相关公告。我国部分在全国发行的报纸以及信息网络等媒体,特别是最高人民法院官方网站,在世界其他国家也可以阅悉,因此没必要将公告再发布在外国报纸和网站。经研究,《规定》采纳了后一种观点。

(十四)关于利害关系人参加诉讼的条件、方式

1.《规定》第十三条第一款明确了利害关系人参加诉讼的申请时间以及所需提交的证明材料。与《刑诉法解释》第五百一十三条相比,本条第一款将“并提供证明申请没收的财产系其所有的证据材料的”修改为“可以对违法所得及其他涉案财产主张权利的证据材料”,主要考虑是利害关系人包括但不限于主张财产所有权的人,主张留置权、质押权、抵押权等担保物权的,也属于利害关系人。

2.《规定》第十三条第二款明确了利害关系人可以委托诉讼代理人参加诉讼。同时,对利害关系人在境外委托诉讼代理人的情形作了限制性要求,即境外委托的,应当比照外国籍当事人的做法,只能委托具有中华人民共和

国执业资格的律师进行诉讼。一国的司法制度只能在本国领域内适用，不能延伸至他国，司法主权原则是世界各国公认的准则。案件审判国（区）的律师对本国的法律更为熟知。因此，任何主权国家都禁止外国律师在本国范围内以律师名义从事诉讼业务。特别强调的是，中华人民共和国律师通常指的是中国内地执业律师，不包括港澳台地区执业律师。同时，在司法实践中，为了保证境外委托合法有效，《刑诉法解释》第四百零三条、民事诉讼法第二百六十四条分别要求对授权委托进行公证、认证。即在中华人民共和国领域外居住的相关人员寄给中国律师的授权委托书，必须经所在国公证机关证明、所在国外交部或者其授权机关认证，并经中国驻该国使、领馆认证，才具有法律效力。但中国与该国之间有互免认证协定的除外。

3.《规定》第十三条第三款明确了利害关系人未申请参加诉讼的救济原则。如果利害关系人无正当理由在公告期内不申请参加诉讼，待公告期满后申请参加诉讼的，视为对其法律权利的放弃；但因正当理由而未申请参加诉讼的，如正处于生病期间、被他人非法拘禁或者因其他不可抗力因素而无法申请参加诉讼的，人民法院应当准许其参加诉讼。

（十五）关于审判组织、审理方式、通知送达

1.《规定》第十四条第一款明确了不得独任审判原则，即没收违法所得申请案件应当组成合议庭进行审理。有观点提出，合议庭组成人员是否包括人民陪审员。经研究认为，没收违法所得申请案件在合议庭的组成人员方面并无特殊要求，可以包括人民陪审员。

2.《规定》第十四条第二款明确了开庭审理和不开庭审理的情形。有利害关系人申请参加诉讼的，必须开庭审理。利害关系人本人参加及委托诉讼代理人参加诉讼的，人民法院应当开庭审理。利害关系人本人及委托诉讼代理人都不参加诉讼的，人民法院不开庭审理。利害关系人及其诉讼代理人无正当理由拒不到庭，且无其他利害关系人和其他诉讼代理人参加诉讼的，相当于无人参与诉讼。因此，人民法院可以不开庭审理。同理推之，对于已经开庭审理的案件，利害关系人及其诉讼代理人无正当理由退庭，且无其他利害关系人和其他诉讼代理人参加诉讼的，人民法院可以转为不开庭审理。做此规定，除了可以在一定程度上限制利害关系人及其代理人随

意退庭,还可以起到节约司法资源的功效。

3.《规定》第十四条第三款明确了凡是开庭审理案件,检察机关必须派员出席。关于庭审设置,《规定》未作明确。实践中,可以将出庭的检察人员席位设置在审判台的右侧,利害关系人及其诉讼代理人席位并排设置在审判台左侧,证人、鉴定人、翻译人员席位设置在审判台对面两侧(通常检察机关申请出庭的证人、鉴定人设置在审判台对面右侧,即靠近检察人员席位一侧;利害关系人申请出庭的证人、鉴定人设置在审判台对面左侧,即靠近利害关系人席位一侧)。犯罪嫌疑人、被告人委托诉讼代理人参加诉讼,人民法院准许的,犯罪嫌疑人、被告人的诉讼代理人席位设置在证人席位与利害关系人及其诉讼代理人席位中间。

4.《规定》第十四条第四款明确了开庭通知以及通知送达方式、日期。通知送达的对象包括:人民检察院、利害关系人及其诉讼代理人、证人、鉴定人员、翻译人员。通知送达的方式依照《规定》第十二条第二款的规定,即依照公告通知送达方式执行。除了上述内容,考虑到境外通知的送达需要的时间比国内一般更长,故《规定》第十四条第四款明确了开庭准备的时间,即受送达人在国内的,开庭准备时间至少为3日;受送达人在境外的,开庭准备时间至少为30日。

(十六)关于开庭审理过程中法庭调查

由于人民法院对犯罪事实及证据的审查提前至立案审查环节,故《规定》第十五条第一款明确,出庭的检察人员宣读没收违法所得申请书后,在法庭调查阶段仅就申请没收的财产与犯罪的关联性事实出示、宣读证据。

考虑到没收违法所得申请案件中犯罪嫌疑人、被告人完全有可能因将来被缉拿归案或者主动到案而适用普通刑事诉讼程序,此类案件的法庭调查应当尽可能不妨碍正在或者即将进行的刑事侦查,故《规定》第十五条第二款规定,对于确有必要出示但可能妨碍正在或者即将进行的刑事侦查的证据,针对该证据的法庭调查不公开进行。

既然出庭的检察人员未出示、宣读刑事部分的证据,利害关系人及其诉讼代理人就不可能对相关犯罪事实及证据提出异议,故《规定》第十五条第一款明确在开庭过程中上述人员仅能围绕申请没收的财产与犯罪的关联性事实及证据进行举证、质证并提出意见。根据“谁主张,谁举证”原则,如果利害关系人及其诉讼代理人对申请没收的财产主张权利的,应当出示相关证据。

(十七)关于一审裁判结果

1.关于没收违法所得申请案件审理的一般结果。大致包括两种情形:

(1)申请没收的财产属于违法所得或者其他涉案财产。此种情形又具体包括有被害人和无被害人两种处理结果。有被害人的,《规定》第十六条明确,除依法应当返还被害人的以外,应当予以没收。

(2)申请没收的财产不属于违法所得或者其他涉案财产。如果利害关系人有证据证明其对申请没收的财产具有合法权利,人民法院应当裁定驳回申请,解除查封、扣押、冻结措施。《刑诉法解释》第三百六十四条第三款规定,经审查,不能确认查封、扣押、冻结的财物及其孳息属于违法所得或者依法应当追缴的其他涉案财物的,不得没收。刑法第六十四条规定,对被害人的合法财产,应当及时返还。因此,人民法院对于经查证查封、扣押、冻结的财物及其孳息不属于违法所得及其他涉案财产,为了维护真正财产权利人的合法权利,同时防止刑事司法过度干预民事财产关系领域,应当及时解除查封、扣押、冻结措施,恢复财产原来的权利状态。如果有新的证据足以证明解除查封、扣押、冻结的财产属于违法所得及其他涉案财产的,检察机关可以再次提出没收申请。

2.关于等价返还被害人的问题。与刑法第六十四条规定不同,刑事诉讼法第二百八十二条没有规定“责令退赔”处理办法,对于不属于应当追缴的财产,仅规定“应当裁定驳回申请,解除查封、扣押、冻结措施”,这就导致实践中本来应当依法等价返还被害人的财产得不到妥善处理,甚至因解除限制措施而使该部分财产有了转移的风险。例如,犯罪嫌疑人甲 2001 年用自己的合法财产在北京买下 10 套房产,现升值为 1 亿元左右。2003 年,甲侵吞单位乙公款 1 亿余元后畏罪潜逃。检察机关紧急查封、扣押该 10 套房产,并依法提起没收违法所得申请。后经法院审判,该 10 套房产不属于违法所得及其他涉案财产,应当裁定驳回申请,解除查封、扣押措施。这样的处理,让甲可能重新获得转移资产的空间。基于上述考虑,《规定》最初明确,对申请没收的财产不属于违法所得或者其他涉案财产的情形,除依法应当等价返还被害人的以外,应当裁定驳回申请,解除查封、扣押、冻结措施。这样规定,才能与刑法第六十四条及相关指导性文件的规定保持协调一致。后在征求过程中,不少观点认为其违反了刑事诉讼法的规定,故《规定》最终未对上述内容进行明确。

(十八)关于申请没收的财产与犯罪的关联性的证明标准

1. 关于申请没收的财产与犯罪的关联性的一般证明标准。《规定》第十七条第一款规定:申请没收的财产具有高度可能属于违法所得及其他涉案财产的,应当认定为属于违法所得及其他涉案财产。这一规定明确了高度盖然性标准,借鉴了"优势证据"证明标准的表述。主要考虑是:

(1)符合立法原意和司法实践需求。违法所得没收程序是刑事诉讼法规定的一个特别程序,与普通刑事诉讼程序存在较大区别。普通刑事诉讼程序旨在查明犯罪事实,对被告人定罪处罚,适用的是"事实清楚,证据确实、充分"的证明标准。而违法所得没收程序的基本法理依据在于"不让犯罪分子通过犯罪获得任何收益",旨在查明申请没收的财产与犯罪事实之间的关联性,确认申请没收的财产是否属于违法所得及其他涉案财产。两者最大的区别在于:在普通刑事诉讼程序中,被告人在场,不但可以获取其供述,而且可以根据其供述进一步获取客观性证据。而在违法所得没收程序中,犯罪嫌疑人、被告人不在案,既不能获取其供述,也不能收集根据其供述而可能产生的其他客观性证据。此种情况下,绝大多数案件都难以达到普通刑事诉讼程序排除合理怀疑的标准。如果坚持排除合理怀疑的标准,则绝大多数案件都只能裁定驳回申请。2012年刑事诉讼法在刑事诉讼程序中增设违法所得没收程序,旨在满足实践需要,有效解决实践存在的问题。因此,在没收违法所得申请案件中采用是高度盖然性的证明标准,是基于立法原意和实践需要而作出的合理解释。

(2)符合违法所得没收程序的本质特性。首先,违法所得没收程序是针对犯罪行为相关联的财产的没收程序,与普通刑事诉讼程序不同,不涉及对犯罪嫌疑人、被告人的人身自由以及名誉权的剥夺,而是针对犯罪嫌疑人、被告人因犯罪行为而获得的财产的处理,本质上是对财产所有权的确认之诉。这一本质特征决定了其证明标准与普通刑事诉讼程序相比可以有所降低。其次,高度盖然性证据证明标准既适用于检察机关没收违法所得的申请,也适用于利害关系人对申请没收的财产主张权利。一方面,根据“谁主张,谁举证”的举证原则,只要检察机关提出的证据证明,申请没收的财产具有高度可能属于违法所得及其他涉案财产,除返还被害人以外,就应当没收;另一方面,只要利害关系人提出的证据证明,申请没收的财产具有高度可能不属于犯罪所得及其他涉案财产的,就应当支持其诉讼请求。保持这种平衡,可以有效避免因为适用高度盖然性标准而出现单向损害犯罪嫌疑人、被告人、利害关系人合法权利的现象产生。因此,对双方都采用高度盖然性标准,符合没收违法所得程序的基本特质。

(3)借鉴部分外国理论和实践。在国际上,很多国家将违法所得没收规定为民事诉讼程序,其中,对于申请没收财产与犯罪事实的关联性,美国、英国、加拿大、澳大利亚和新西兰等国家均采用的是优势证据的证明标准。例如,美国民事没收只需以优势证据(a preponderance of the evidence)证明拟没收的财产被用于或者源于非法活动。2000 年,《美国民事资产没收改革法》(The Civil Asset Forfeiture Reform Act of 2000)改变之前的做法,是由联邦政府负责证明财产与非法活动的关联性。《美国法典》第十八章第九百八十三条民事没收违法所得一般规定也明确了举证责任,并明确只需优势证据,联邦政府就算履行了举证责任,即可提出民事没收程序。又如,根据澳大利亚《2002 年犯罪所得法》(Proceeds of Crime Act 2002)的规定,民事没收程序适用民事举证标准(proof on the balance of probabilities rather than beyond reasonable doubts)。这些国家用自身的经验和做法证明了优势证据用于不定罪没收制度的可行性和重要意义。这些立法规定和司法实践经验为在违法所得没收程序中采用高度盖然性证明标准,增加了实践认同和确信。

2. 关于巨额财产来源不明案件中的关联性证明标准。对于巨额财产来源不明罪,由于刑法规定由犯罪嫌疑人、被告人说明来源,属于举证责任倒置,人民检察院向人民法院提出申请没收财产时无须收集证据证明不能说明来源的财产属于违法所得及其他涉案财产。在巨额财产来源不明案件中,如果法院经审查,认定有证据证明犯罪嫌疑人、被告人具有巨额财产来源不明的犯罪事实,在犯罪嫌疑人、被告人不到案的情况下,没有利害关系人对违法所得及其他涉案财产主张权利或者虽然主张权利但提供的相关证据没有达到高度盖然性证明标准的,应当认定涉案财产与利害关系人无关,故《规定》第十七条第二款明确此种情形下"申请没收的财产属于违法所得及其他涉案财产"。

(十九)关于利害关系人申请参加二审的处理

违法所得没收程序实质上是一种在犯罪嫌疑人、被告人缺席的情况下对申请没收的财产权属进行的确权之诉,如果人民法院认定申请没收的财产属于违法所得及其他涉案财产就会产生没收的法律后果,这可能会侵害无辜财产权利人的合法权利。因此,一审人民法院在审理过程中发现无辜财产权利人的,应告知其可以作为利害关系人依法参加诉讼,以维护其实体权利。二审期间,如果利害关系人申请参加诉讼的,只要非因故意或者重大过失在第一审期间未参加诉讼,人民法院应予准许,并发回重新审判。关于"非因故意或者重大过失"的表述,《规定》参考了《民诉法解释》第一百零二条对逾期提供证据规定的表述。"非因故意或者重大过失"在外延上比"客观原因"更广。客观原因,仅限于客观情由,而非因故意或者重大过失,除了客观情由外,还包括主观上的轻微过失。即如果利害关系人因不可抗力等客观因素或主观上轻微过失而在第一审期间未申请参加诉讼,在第二审期间申请参加诉讼的,人民法院应当准许,并发回原审人民法院重新审判。

(二十)关于犯罪嫌疑人、被告人逃匿境外后委托诉讼代理人参加诉讼的处理

是否允许犯罪嫌疑人、被告人委托诉讼代理人是《规定》起草过程中比较难把握的一个问题。一种观点认为,出于对犯罪嫌疑人、被告人逃匿行为的严惩,借鉴"不采纳逃犯证言"规则,不应允许逃匿的犯罪嫌疑人、被告人委托诉讼代理人。另一种观点认为,出于提高境外协助执行没收裁定的效率考虑,可以允许犯罪嫌疑人、被告人委托诉讼代理人。鉴于国外对我国扣押、冻结令和没收令的协助执行,特别注重正当程序的审查,加大对犯罪嫌疑人、被告人诉讼权利的保障,更有利于我国扣押、冻结令和没收令获取国

外有关部门的协助执行。从境外追逃追赃工作实际出发，为顺利推进境外协助执行效率，《规定》基本采纳了后一种观点。《规定》第十九条第一款明确，此种情形由审理法院根据案件情况，综合违法所得或者其他涉案财产所在地国（区）主管部门依照其本国法提出的意见，决定是否准许犯罪嫌疑人、被告人委托诉讼代理人参加诉讼。准许参加诉讼的，犯罪嫌疑人、被告人的诉讼代理人依照有关利害关系人的诉讼代理人的规定行使诉讼权利。

（二十一）关于二审审理方式、通知事项及审查内容

《规定》第二十条第一款明确的是第二审人民法院可以不开庭审理的情形，即人民检察院、利害关系人对第一审裁定认定的事实、证据没有争议的，第二审人民法院可以不开庭审理。

《规定》第二十条第二款明确的是通知开庭的方式和对象，即第二审人民法院决定开庭审理的，应当将开庭的时间、地点书面通知同级人民检察院和利害关系人。在征求意见过程中，有的法院建议对二审出庭的检察机关是原检察机关还是与受理法院同级的检察机关进行明确。《规定》采纳了该建议，明确了出庭的检察机关必须是同级检察机关。

《规定》第二十条第三款明确的是第二审审查的内容，即第二审人民法院应当就上诉、抗诉请求的有关事实和适用法律进行审查。

（二十二）关于上诉、抗诉案件的处理情形

《规定》第二十一条，既参考了刑事诉讼法第二百二十五条的规定，又参考了《刑诉法解释》第五百一十八条的规定。结合没收违法所得申请案件司法实际，本条删去了刑事诉讼法关于量刑不当的规定，同时将《刑诉法解释》原裁定内容分解为事实清楚、适用法律正确两种情形，将原裁定确有错误分解为事实不清、适用法律错误两种情形，并作了区别处理。

《规定》第二十一条明确了第二审人民法院对上诉、抗诉案件四种情形处理的结果：一是第一审裁定认定事实清楚和适用法律正确的，应当驳回上诉、抗诉，维持原裁定；二是第一审裁定认定事实清楚，但适用法律有错误的，应当改变原裁定；三是第一审裁定认定事实不清的，可以在查清事实后改变原裁定，也可以撤销原裁定，发回原审人民法院重新审判；四是第一审裁定违反法定诉讼程序，可能影响公正审判的，应当撤销原裁定，发回原审

人民法院重新审判。《规定》同时明确,第一审人民法院对于依照前述第三种情形发回重新审判的案件作出裁定后,第二审人民法院对不服第一审人民法院裁定的上诉、抗诉,应当依法作出裁定,不得再发回原审人民法院重新审判。

(二十三)关于境外限制措施协助执行和请求函

1. 关于侦查机关的范围。随着违法所得没收程序适用罪名范围的扩大,侦查机关包括公安机关、检察机关、国家安全机关等以及即将成立的监察委员会。基于上述情况,《规定》第二十二条第一款对侦查机关未一一列明,采取了"等侦查机关"的"等外"表述,各侦查机关的最高上级机关表述为"等各系统最高上级机关"。

2. 关于请求境外限制措施协助执行规程。《规定》第二十二条第一款参考1992年《司法部、最高人民法院、外交部关于执行海牙送达公约的实施办法》第八条、第九条关于刑事司法协助条约、多边条约以及国际惯例的做法,明确规定:"违法所得或者其他涉案财产在境外的,负责立案侦查的公安机关、人民检察院等侦查机关应当制作查封、扣押、冻结的法律文书以及协助执行查封、扣押、冻结的请求函,层报公安、检察院等各系统最高上级机关后,由公安、检察院等各系统最高上级机关依照刑事司法协助条约、多边公约,或者按照对等互惠原则,向违法所得或者其他涉案财产所在地国(区)的主管机关请求协助执行。"

3. 关于境外要求限制令发文主体必须是法院的处理。在不少国家中,法院被认为比行政执法机关更具有中立性。因此这些国家的司法制度要求扣押、冻结等限制令的制发主体必须是法院。这种要求在一定程度上影响了我国境外追逃追赃工作效率,但这种制度要求并非针对某个国家作出的特别规定,旨在明确扣押、冻结措施的中立性。从境外追赃实际出发,基于对等互惠原则,根据具体情况,明确境外限制、没收请求符合被请求国制度要求,既有必要也可行。故《规定》第二十二条第二款明确规定:"被请求国(区)的主管机关提出,查封、扣押、冻结法律文书的制发主体必须是法院的,负责立案侦查的公安机关、人民检察院等侦查机关可以向同级人民法院提出查封、扣押、冻结的申请,人民法院经审查同意后制作查封、扣押、冻结令以及协助执行查封、扣押、冻结令的请求函，层报最高人民法院后，由最高人民法院依照刑事司法协助条约、多边公约，或者按照对等互惠原则，向违法所得或者其他涉案财产所在地国（区）的主管机关请求协助执行。”

4. 关于请求函的内容。鉴于查封、冻结、扣押令普遍简单直观，不宜记载过多内容，故将有关案情、证据、主张以及理由都在请求函中说明。为规范统一请求函的内容，《规定》明确了请求函以下内容要点：(1)案由以及查封、扣押、冻结法律文书的发布主体是否具有管辖权。制发主体是否具有管辖权，往往是被请求国协助执行的基本条件。(2)犯罪嫌疑人、被告人涉嫌犯罪的事实及相关证据，但可能妨碍正在或者即将进行的刑事侦查的证据除外。一般被请求国都要求请求国提供犯罪嫌疑人、被告人涉嫌犯罪的事实、证据，但考虑到犯罪嫌疑人、被告人毕竟在逃，尽量不要妨碍正在或者进一步对犯罪嫌疑人、被告人犯罪事实的侦查。(3)已发布公告的，发布公告情况、通知利害关系人参加诉讼以及保障诉讼参与人依法行使诉讼权利等情况。这是对利害关系人正当权利保护的情况。(4)请求查封、扣押、冻结的财产的种类、数量、价值、所在地等情况以及相关法律手续。关于价值及法律手续的内容，旨在进一步从制度上防范限制措施的滥用，防止不当侵害利害关系人的财产权利。(5)请求查封、扣押、冻结的财产属于违法所得及其他涉案财产的相关事实及证据材料。此项内容是请求限制的财产与犯罪的关联性的认定。(6)请求查封、扣押、冻结财产的理由和法律依据。(7)被请求国（区）要求载明的其他内容。因不同国家在具体协助执行我国请求函时提出的要求不一定相同，故《规定》规定了兜底项。

（二十四）关于境外没收协助执行及请求函

《规定》第二十三条规定的原理基本同第二十二条。另外，有必要说明的是，国外协助执行没收令要求必须是生效裁判，故《规定》本条明确了这一条件。例如，《联合国反腐败公约》第五十五条第三款明确要求，向缔约国提出的没收的请求应当包括下列内容：(1)应当提供有关于应当予以没收财产的说明，尽可能包括财产的所在地和相关情况下的财产估计价值，以及关于请求缔约国所依据的事实的充分陈述，以便被请求缔约国能够根据本国法律取得没收令；(2)应当有请求缔约国发出的据以提出请求的法律上可以采信的没收令副本、关于事实和对没收令所请求执行的范围的说明、关于请求缔约国为向善意第三人提供充分通知并确保正当程序而采取的措施的具体陈述,以及关于该没收令为已经生效的没收令的陈述;(3)应当有请求缔约国所依据的事实陈述和对请求采取的行动的说明;如有据以提出请求的法律上可以采信的没收令副本,应当一并附上。参考上述内容,《规定》第二十三条明确了没收请求函的各项内容,理由基本同限制措施请求函。

(二十五)关于单位违法所得没收程序的适用

1.单位实施《规定》第一条规定的犯罪后被撤销、注销的情形相当于犯罪嫌疑人、被告人死亡情形,故《规定》第二十四条对此种情形作了规定。鉴于单位被撤销、注销,如单位直接负责的主管人员和其他责任人员未逃匿、死亡,可能不会影响适用普通刑事诉讼程序,故本条将"导致案件无法适用刑事诉讼普通程序进行审理"作为适用违法所得没收程序的前提条件。值得注意的是,考虑到单位毕竟不同于自然人,涉及方方面面的利益,为慎重起见,《规定》明确单位被撤销、注销情形,必须受罪名范围的限制,同时受到"单位直接负责的主管人员和其他直接责任人员必须在通缉一年后不到案"的限制。在《规定》起草意见过程中,有观点提出,应当将单位被吊销、破产亦作为被撤销、注销情形对待。经研究认为,被吊销只是一个行政处罚程序,而破产只是单位主体消亡前的一个法定程序。宣告股份有限公司破产以后,由清算组接管公司,对破产财产进行清算、评估和处理、分配。清算组应当通知已知的债权人并在报纸上公告,债权人在规定时间内向清算组申报债权,由此可能形成新的法律关系。可见,单位被吊销、破产后还要经历清算、注销登记等程序,才能认定为主体消亡,故本条未将此两种情形规定在内。

2.关于犯罪主体是单位的情形,没收违法所得申请案件的管辖原则应当比照自然人的情形处理。即没收违法所得的申请,由犯罪地或者单位主要办事机构所在地的中级人民法院管辖。单位主要办事机构所在地不能确定的,由其注册地或者登记地的中级人民法院管辖。

3.实践中有的单位尚在,但因单位直接负责的主管人员、其他直接责任人员逃匿、死亡,导致案件无法适用普通程序进行审理,其大量违法所得无法追缴、没收。有观点主张,对此类案件应当适用违法所得没收程序。经调研,此类案件目前尚不普遍,问题尚不突出,故《规定》暂未明确。

(二十六)关于施行时间、冲突规范

1. 此条属一般技术规范。关于生效日期,《规定》第二十五条明确,本规定自2017年1月5日起生效。按照程序从新原则,司法实践中尚未审理的案件,按照本规定审理。

2. 关于适用冲突原则。《规定》对已公布的司法解释的修改始终保持慎之又慎的态度,但基于实际需要,借鉴吸收国际国内先进理论和成熟经验,最终从司法实际需要出发,对《刑诉法解释》相关规定进行了修改完善。考虑到篇幅问题,为凸显重点,《规定》对刑事诉讼、民事诉讼中的部分共性问题未作规定,未规定部分,仍然可以适用相关法律及司法解释的规定。

最高人民法院
最高人民检察院
公　　告

《最高人民法院、最高人民检察院关于办理侵犯公民个人信息刑事案件适用法律若干问题的解释》已于2017年3月20日由最高人民法院审判委员会第1712次会议、2017年4月26日由最高人民检察院第十二届检察委员会第63次会议通过，现予公布，自2017年6月1日起施行。

最高人民法院
最高人民检察院
2017年5月8日

最高人民法院　最高人民检察院
关于办理侵犯公民个人信息刑事案件适用法律若干问题的解释

法释〔2017〕10号

为依法惩治侵犯公民个人信息犯罪活动，保护公民个人信息安全和合法权益，根据《中华人民共和国刑法》《中华人民共和国刑事诉讼法》的有关规定，现就办理此类刑事案件适用法律的若干问题解释如下：

第一条　刑法第二百五十三条之一规定的“公民个人信息”，是指以电子或者其他方式记录的能够单独或者与其他信息结合识别特定自然人身份或者反映特定自然人活动情况的各种信息，包括姓名、身份证件号码、通信通讯联系方式、住址、账号密码、财产状况、行踪轨迹等。

第二条 违反法律、行政法规、部门规章有关公民个人信息保护的规定的，应当认定为刑法第二百五十三条之一规定的“违反国家有关规定”。

第三条 向特定人提供公民个人信息，以及通过信息网络或者其他途径发布公民个人信息的，应当认定为刑法第二百五十三条之一规定的“提供公民个人信息”。

未经被收集者同意，将合法收集的公民个人信息向他人提供的，属于刑法第二百五十三条之一规定的“提供公民个人信息”，但是经过处理无法识别特定个人且不能复原的除外。

第四条 违反国家有关规定，通过购买、收受、交换等方式获取公民个人信息，或者在履行职责、提供服务过程中收集公民个人信息的，属于刑法第二百五十三条之一第三款规定的“以其他方法非法获取公民个人信息”。

第五条 非法获取、出售或者提供公民个人信息，具有下列情形之一的，应当认定为刑法第二百五十三条之一规定的“情节严重”：

（一）出售或者提供行踪轨迹信息，被他人用于犯罪的；

（二）知道或者应当知道他人利用公民个人信息实施犯罪，向其出售或者提供的；

（三）非法获取、出售或者提供行踪轨迹信息、通信内容、征信信息、财产信息五十条以上的；

（四）非法获取、出售或者提供住宿信息、通信记录、健康生理信息、交易信息等其他可能影响人身、财产安全的公民个人信息五百条以上的；

（五）非法获取、出售或者提供第三项、第四项规定以外的公民个人信息五千条以上的；

（六）数量未达到第三项至第五项规定标准，但是按相应比例合计达到有关数量标准的；

（七）违法所得五千元以上的；

（八）将在履行职责或者提供服务过程中获得的公民个人信息出售或者提供给他人，数量或者数额达到第三项至第七项规定标准一半以上的；

(九)曾因侵犯公民个人信息受过刑事处罚或者二年内受过行政处罚，又非法获取、出售或者提供公民个人信息的；

(十)其他情节严重的情形。

实施前款规定的行为，具有下列情形之一的，应当认定为刑法第二百五十三条之一第一款规定的"情节特别严重"：

(一)造成被害人死亡、重伤、精神失常或者被绑架等严重后果的；

(二)造成重大经济损失或者恶劣社会影响的；

(三)数量或者数额达到前款第三项至第八项规定标准十倍以上的；

(四)其他情节特别严重的情形。

第六条 为合法经营活动而非法购买、收受本解释第五条第一款第三项、第四项规定以外的公民个人信息，具有下列情形之一的，应当认定为刑法第二百五十三条之一规定的"情节严重"：

(一)利用非法购买、收受的公民个人信息获利五万元以上的；

(二)曾因侵犯公民个人信息受过刑事处罚或者二年内受过行政处罚，又非法购买、收受公民个人信息的；

(三)其他情节严重的情形。

实施前款规定的行为，将购买、收受的公民个人信息非法出售或者提供的，定罪量刑标准适用本解释第五条的规定。

第七条 单位犯刑法第二百五十三条之一规定之罪的，依照本解释规定的相应自然人犯罪的定罪量刑标准，对直接负责的主管人员和其他直接责任人员定罪处罚，并对单位判处罚金。

第八条 设立用于实施非法获取、出售或者提供公民个人信息违法犯罪活动的网站、通讯群组，情节严重的，应当依照刑法第二百八十七条之一的规定，以非法利用信息网络罪定罪处罚；同时构成侵犯公民个人信息罪的，依照侵犯公民个人信息罪定罪处罚。

第九条 网络服务提供者拒不履行法律、行政法规规定的信息网络安全管理义务，经监管部门责令采取改正措施而拒不改正，致使用户的公民个人信息泄露，造成严重后果的，应当依照刑法第二百八十六条之一的规定，以拒不履行信息网络安全管理义务罪定罪处罚。

第十条 实施侵犯公民个人信息犯罪，不属于“情节特别严重”，行为人系初犯，全部退赃，并确有悔罪表现的，可以认定为情节轻微，不起诉或者免予刑事处罚；确有必要判处刑罚的，应当从宽处罚。

第十一条 非法获取公民个人信息后又出售或者提供的，公民个人信息的条数不重复计算。

向不同单位或者个人分别出售、提供同一公民个人信息的，公民个人信息的条数累计计算。

对批量公民个人信息的条数，根据查获的数量直接认定，但是有证据证明信息不真实或者重复的除外。

第十二条 对于侵犯公民个人信息犯罪，应当综合考虑犯罪的危害程度、犯罪的违法所得数额以及被告人的前科情况、认罪悔罪态度等，依法判处罚金。罚金数额一般在违法所得的一倍以上五倍以下。

第十三条 本解释自 2017 年 6 月 1 日起施行。

《关于办理侵犯公民个人信息刑事案件适用法律若干问题的解释》的理解与适用

周加海* 邹 涛** 喻海松***

日前,最高人民法院、最高人民检察院发布《关于办理侵犯公民个人信息刑事案件适用法律若干问题的解释》(法释〔2017〕10号,以下简称《解释》),自2017年6月1日起施行。《解释》的公布施行,对于强化公民个人信息的刑事保护,维护个人信息安全和其他合法权益,必将发挥重要作用。为便于司法实践中正确理解和适用,现就《解释》的制定背景、起草中的主要考虑和主要内容介绍如下。

一、《解释》的制定背景与经过

随着信息化建设的推进,信息资源成为重要的生产要素和社会财富。而在各类信息中,个人信息的价值日益凸显,成为数字经济最重要的元素之一。与之同时,个人信息泄露问题严重,个人信息安全成为一个全社会高度关注的问题。为保护公民个人信息,2009年2月28日起施行的刑法修正案(七)增设了刑法第二百五十三条之一,规定了出售、非法提供公民个人信息罪和非法获取公民个人信息罪。刑法修正案(七)施行以来,各级公、检、法机关正确适用法律,准确认定事实,坚决依法惩处侵犯公民个人信息犯罪活动。2009年2月至2015年10月,全国法院新收出售、非法提供公民个人信息,非法获取公民个人信息刑事案件988起,审结969起,生效判决人数

* 最高人民法院研究室副主任,法学博士。

** 最高人民法院研究室刑事处干部,法学博士。

*** 最高人民法院研究室刑事处副处长,法学博士。

1 415人。其中,新收出售、非法提供公民个人信息刑事案件101件,审结98件,生效判决人数142人;新收非法获取公民个人信息刑事案件887件,审结871件,生效判决人数1 273人。

近年来,侵犯公民个人信息犯罪仍处于高发态势,不仅严重危害公民个人信息安全,而且与电信网络诈骗等犯罪存在密切关联,甚至与绑架、敲诈勒索等犯罪活动相结合,社会危害日益突出。为切实加大对公民个人信息的刑法保护力度,刑法修正案(九)对刑法第二百五十三条之一作出修改完善:一是扩大犯罪主体的范围,规定任何单位和个人违反国家有关规定,获取、出售或者提供公民个人信息,情节严重的,都构成犯罪;二是明确规定将在履行职责或者提供服务过程中获得的公民个人信息,出售或者提供给他人的,从重处罚;三是提升法定刑配置水平,增加规定"处三年以上七年以下有期徒刑,并处罚金"。修改后,出售、非法提供公民个人信息罪和非法获取公民个人信息罪被整合为侵犯公民个人信息罪。刑法修正案(九)施行以来,各级公、检、法机关依据修改后刑法的规定,继续保持对侵犯公民个人信息犯罪的高压态势,案件量显著增长。2015年11月至2016年12月,全国法院新收侵犯公民个人信息刑事案件(含出售、非法提供公民个人信息,非法获取公民个人信息刑事案件)495件,审结464件,生效判决人数697人。

与此同时,司法实践反映,侵犯公民个人信息罪的具体定罪量刑标准尚不明确,一些法律适用问题存在争议,需要通过司法解释作出规定。为确保法律准确、统一适用,依法严厉惩治、有效防范侵犯公民个人信息犯罪,最高人民法院会同最高人民检察院,在公安部等有关部门的大力支持下,经深入调查研究、广泛征求意见,起草了《解释》。2017年3月20日最高人民法院审判委员会第1712次会议、2017年4月26日最高人民检察院第十二届检察委员会第63次会议审议通过了《解释》。

二、《解释》起草中的主要考虑

为确保《解释》的内容科学合理,能够适应形势发展、满足实践需要,在起草过程中,着重注意把握了以下几点:

第一,贯彻刑法修改精神,强化对公民个人信息的刑法保护。当前,侵犯公民个人信息犯罪呈高发多发态势,涉及的个人信息数量越来越大、类型越来越多。特别是不少涉案公民个人信息事关他人财产乃至人身安全,如行踪轨迹、财产信息等敏感信息。基于当前侵犯公民个人信息犯罪的态势,根据修法精神,《解释》相关条文彰显了对侵犯公民个人信息犯罪的严惩立场,以加强对公民个人信息的刑法保护,有效维护公民的人身、财产安全和生活安宁。

第二,坚持问题导向,有效解决司法实务问题。从调研情况来看,对侵犯公民个人信息犯罪尚存在不少争议问题,亟须通过司法解释加以明确。例如,"公民个人信息"的内涵与外延,"出售或者提供公民个人信息""非法获取公民个人信息"的理解,"情节严重""情节特别严重"的把握,等等。基于此,《解释》相关条文以办理侵犯公民个人信息刑事案件存在的问题为基础,结合司法实际,作了明确规定。

第三,坚持安全与发展并重,兼顾个人信息保护与大数据发展的需要。在全球信息化快速发展的大背景下,大数据已成为国家重要的基础性战略资源,正引领新一轮科技创新。在大数据和云计算时代,包括个人信息在内的数据,只有充分地流动、共享、交易,才能实现集聚与规模效应,最大程度地发挥价值。但是,在数据流动、交易过程中如何保护公民个人信息的安全,避免个人信息扩散失控,也是必须面对的问题。实际上,公民个人信息的保护与大数据发展和信息社会的建设并不矛盾,二者之间的平衡点就在现行法律框架。质言之,大数据的发展应依法进行,信息社会须建立在依法保护个人信息的基础上,只有包括个人信息在内的数据在法律保护下安全迅速地收集和流通,才能真正推动我国信息产业的发展。因此,《解释》在刑法和网络安全法确立的框架范围内,兼顾公民个人信息保护与大数据产业发展的关系,确保在公民个人信息安全的前提下为大数据发展和信息化建设提供有力刑事司法保护。

三、《解释》的主要内容

《解释》结合当前侵犯公民个人信息犯罪的特点和司法实践反映的问题,依照刑法、刑事诉讼法的规定,对侵犯公民个人信息罪的定罪量刑标准和相关法律适用问题作了全面、系统的规定。《解释》共 13 个条文，大致可以归纳为如下十个方面的问题：

（一）“公民个人信息”的范围

目前，我国关于个人信息的界定，最为权威的当属网络安全法的规定。网络安全法第七十六条规定：“个人信息，是指以电子或者其他方式记录的能够单独或者与其他信息结合识别自然人个人身份的各种信息，包括但不限于自然人的姓名、出生日期、身份证件号码、个人生物识别信息、住址、电话号码等。”经研究认为，网络安全法将“个人信息”界定为“能够识别自然人个人身份的各种信息”，显然使用的是广义的“身份识别信息”的概念，即既包括狭义的身份识别信息（能够识别出特定自然人身份的信息），也包括体现特定自然人活动情况的信息。例如，从实践来看，行踪轨迹信息系事关人身安全的高度敏感信息，无疑应纳入法律保护范围，且应当重点保护。但是，行踪轨迹信息明显难以纳入狭义的“身份识别信息”的范畴。如果认为网络安全法将此类信息排除在“个人信息”的范围外，恐难以为一般人所认同，也不符合保护公民个人信息的立法精神。合理的解释应当是，网络安全法是广义上使用“身份识别信息”这一概念，亦即也包括个人活动情况信息在内。基于此，《解释》第一条在上述规定的基础上，进一步明确“公民个人信息”包括身份识别信息和活动情况信息，规定：“刑法第二百五十三条之一规定的‘公民个人信息’，是指以电子或者其他方式记录的能够单独或者与其他信息结合识别特定自然人身份或者反映特定自然人活动情况的各种信息，包括姓名、身份证件号码、通信通讯联系方式、住址、账号密码、财产状况、行踪轨迹等。”

此外，根据《解释》第一条的规定，关于“公民个人信息”的外延，有以下几个具体问题值得注意：(1)“公民个人信息”，既包括中国公民的个人信息，也包括外国公民和其他无国籍人的个人信息。(2)公民个人信息须与特定自然人关联。这是公民个人信息所具有的关键属性。因此，经过处理无法识别特定个人且不能复原的信息，虽然也可能反映自然人活动情况，但与特定自然人无直接关联，不能成为公民个人信息的范畴。对于与特定自然人关联，可以是识别特定自然人身份，也可以是反映特定自然人活动情况。需要注意的是,无论是识别特定自然人身份,还是反映特定自然人活动情况,都应当是能够单独或者与其他信息结合所具有的功能。例如,身份证号与公民个人身份一一对应,可以单独识别公民个人身份;而工作单位、家庭住址等无法单独识别公民个人身份,需要同其他信息结合才能识别公民个人身份。但是,上述两类信息无疑都属于公民个人信息的范畴。(3)与特定自然人关联的账号密码属于"公民个人信息"。对于"账号密码"能否纳入"公民个人信息"的范围,存在不同认识。经研究认为,当前账号密码往往绑定身份证号、手机号码等特定信息,即使未绑定,非法获取账号密码后往往也会引发侵犯财产甚至人身的违法犯罪。因此,《解释》第一条明确将"账号密码"列为"公民个人信息"的范围。

(二)"违反国家有关规定"的认定

刑法修正案(九)将侵犯公民个人信息罪的前提要件由"违反国家规定"修改为"违反国家有关规定"。根据修法精神,《解释》第二条规定:"违反法律、行政法规、部门规章有关公民个人信息保护的规定的,应当认定为刑法第二百五十三条之一规定的'违反国家有关规定'。"具体而言,该条将"国家有关规定"明确限于法律、行政法规、部门规章等国家层面的规定,不包括地方性法规等非国家层面的规定。

(三)非法"提供公民个人信息"的认定

根据刑法第二百五十三条之一第一款、第二款的规定,违反国家有关规定,向他人非法出售或者提供公民个人信息,是侵犯公民个人信息罪的客观行为方式之一。从司法适用的角度,以下两个问题值得关注:

1."提供"的认定。向特定人提供公民个人信息,属于"提供"公民个人信息,对此不存在疑义。但是,对于通过信息网络或者其他途径发布公民个人信息,是否属于"提供公民个人信息",存在不同认识。经研究认为,通过信息网络或者其他途径发布公民个人信息,实际是向不特定多数人提供公民个人信息,向特定人提供公民个人信息的行为属于"提供",基于"举轻明重"的法理,前者更应当认定为"提供"。基于此,《解释》第三条第一款规定:"向特定人提供公民个人信息,以及通过信息网络或者其他途径发布公民个人信息的,应当认定为刑法第二百五十三条之一规定的'提供公民个人信息’。”

2. 合法收集公民个人信息后非法提供的认定。基于大数据发展的现实需要，网络安全法在法律层面为个人信息交易和流动留有一定空间，第四十四条规定任何个人和组织“不得非法出售或者非法向他人提供个人信息”，即不仅允许合法提供公民个人信息，而且为合法出售公民个人信息留有空间。而且，网络安全法第四十二条第一款进一步明确了合法提供公民个人信息的情形，规定：“网络运营者不得泄露、篡改、毁损其收集的个人信息；未经被收集者同意，不得向他人提供个人信息。但是，经过处理无法识别特定个人且不能复原的除外。”据此，经得被收集者同意，以及匿名化处理（剔除个人关联），是合法提供公民个人信息的两种情形，不能纳入刑事规制范围。基于此，《解释》第三条第二款规定：“未经被收集者同意，将合法收集的公民个人信息向他人提供的，属于刑法第二百五十三条之一规定的‘提供公民个人信息’，但是经过处理无法识别特定个人且不能复原的除外。”当然，这里只是明确此种情形属于“提供公民个人信息”，是否构成侵犯公民个人信息罪，还需要根据“违反国家有关规定”等要件作进一步判断。

（四）“非法获取公民个人信息”的认定

根据刑法第二百五十三条之一第三款的规定，窃取或者以其他方法非法获取公民个人信息是侵犯公民个人信息罪的客观行为方式之一。具体而言，以下几个问题值得关注：

1. 购买公民个人信息的处理。从实践来看，非法获取公民个人信息的方式主要表现为购买、收受、交换和侵入计算机信息系统或者采用其他技术手段。对于“购买公民个人信息”是否属于“以其他方法非法获取公民个人信息”，存在不同认识。有意见认为，“其他方法”应当限于与“窃取”危害性相当的方式（如抢夺），不宜将“购买”包括在内。经研究认为，其一，刑法第二百五十三条之一第三款并未明确排除“购买”方法，且非法购买公民个人信息当然属于非法获取公民个人信息的情形。其二，从实践来看，当前非法获取公民个人信息的方式主要表现为非法购买，如排除此种方式，则会大幅限缩侵犯公民个人信息罪的适用范围。其三，不少侵犯公民个人信息犯罪案件，购买往往是后续出售、提供的前端环节，没有购买就没有后续的出售、提供。基于上述考虑,《解释》第四条明确规定:"违反国家有关规定,通过购买、收受、交换等方式获取公民个人信息,或者在履行职责、提供服务过程中收集公民个人信息的,属于刑法第二百五十三条之一第三款规定的'以其他方法非法获取公民个人信息'。"

2.获取公民个人信息行为"非法"的判断。对于获取公民个人信息,刑法第二百五十三条之一第三款将罪状直接表述为"非法获取"。基于体系解释的原理,对此处的"非法",应当以是否违反国家有关规定作为判断标准。

3.非法收集公民个人信息的处理。网络安全法第四十一条规定:"网络运营者收集、使用个人信息,应当遵循合法、正当、必要的原则,公开收集、使用规则,明示收集、使用信息的目的、方式和范围,并经被收集者同意。网络运营者不得收集与其提供的服务无关的个人信息,不得违反法律、行政法规的规定和双方的约定收集、使用个人信息,并应当依照法律、行政法规的规定和与用户的约定,处理其保存的个人信息。"违反上述规定,未经他人同意收集公民个人信息,或者收集与提供的服务无关的公民个人信息的,应当认定为"非法获取公民个人信息"。以此为基础,《解释》第四条专门明确,违反国家有关规定,在履行职责、提供服务过程中收集公民个人信息的,属于刑法第二百五十三条之一第三款规定的"以其他方法非法获取公民个人信息"。

(五)侵犯公民个人信息罪的定罪量刑标准

根据刑法第二百五十三条之一的规定,非法获取、出售或者提供公民个人信息,情节严重的,处三年以下有期徒刑或者拘役,并处或者单处罚金;情节特别严重的,处三年以上七年以下有期徒刑,并处罚金。可见,侵犯公民个人信息罪系情节犯,定罪量刑标准为"情节严重""情节特别严重"。对于这一概括性的定罪量刑情节,宜根据司法实践的情况从犯罪的客体、客观方面、主体、主观方面等多个角度加以考察。经充分调研,《解释》第五条规定了"情节严重""情节特别严重"的认定标准。

1."情节严重"的认定标准。《解释》第五条第一款从以下几个方面对侵犯公民个人信息罪的入罪标准"情节严重"作了明确:

一是信息类型和数量。公民个人信息的类型繁多,行踪轨迹信息、通信内容、征信信息、财产信息、住宿信息、交易信息等公民个人敏感信息涉及人身安全和财产安全，被非法获取、出售或者提供后极易引发绑架、诈骗、敲诈勒索等关联犯罪，具有更大的社会危害性。因此，基于不同类型公民个人信息的重要程度，《解释》分别设置了“五十条以上”“五百条以上”“五千条以上”的入罪标准，以实现罪责刑相适应。具体而言：

(1)非法获取、出售或者提供行踪轨迹信息、通信内容、征信信息、财产信息50条以上的。行踪轨迹信息、通信内容、征信信息、财产信息与人身安全、财产安全直接相关，系高度敏感信息，《解释》第五条第一款第三项将入罪标准设置为“五十条以上”。需要注意的是，鉴于本项规定的入罪标准门槛较低，故此处严格限缩所涉公民个人信息的类型，即仅限于行踪轨迹信息、通信内容、征信信息、财产信息四类信息，不允许司法适用中再通过等外解释予以扩大。对于行踪轨迹信息、通信内容、征信信息，司法实践中在认定上不存在争议。对于财产信息，可以根据案件具体情况把握：既包括银行账户、第三方支付结算账户、证券期货等金融服务账户的身份认证信息(一组确认用户操作权限的数据，包括账号、口令、密码、数字证书等)，也包括存款、房产等财产状况信息。

(2)非法获取、出售或者提供住宿信息、通信记录、健康生理信息、交易信息等其他可能影响人身、财产安全的公民个人信息500条以上的。上述公民个人信息虽然在重要程度上弱于行踪轨迹信息、通信内容、征信信息、财产信息，但也与人身安全、财产安全直接相关，往往被用于“精准”诈骗等违法犯罪活动。基于此，《解释》第五条第一款第四项将入罪标准设置为“五百条以上”。需要注意的是，本项规定有“等其他可能影响人身、财产安全的公民个人信息”的表述，司法实践中可以根据具体情况作等外解释，但应当确保所适用的公民个人信息涉及人身、财产安全，且与“住宿信息、通信记录、健康生理信息、交易信息”在重要程度上具有相当性。

(3)非法获取、出售或者提供一般公民个人信息5 000条以上的。从实践来看，除前述公民个人敏感信息外，出售、提供公民个人信息往往数量较大，动辄数万条甚至数十万条，在不少案件中甚至将公民个人信息编辑为电子文档后按兆出售。因此，不少地方对出售、提供公民个人信息的入罪掌握在数量5 000条以上,基本上可以满足严厉打击此类犯罪的需要,且给行政处罚留有一定空间。基于此,《解释》第五条第一款第五项将非法获取、出售或者提供公民个人信息5 000条以上的规定为“情节严重”。

此外,鉴于实践中存在混杂公民个人信息的情形,《解释》第五条第一款第六项将“数量未达到第三项至第五项规定标准,但是按相应比例合计达到有关数量标准的”情形规定为“情节严重”。

二是违法所得数额。出售或者非法提供公民个人信息往往是为了牟利,故应当以违法所得作为认定“情节严重”的情形之一。从司法实践来看,一般公民个人信息的价格相对较低,甚至不会按条计价;而公民个人敏感信息价格通常较高,通常按条计价,特别是行踪轨迹信息可以谓之为最为昂贵的信息类型。考虑到各项规定之间的均衡,《解释》第五条第一款第七项将违法所得5 000元以上的规定为“情节严重”。

三是信息用途。通常而言,非法获取公民个人信息,绝不仅是为了占有,而是有特定用途,甚至用于违法犯罪。可以说,非法获取、出售或者提供公民个人信息,不仅严重危害公民的信息安全,而且可能引发进一步犯罪。因此,此类行为引发的后果的严重程度,是认定“情节严重”与否的重要标准。被非法获取、出售或者提供的公民个人信息,用途存在不同,对权利人的侵害程度也会存在差异。如果涉案的公民个人信息被用于实施其他犯罪活动,使权利人的人身、财产安全陷入高风险状态或者造成实质危害的,对此应当直接认定为“情节严重”或者“情节特别严重”,以刑事手段加以规制;而如果涉案公民个人信息未被用于犯罪活动,则社会危害性相对较小,不宜直接以此作为刑事规制的依据。基于此,《解释》第五条第一款第二项将“知道或者应当知道他人利用公民个人信息实施犯罪,向其出售或者提供的”规定为“情节严重”。从司法实践来看,行踪轨迹信息是最为敏感的公民个人信息。非法获取、出售或者提供该类信息,行为人主观上对可能被用于犯罪存在概括认识,《解释》第五条第一款第一项直接将“出售或者提供行踪轨迹信息,被他人用于犯罪的”规定为“情节严重”,无须再具体判断主观上是否知道或者应当知道涉案信息被用于犯罪。

四是主体身份。公民个人信息泄露案件不少系内部人员作案,诸多公民个人信息买卖案件也可以见到“内鬼”参与的影子。这是侵犯公民个人信息违法犯罪泛滥的重要原因所在。由于上述情形往往发生在公民个人信息交易的最初阶段，涉案信息的数量往往较少、价格相对低廉。此种情形下，如果不设置特殊标准，往往难以对此类源头行为予以刑事惩治。基于此，为贯彻落实刑法第二百五十三条之一第二款“违反国家有关规定，将在履行职责或者提供服务过程中获得的公民个人信息，出售或者提供给他人的，依照前款的规定从重处罚”的规定，《解释》第五条第一款第八项对将在履行职责或者提供服务过程中获得的公民个人信息出售或者提供给他人的情形认定为“情节严重”设置了特殊标准，规定此种情形下出售或者提供公民个人信息，认定“情节严重”的数量、数额标准减半计算。当然，对于此种情形，不宜再根据刑法第二百五十三条之一第二款的规定从重处罚，以免重复评价。

五是主观恶性。曾因侵犯公民个人信息受过刑事处罚或者二年内受过行政处罚，又非法获取、出售或者提供公民个人信息的，行为人屡罚屡犯，主观恶性大。故而，《解释》第五条第一款第九项将此种情形规定为“情节严重”。

2. “情节特别严重”的认定标准。《解释》第五条第二款主要从两个角度规定了“情节特别严重”的情形：一是数量数额标准。基于司法实践中侵犯公民个人信息犯罪涉案的公民个人信息数量相差悬殊，跨度从几千条到几十万条（甚至更大数量）不等，将“情节特别严重”和“情节严重”之间的数量数额标准设置为10倍而非5倍的倍数关系。二是严重后果。从实践来看，非法获取、出售或者提供公民个人信息，对于个人而言，可能造成人身伤亡、经济损失等后果；对于社会而言，可能引发社会恐慌，造成恶劣社会影响。基于此，将“造成被害人死亡、重伤、精神失常或者被绑架等严重后果的”“造成重大经济损失或者恶劣社会影响的”规定为“情节特别严重”。

3. 为合法经营活动购买、收受公民个人信息定罪量刑的特殊标准。从实践来看，购买、收受公民个人信息从事广告推销等活动的情形较为普遍。为了秉持刑法的谦抑性，体现宽严相济，《解释》第六条第一款规定：“为合法经营活动而非法购买、收受本解释第五条第一款第三项、第四项规定以外的公民个人信息，具有下列情形之一的，应当认定为刑法第二百五十三条之一规定的'情节严重':(一)利用非法购买、收受的公民个人信息获利五万元以上的;(二)曾因侵犯公民个人信息受过刑事处罚或者二年内受过行政处罚,又非法购买、收受公民个人信息的;(三)其他情节严重的情形。"这是《解释》针对为合法经营活动而购买、收受公民个人信息的行为设置的专门的定罪量刑标准。而且,考虑到此类行为社会危害性不大,即使构成犯罪,通常也不需要升档量刑,故只规定了"情节严重"的具体情形。

需要注意的是,适用该定罪量刑标准须满足三个条件:一是为了合法经营活动,对此可以综合全案证据认定,但主要应当由被告方提供相关证据;二是限于普通公民个人信息,即不包括可能影响人身、财产安全的敏感信息;三是信息没有再流出扩散,即行为方式限于购买、收受。根据《解释》第六条第二款的规定,如果将购买、收受的公民个人信息非法出售或者提供的,定罪量刑标准应当适用《解释》第五条的规定。对此应当注意的是,为了合法经营活动交换公民个人信息的,由于在获取信息的同时造成了信息扩散,不符合前述三个要件,定罪量刑标准亦应适用《解释》第五条的规定。

4.侵犯公民个人信息单位犯罪的定罪量刑标准。根据刑法第二百五十三条之一第四款的规定,单位可以成为侵犯公民个人信息罪的主体。为切实加大对单位侵犯公民个人信息犯罪的惩治力度,《解释》第七条明确了单位实施侵犯公民个人信息犯罪的,适用自然人犯罪的定罪量刑标准,规定:"单位犯刑法第二百五十三条之一规定之罪的,依照本解释规定的相应自然人犯罪的定罪量刑标准,对直接负责的主管人员和其他直接责任人员定罪处罚,并对单位判处罚金。"

(六)侵犯公民个人信息罪的认罪认罚从宽处理

为贯彻落实认罪认罚从宽制度,充分发挥刑法的教育和威慑功能,《解释》第十条专门规定:"实施侵犯公民个人信息犯罪,不属于'情节特别严重',行为人系初犯,全部退赃,并确有悔罪表现的,可以认定为情节轻微,不起诉或者免予刑事处罚;确有必要判处刑罚的,应当从宽处罚。"可见,该条只适用于侵犯公民个人信息犯罪的基本情节,对于符合"情节特别严重"构成的,不能再适用本条规定从宽处罚。

（七）设立网站、通讯群组侵犯公民个人信息行为的定性

实践中，一些行为人通过建立网站供他人进行公民个人信息交换、买卖等活动，以非法牟利。此类网站存储、流转公民个人信息量巨大，但网站建立者、直接负责的管理者未直接接触公民个人信息，不少情形下难以按照侵犯公民个人信息罪定罪处罚。根据刑法第二百八十七条之一的规定，设立用于实施违法犯罪活动的网站、通讯群组，情节严重的，构成非法利用信息网络罪。经研究认为，供他人实施非法获取、出售或者提供公民个人信息违法犯罪活动的网站、通讯群组实际上属于“用于实施违法犯罪活动的网站、通讯群组”。因此，《解释》第八条规定：“设立用于实施非法获取、出售或者提供公民个人信息违法犯罪活动的网站、通讯群组，情节严重的，应当依照刑法第二百八十七条之一的规定，以非法利用信息网络罪定罪处罚；同时构成侵犯公民个人信息罪的，依照侵犯公民个人信息罪定罪处罚。”

（八）拒不履行公民个人信息安全管理义务行为的处理

当前，一些单位因为履行职责或者提供服务的需要，掌握着海量公民个人信息，这些信息一旦泄露将造成恶劣社会影响和严重危害后果。实际上，侵犯公民个人信息违法犯罪的猖獗，与有关单位保护公民个人信息工作存在疏漏有一定关联，相关管理机制有进一步完善的空间。这一问题在互联网时代更为突出。为了促进网络运营者采取切实有效的措施加强对公民个人信息的保护，网络安全法明确了网络信息安全的责任主体，确立了“谁收集，谁负责”的原则，将收集和使用个人信息的网络运营者，设定为个人信息保护的责任主体。其中，第四十条明确规定：“网络运营者应当对其收集的用户信息严格保密，并建立健全用户信息保护制度。”与之相衔接，刑法修正案（九）设立了拒不履行信息网络安全管理义务罪，规定网络服务提供者不履行法律、行政法规规定的信息网络安全管理义务，经监管部门责令采取改正措施而拒不改正，致使用户信息泄露，造成严重后果的，处三年以下有期徒刑、拘役或者管制，并处或者单处罚金。因此，对于网络服务提供者未切实落实个人信息保护措施，符合刑法第二百八十六条之一规定的，可能构成拒不履行信息网络安全管理义务罪。据此，《解释》第九条规定：“网络服务提供者拒不履行法律、行政法规规定的信息网络安全管理义务，经监管部门

责令采取改正措施而拒不改正,致使用户的公民个人信息泄露,造成严重后果的,应当依照刑法第二百八十六条之一的规定,以拒不履行信息网络安全管理义务罪定罪处罚。"

(九)涉案公民个人信息的数量计算规则

针对公民个人信息数量"计算难"的实际问题,《解释》第十一条专门规定了数量计算规则。具体而言:

1.公民个人信息的条数计算。关于公民个人信息的条数计算,如同一条信息中涉及多个个人信息的,如家庭住址、银行卡信息、电话号码,实践中往往认定为一条公民个人信息。对此问题,实践中并无太大争议,故未作专门规定。对于实践中存在的针对同一对象非法获取公民信息后又出售或者提供的情形,则明显不宜先计算非法获取的公民个人信息数量,再计算出售或者提供的公民个人信息数量,故《解释》第十一条第一款规定:"非法获取公民个人信息后又出售或者提供的,公民个人信息的条数不重复计算。"此外,考虑到公民个人信息可能被重复出售或者提供,其社会危害性明显不同于向他人出售或者提供一次的情形,故而,《解释》第十一条第二款规定:"向不同单位或者个人分别出售、提供同一公民个人信息的,公民个人信息的条数累计计算。"

2.批量公民个人信息的数量认定规则。从实践来看,除公民个人敏感信息外,涉案的公民个人信息动辄上万条甚至数十万条。此类案件中,不排除少数情况下存在信息重复,如针对同一对象并存"姓名+住址""姓名+电话号码""姓名+身份证号"等数条信息,但要求做到完全去重较为困难。此外,对于信息的真实性也难以一一核实。个别案件中,要求办案机关电话联系权利人核实公民个人信息的做法,明显不合适。基于此,《解释》第十一条第三款规定:"对批量公民个人信息的条数,根据查获的数量直接认定,但是有证据证明信息不真实或者重复的除外。"

(十)侵犯公民个人信息犯罪的罚金刑适用规则

侵犯公民个人信息犯罪具有明显的牟利性,行为人实施该类犯罪主要是为了牟取非法利益。因此,有必要加大财产刑的适用力度,让行为人在经济上得不偿失,进而剥夺其再次实施此类犯罪的经济能力。基于此,《解释》

第十二条规定:“对于侵犯公民个人信息犯罪,应当综合考虑犯罪的危害程度、犯罪的违法所得数额以及被告人的前科情况、认罪悔罪态度等,依法判处罚金。罚金数额一般在违法所得的一倍以上五倍以下。”

最高人民法院
公　告

《最高人民法院关于人民法院庭审录音录像的若干规定》已于2017年1月25日由最高人民法院审判委员会第1708次会议通过，现予公布，自2017年3月1日起施行。

最高人民法院

2017年2月22日

最高人民法院
关于人民法院庭审录音录像的若干规定

法释〔2017〕5号

为保障诉讼参与人诉讼权利，规范庭审活动，提高庭审效率，深化司法公开，促进司法公正，根据《中华人民共和国刑事诉讼法》《中华人民共和国民事诉讼法》《中华人民共和国行政诉讼法》等法律规定，结合审判工作实际，制定本规定。

第一条　人民法院开庭审判案件，应当对庭审活动进行全程录音录像。

第二条　人民法院应当在法庭内配备固定或者移动的录音录像设备。

有条件的人民法院可以在法庭安装使用智能语音识别同步转换文字系统。

第三条　庭审录音录像应当自宣布开庭时开始，至闭庭时结束。除下列情形外，庭审录音录像不得人为中断：

（一）休庭；

（二）公开庭审中的不公开举证、质证活动；

（三）不宜录制的调解活动。

负责录音录像的人员应当对录音录像的起止时间、有无中断等情况进行记录并附卷。

第四条 人民法院应当采取叠加同步录制时间或者其他措施保证庭审录音录像的真实和完整。

因设备故障或技术原因导致录音录像不真实、不完整的，负责录音录像的人员应当作出书面说明，经审判长或独任审判员审核签字后附卷。

第五条 人民法院应当使用专门设备在线或离线存储、备份庭审录音录像。因设备故障等原因导致不符合技术标准的录音录像，应当一并存储。

庭审录音录像的归档，按照人民法院电子诉讼档案管理规定执行。

第六条 人民法院通过使用智能语音识别系统同步转换生成的庭审文字记录，经审判人员、书记员、诉讼参与人核对签字后，作为法庭笔录管理和使用。

第七条 诉讼参与人对法庭笔录有异议并申请补正的，书记员可以播放庭审录音录像进行核对、补正；不予补正的，应当将申请记录在案。

第八条 适用简易程序审理民事案件的庭审录音录像，经当事人同意的，可以替代法庭笔录。

第九条 人民法院应当将替代法庭笔录的庭审录音录像同步保存在服务器或者刻录成光盘，并由当事人和其他诉讼参与人对其完整性校验值签字或者采取其他方法进行确认。

第十条 人民法院应当通过审判流程信息公开平台、诉讼服务平台以及其他便民诉讼服务平台，为当事人、辩护律师、诉讼代理人等依法查阅庭审录音录像提供便利。

对提供查阅的录音录像，人民法院应当设置必要的安全防范措施。

第十一条 当事人、辩护律师、诉讼代理人等可以依照规定复制录音或者誊录庭审录音录像，必要时人民法院应当配备相应设施。

第十二条 人民法院可以播放依法公开审理案件的庭审录音录像。

第十三条 诉讼参与人、旁听人员违反法庭纪律或者有关法律规定,危害法庭安全、扰乱法庭秩序的,人民法院可以通过庭审录音录像进行调查核实,并将其作为追究法律责任的证据。

第十四条 人民检察院、诉讼参与人认为庭审活动不规范或者违反法律规定的,人民法院应当结合庭审录音录像进行调查核实。

第十五条 未经人民法院许可,任何人不得对庭审活动进行录音录像,不得对庭审录音录像进行拍录、复制、删除和迁移。

行为人实施前款行为的,依照规定追究其相应责任。

第十六条 涉及国家秘密、商业秘密、个人隐私等庭审活动的录制,以及对庭审录音录像的存储、查阅、复制、誊录等,应当符合保密管理等相关规定。

第十七条 庭审录音录像涉及的相关技术保障、技术标准和技术规范,由最高人民法院另行制定。

第十八条 人民法院从事其他审判活动或者进行执行、听证、接访等活动需要进行录音录像的,参照本规定执行。

第十九条 本规定自2017年3月1日起施行。最高人民法院此前发布的司法解释及规范性文件与本规定不一致的,以本规定为准。

最高人民法院
关于加强各级人民法院院庭长办理案件工作的意见(试行)

法发〔2017〕10号

为全面贯彻落实司法责任制,优化审判资源配置,充分发挥各级人民法院院庭长对审判工作的示范、引领和指导作用,根据《中央政法委关于严格执行法官、检察官遴选标准和程序的通知》《最高人民法院关于完善人民法院司法责任制的若干意见》等有关规定,结合审判工作实际,就加强院庭长办理案件工作提出如下意见:

一、各级人民法院院庭长入额后应当办理案件,包括独任审理案件、参加合议庭作为承办法官审理案件、参加合议庭担任审判长或作为合议庭成员参与审理案件,禁止入额后不办案、委托办案、挂名办案,不得以听取汇报、书面审查、审批案件等方式代替办案。

二、各级人民法院院庭长应当根据分管的审判工作,结合专业背景和个人专长办理案件,重点审理重大、疑难、复杂、新类型和在法律适用方面具有普遍指导意义的案件。

三、各级人民法院院庭长应当作为承办法官办理一定数量的案件。主持或参加专业法官会议、审判委员会、协调督办重大敏感案件、接待来访、指挥执行等事务应当计入工作量,纳入岗位绩效考核,但不能以此充抵办案数量。

四、基层、中级人民法院的庭长每年办案量应当达到本部门法官平均办案量的50%—70%。

基层人民法院院长办案量应当达到本院法官平均办案量的5%—10%,

其他入额院领导应当达到本院法官平均办案量的30%—40%。

中级人民法院院长办案量应当达到本院法官平均办案量的5%,其他入额院领导应当达到本院法官平均办案量的20%—30%。

基层、中级人民法院可以根据本院的收结案情况,结合完成审判工作任务的需要,在本意见规定的最低标准基础上,适当提高本院院庭长独立承办和参与审理的案件数量。

高级人民法院和最高人民法院院庭长办案数量的最低标准,分别由高级人民法院和最高人民法院规定。

各级人民法院应当综合考虑法院审级、领导职务、分管领域、所承担的审判管理监督事务和行政事务工作量等因素,综合运用案件权重系数等方法测算平均办案量,合理确定院庭长每年独立承办和参与审理案件的数量要求,并在办公办案系统公开。办案数量的最低标准应当根据审判工作任务、法官员额编制、辅助人员配置变化情况及时调整。

五、各级人民法院应当建立保障院庭长办案的工作机制。实行审判团队改革的基层人民法院,庭长、副庭长应当直接编入审判团队,承担相关案件的审判和监督职责;探索将院长、副院长和其他入额院领导编入相应的审判团队审理案件。

各级人民法院应当结合实际,为院庭长配备必要的法官助理和书记员,让院庭长能够集中精力投入开庭审理、评议案件、撰写文书等办案核心事务。

各级人民法院应当严格执行《关于保护司法人员依法履行法定职责规定》及其实施办法,积极争取地方党委政府支持,进一步精简会议文件,压缩管理流程,确保院庭长有更多时间和精力投入办案工作。

六、院庭长分案应当以指定分案为主。各级人民法院应当健全立案环节的甄别分流机制,推动将重大、疑难、复杂、新类型和在法律适用方面具有普遍意义的案件优先分配给院庭长审理。对于特别重大、疑难、复杂的案件,可以依法由院长、副院长、审判委员会委员组成合议庭审理。

七、各级人民法院院庭长办理案件,应当起到示范、引领和指导作用。鼓励院庭长开示范庭,加大院庭长办案的庭审直播工作力度。院庭长办理案件应当同时注意总结审判工作经验,统一裁判尺度,规范指导审判工作。

八、各级人民法院院庭长办案任务完成情况应当公开接受监督。各高级人民法院审判管理部门负责每年度辖区各法院院庭长办案量的测算核定,逐月通报辖区各级人民法院院长、副院长、审判委员会专职委员、其他入额院领导的办案任务完成情况,包括办案数量、案件类型、审判程序、参与方式、开庭数量、审判质量等。各院审判管理部门负责本院庭长、副庭长办案量的测算核定和定期通报。

上级人民法院应当定期对下级人民法院院庭长办案情况开展督察,对办案不达标的要进行通报,存在委托办案、挂名办案等问题的,一经发现,严肃问责。

九、各级人民法院院庭长办案绩效应当纳入对其工作的考评和监督范围。院庭长年度办案绩效达不到考核标准的,应当退出员额。院庭长因承担重要专项工作、协调督办重大敏感案件等原因,需要酌情核减年度办案任务的,应当报上一级人民法院审批备案。

十、本意见所称院庭长,除特别列明的以外,包括进入法官员额的院长、副院长、审判委员会专职委员、其他入额的院领导、庭长、副庭长和其他有审判职称的审判(执行)业务部门负责人。

十一、本意见由最高人民法院负责解释。

十二、本意见自 2017 年 5 月 1 日起试行。最高人民法院此前发布的规范性文件与本意见不一致的,不再适用。

最高人民法院

2017 年 4 月 10 日

最高人民法院
关于落实司法责任制完善审判监督管理机制的意见（试行）

法发〔2017〕11号

为全面落实司法责任制改革，正确处理充分放权与有效监管的关系，规范人民法院院庭长审判监督管理职责，切实解决不愿放权、不敢监督、不善管理等问题，根据《最高人民法院关于完善人民法院司法责任制的若干意见》等规定，就完善人民法院审判监督管理机制提出如下意见：

一、各级人民法院在法官员额制改革完成后，必须严格落实司法责任制改革要求，确保"让审理者裁判，由裁判者负责"。除审判委员会讨论决定的案件外，院庭长对其未直接参加审理案件的裁判文书不再进行审核签发，也不得以口头指示、旁听合议、文书送阅等方式变相审批案件。

二、各级人民法院应当逐步完善院庭长审判监督管理权力清单。院庭长审判监督管理职责主要体现为对程序事项的审核批准、对审判工作的综合指导、对裁判标准的督促统一、对审判质效的全程监管和排除案外因素对审判活动的干扰等方面。

院庭长可以根据职责权限，对审判流程运行情况进行查看、操作和监控，分析审判运行态势，提示纠正不当行为，督促案件审理进度，统筹安排整改措施。院庭长行使审判监督管理职责的时间、内容、节点、处理结果等，应当在办公办案平台上全程留痕、永久保存。

三、各级人民法院应当健全随机分案为主、指定分案为辅的案件分配机制。根据审判领域类别和繁简分流安排，随机确定案件承办法官。已组建专业化合议庭或者专业审判团队的，在合议庭或者审判团队内部随机分案。

承办法官一经确定,不得擅自变更。因存在回避情形或者工作调动、身体健康、廉政风险等事由确需调整承办法官的,应当由院庭长按权限审批决定,调整理由及结果应当及时通知当事人并在办公办案平台公示。

有下列情形之一的,可以指定分案:(1)重大、疑难、复杂或者新类型案件,有必要由院庭长承办的;(2)原告或者被告相同、案由相同、同一批次受理的 2 件以上的批量案件或者关联案件;(3)本院提审的案件;(4)院庭长根据个案监督工作需要,提出分案建议的;(5)其他不适宜随机分案的案件。指定分案情况,应当在办公办案平台上全程留痕。

四、依法由合议庭审理的案件,合议庭原则上应当随机产生。因专业化审判需要组建的相对固定的审判团队和合议庭,人员应当定期交流调整,期限一般不应超过两年。

各级人民法院可以根据本院员额法官和案件数量情况,由院庭长按权限指定合议庭中资历较深、庭审驾驭能力较强的法官担任审判长,或者探索实行由承办法官担任审判长。院庭长参加合议庭审判案件的时候,自己担任审判长。

五、对于符合《最高人民法院关于完善人民法院司法责任制的若干意见》第 24 条规定情形之一的案件,院庭长有权要求独任法官或者合议庭报告案件进展和评议结果。院庭长对相关案件审理过程或者评议结果有异议的,不得直接改变合议庭的意见,可以决定将案件提请专业法官会议、审判委员会进行讨论。

独任法官或者合议庭在案件审理过程中,发现符合上述个案监督情形的,应当主动按程序向院庭长报告,并在办公办案平台全程留痕。符合特定类型个案监督情形的案件,原则上应当适用普通程序审理。

六、各级人民法院应当充分发挥专业法官会议、审判委员会总结审判经验、统一裁判标准的作用,在完善类案参考、裁判指引等工作机制基础上,建立类案及关联案件强制检索机制,确保类案裁判标准统一、法律适用统一。

院庭长应当通过特定类型个案监督、参加专业法官会议或者审判委员会、查看案件评查结果、分析改判发回案件、听取辖区法院意见、处理各类信访投诉等方式,及时发现并处理裁判标准、法律适用等方面不统一的问题。

七、各级人民法院应当强化信息平台应用，切实推进电子卷宗同步录入、同步生成、同步归档，并与办公办案平台深度融合，实现对已完成事项的记录跟踪、待完成事项的提示催办、即将到期事项的定时预警、禁止操作事项的及时冻结等自动化监管功能。

八、各级人民法院应当认真落实党风廉政建设主体责任和监督责任，自觉接受权力机关法律监督、人民政协民主监督、检察监督、舆论监督和社会监督，不断提高公正裁判水平。组织人事、纪检监察、审判管理部门与审判业务部门应当加强协调配合，形成内部监督合力，坚持失责必问、问责必严。

九、院庭长收到涉及审判人员的投诉举报或者情况反映的，应当按照规定调查核实。对不实举报应当及时了结澄清，对不如实说明情况或者查证属实的依纪依法处理。所涉案件尚未审结执结的，院庭长可以依法督办，并按程序规定调整承办法官、合议庭组成人员或者审判辅助人员；案件已经审结的，按照诉讼法的相关规定处理。

十、本意见自2017年5月1日起试行。

最高人民法院

2017年4月12日

最高人民法院
关于在同一案件多个裁判文书上规范使用案号有关事项的通知

法〔2016〕27 号

各省、自治区、直辖市高级人民法院，解放军军事法院，新疆维吾尔自治区高级人民法院生产建设兵团分院：

为规范案号在同一案件多个裁判文书上的使用，便于区分、识别，以满足审判执行工作实际需要，现就有关事项通知如下：

一、同一案件的案号具有唯一性，各级法院应规范案号在案件裁判文书上的使用。对同一案件出现的多个同类裁判文书，首份裁判文书直接使用案号，第二份开始可在案号后缀“之一”“之二”……，以示区别。

二、在同一案件的多个不同类型裁判文书之间，无需通过上述案号后缀方法进行区分。

三、同一案件不同类型的裁判文书均出现两个以上时，每一类型裁判文书从其第二份开始均可采用上述案号后缀方法加以区分。

四、上述所称裁判文书的类型包括判决书、裁定书、调解书、决定书以及通知书等。

最高人民法院

2016 年 2 月 1 日

附件：同一案件多个裁判文书案号后缀示例

附件：

同一案件多个裁判文书案号后缀示例

一、对同一案件出现的多个同类裁判文书，首份裁判文书直接使用案号，第二份开始可在案号后缀“之一”“之二”……，以示区别。

1. 某法院执行案件第一份裁定：

××××××中级人民法院

执行裁定书

（201×）×01执8号

2. 某法院执行案件第二份裁定：

××××××中级人民法院

执行裁定书

（201×）×01执8号之一

3. 某法院执行案件第三份裁定：

××××××中级人民法院

执行裁定书

（201×）×01执8号之二

二、在同一案件的多个不同类型裁判文书之间，无需通过上述案号后缀方法进行区分。

1. 某法院一审案件管辖权异议裁定：

××××××中级人民法院

民事裁定书

（201×）×01民初9号

2. 某法院一审案件判决：

××××××中级人民法院

民事判决书

（201×）×01 民初9号

三、同一案件不同类型的裁判文书均出现两个以上时，每一类型裁判文书从其第二份开始均可采用上述案号后缀方法加以区分。

1. 某法院一审案件管辖权异议裁定：

××××××中级人民法院

民事裁定书

（201×）×01 民初10号

2. 某法院一审案件先予执行裁定：

××××××中级人民法院

民事裁定书

（201×）×01 民初10号之一

3. 某法院一审案件中间判决：

××××××中级人民法院

民事判决书

（201×）×01 民初10号

4. 某法院一审案件最终判决：

××××××中级人民法院

民事判决书

（201×）×01 民初10号之一

最高人民法院
关于发布第16批指导性案例的通知(节选)

法〔2017〕53号

各省、自治区、直辖市高级人民法院,解放军军事法院,新疆维吾尔自治区高级人民法院生产建设兵团分院:

经最高人民法院审判委员会讨论决定,现将北京奇虎科技有限公司诉腾讯科技(深圳)有限公司、深圳市腾讯计算机系统有限公司滥用市场支配地位纠纷案等十个案例(指导案例78—87号)作为第16批指导性案例发布,供在审判类似案件时参照。

最高人民法院

2017年3月6日

(指导案例78—86号略)

指导案例87号
郭明升、郭明锋、孙淑标假冒注册商标案

(最高人民法院审判委员会讨论通过　2017年3月6日发布)

关键词　刑事　假冒注册商标罪　非法经营数额　网络销售　刷信誉

裁判要点

假冒注册商标犯罪的非法经营数额、违法所得数额，应当综合被告人供述、证人证言、被害人陈述、网络销售电子数据、被告人银行账户往来记录、送货单、快递公司电脑系统记录、被告人等所作记账等证据认定。被告人辩解称网络销售记录存在刷信誉的不真实交易，但无证据证实的，对其辩解不予采纳。

相关法条

《中华人民共和国刑法》第二百一十三条

基本案情

公诉机关指控：2013 年 11 月底至 2014 年 6 月，被告人郭明升为谋取非法利益，伙同被告人孙淑标、郭明锋在未经三星（中国）投资有限公司授权许可的情况下，从他人处批发假冒三星手机裸机及配件进行组装，利用其在淘宝网上开设的“三星数码专柜”网店进行“正品行货”宣传，并以明显低于市场价格公开对外销售，共计销售假冒的三星手机 20 000 余部，销售金额 2 000余万元，非法获利 200 余万元，应当以假冒注册商标罪追究其刑事责任。被告人郭明升在共同犯罪中起主要作用，系主犯。被告人郭明锋、孙淑标在共同犯罪中起辅助作用，系从犯，应当从轻处罚。

被告人郭明升、孙淑标、郭明锋及其辩护人对其未经“SAMSUNG”商标注册人授权许可，组装假冒的三星手机，并通过淘宝网店进行销售的犯罪事实无异议，但对非法经营额、非法获利提出异议，辩解称其淘宝网店存在请人刷信誉的行为，真实交易量只有 10 000 多部。

法院经审理查明：“SAMSUNG”是三星电子株式会社在中国注册的商标，该商标有效期至 2021 年 7 月 27 日；三星（中国）投资有限公司是三星电子株式会社在中国投资设立，并经三星电子株式会社特别授权负责三星电子株式会社名下商标、专利、著作权等知识产权管理和法律事务的公司。2013 年 11 月，被告人郭明升通过网络中介购买店主为“汪亮”、账号为

play2011－1985的淘宝店铺，并改名为“三星数码专柜”，在未经三星（中国）投资公司授权许可的情况下，从深圳市华强北远望数码城、深圳福田区通天地手机市场批发假冒的三星I8552手机裸机及配件进行组装，并通过“三星数码专柜”在淘宝网上以“正品行货”进行宣传、销售。被告人郭明锋负责该网店的客服工作及客服人员的管理，被告人孙淑标负责假冒的三星I8552手机裸机及配件的进货、包装及联系快递公司发货。至2014年6月，该网店共计组装、销售假冒三星I8552手机20 000余部，非法经营额2 000余万元，非法获利200余万元。

裁判结果

江苏省宿迁市中级人民法院于2015年9月8日作出（2015）宿中知刑初字第0004号刑事判决，以被告人郭明升犯假冒注册商标罪，判处有期徒刑五年，并处罚金人民币160万元；被告人孙淑标犯假冒注册商标罪，判处有期徒刑三年，缓刑五年，并处罚金人民币20万元。被告人郭明锋犯假冒注册商标罪，判处有期徒刑三年，缓刑四年，并处罚金人民币20万元。宣判后，三被告人均没有提出上诉，该判决已经生效。

裁判理由

法院生效裁判认为，被告人郭明升、郭明锋、孙淑标在未经“SΛMSUNG”商标注册人授权许可的情况下，购进假冒“SΛMSUNG”注册商标的手机机头及配件，组装假冒“SΛMSUNG”注册商标的手机，并通过网店对外以“正品行货”销售，属于未经注册商标所有人许可在同一种商品上使用与其相同的商标的行为，非法经营数额达2 000余万元，非法获利200余万元，属情节特别严重，其行为构成假冒注册商标罪。被告人郭明升、郭明锋、孙淑标虽然辩解称其网店售销记录存在刷信誉的情况，对公诉机关指控的非法经营数额、非法获利提出异议，但三被告人在公安机关的多次供述，以及公安机关查获的送货单、支付宝向被告人郭明锋银行账户付款记录、郭明锋银行账户对外付款记录、“三星数码专柜”淘宝记录、快递公司电脑系统记录、公安机关现场扣押的笔记等证据之间能够互相印证，综合公诉机关提供的证据，可以认定公诉机关关于三被告人共计销售假冒的三星I8552手机20 000余部，销售金额2 000余万元，非法获利200余万元的指控能够成立，三被告人关于销售记录存在刷信誉行为的辩解无证据予以证实，不予采信。被告人郭明升、郭明锋、孙淑标，系共同犯罪，被告人郭明升起主要作用，是主犯；被告人郭明锋、孙淑标在共同犯罪中起辅助作用，是从犯，依法可以从轻处罚。故依法作出上述判决。

（生效裁判审判人员：程黎明、朱庚、白金）

打击违法行为　维护金融秩序

——关于银行卡犯罪案件办理情况的调研报告

广东省中山市中级人民法院课题组*

美国于1915年发行了全球第一张银行卡，我国第一张银行卡于1985年6月在中国银行珠海分行发行。据统计，截至2015年第二季度，全国银行卡发卡数量已达50.32亿张，同比增长10.85%，其中，借记卡在用发卡数量45.99亿张，同比增长11.69%，信用卡和借贷合一卡在用发卡数量4.33亿张，同比增长2.67%，银行卡消费业务高达69.42亿笔，消费金额达14.11万亿元。在银行卡经济日趋活跃的同时，随之而来的银行卡犯罪也呈现出高发、多发态势，成为当前金融犯罪中的突出问题，不仅扰乱了社会正常的金融管理秩序，还侵害了银行消费信贷资金与持卡人个人财产安全，具有相当的社会危害性。为妥善审理银行卡犯罪案件，充分发挥刑事审判职能作用，维护正常的金融管理秩序，广东省中山市中级人民法院就此类问题展开专题调研，分析其特点、审理难点，并就相关问题提出建议意见。

一、银行卡犯罪案件的主要特点

根据中国人民银行于1999年1月5日颁布的《银行卡业务管理办法》第二条的规定，银行卡是指由商业银行（含邮政金融机构）向社会发行的具有消费信用、转账结算、存取现金等全部或部分功能的信用支付工具。银行

---

* 课题组成员：李世寅、姜新林。

卡主要包括借记卡和信用卡、准贷记卡三类。根据2004年12月29日全国人大常委会通过的《关于〈中华人民共和国刑法〉有关信用卡规定的解释》，所谓信用卡是指由商业银行或者其他金融机构发行的具有消费支付、信用贷款、转账结算、存取现金等全部功能或者部分功能的电子支付卡。由此可见，在刑法领域，信用卡与银行卡是同义语，且刑事司法实践中，涉及银行卡的犯罪案件绝大多数都是信用卡犯罪。一般来说，信用卡诈骗犯罪，是指以使用伪造的信用卡、使用作废的信用卡、冒用他人信用卡、恶意透支等形式，进行诈骗活动触犯刑法的行为。

（一）信用卡犯罪案件基本情况

1. 案件数额及类型。2013年至2015年，中山市两级法院共受理信用卡犯罪案件286件，涉及金额3.83亿元。其中，2013年受理该类案件36件，涉及金额903 755元；2014年受理58件，涉及金额6 421 208元；2015年受理192件，涉及金额375 870 183元。其中，10万元以下案件为195件，10万元至100万元的案件为74件，100万元以上的案件为17件，最大涉案金额为1 145 545元，最小涉案金额为14 833元。呈现出案件数量逐年递增，涉案金额越来越大的特点（见图一）。

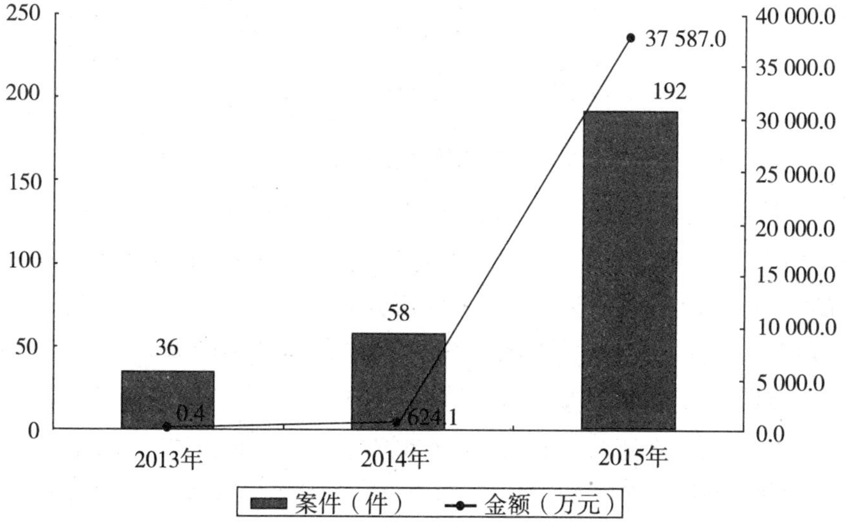

图一　信用卡犯罪案件数额

案件类型以恶意透支型信用卡诈骗罪为主,3年受理该类案件241件,占84.26%;其中2013年受理35件,2014年受理47件,2015年受理159件。伪造、变造金融票证(仅含信用卡)罪2件,占0.7%;其中2013年0件,2014年1件,2015年1件。妨害信用卡管理罪25件,占8.7%;其中2013年1件,2014年8件,2015年16件。窃取、收买、非法提供信用卡信息罪0件。非法经营(仅含信用卡套现)罪18件,占6.3%,其中2013年0件,2014年2件,2015年16件。

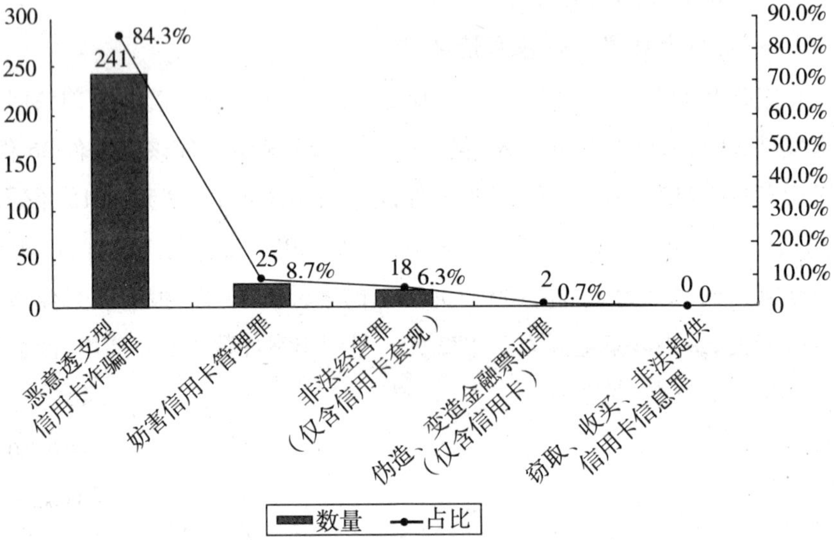

图二　案件类型及占比

2.被告人基本情况。该类犯罪被告人呈现出外省籍被告人比例高、男性比例高、中青年比例高、低学历的特点。具体表现为:主要籍贯地在中山市的为81人,在外省的为216人。学历方面:大专以上学历的为33人,小学、初中学历的为264人。年龄方面:16周岁到18周岁的为4人,18周岁到25周岁的为41人,25周岁到60周岁的为250人,60周岁以上的为2人。

3.案件审结情况。该类案件轻刑率较高。2013年至2015年,中山市两级法院共审结该类案件297件(含2012年旧存案),大部分案件被告人被判处三年以下有期徒刑,其中缓刑与免予刑事处罚的比例较高,判处缓刑的100件,免予刑事处罚的31件。免予刑事处罚的理由主要有:归案后如实供述自己的罪行且犯罪情节较轻,有自首情节且犯罪情节较轻,无犯罪前科。

4. 涉及银行情况。信用卡犯罪案件涉及全市18家银行。其中,位居前三名的有国有大型商业银行2家,股份制商业银行1家,涉及案件数均在50件以上,最高的为97件。

5. 被告人自首率低、坦白率高。在2015年由检察机关提起公诉的159件信用卡诈骗案件中,认定具有坦白情节的有135件140人,分别占89.7%和88.6%。而认定具有自首情节的仅有11件11人,分别占6.9%和6.8%。

6. 案发后被告人还款率较高。以2015年中山市两级法院已审结123件信用卡案件为例分析,被告人在归案后偿还或部分偿还被害人或被害单位款项的为85宗86人,分别占69.1%和69.9%。在判处免予刑事处罚的14件案件中,被告人全部偿还了相关款项。司法实践中,是否偿还被诈骗款项是执法部门对被告人采取强制措施和从轻处罚的重要依据。被抓获归案的被告人为自身利益考虑,往往会在案发后积极偿还财物,争取宽大处理。

(二)团伙作案增多,分工明确

在伪造、冒用他人银行卡类的信用卡诈骗犯罪及妨害信用卡管理犯罪中,犯罪分子往往组成团伙,内部分工明确、配合密切,采取多层结构、单线联系、自创暗语、互称代号等手法,最大限度地屏蔽自身身份信息,阻隔被抓获风险。专业分工明确,在窃取卡号密码、提供空白卡、伪造银行卡、持卡变现、联系销赃等环节均有专人负责,一些大型诈骗链条上甚至有多达15个不同工种。一些案件中的犯罪团伙内还不乏银行、特约商户的工作人员,呈现内外勾结态势,这种制、售、用、销各环节分离的新特点导致难以将其整个团伙一网打尽,社会危害性大。

(三)犯罪手段多样化、科技化、智能化、国际化

克隆银行卡犯罪的手段主要包括:一是在商户POS机、银行自助柜员机等自助设备的键盘、插卡口安装微型盗码摄像头、设置假操作面板等盗取银行卡信息及密码的设备;二是商户在经营过程中故意向他人泄露储户的银行卡信息或与犯罪分子串通盗取银行卡信息;三是向他人高价购买银行卡卡片,通过复制或修改卡片信息伪造银行卡并持卡消费;四是使用木马病毒,在储户不慎进入流氓网站或非法网站浏览或进行操作时,窃取其登录户

名、密码以及绑定手机号码,由犯罪分子直接登入储户网上银行账户进行转账或消费操作,或者误导储户与第三方支付签订免密码支付协议等自行将储户款项转出。电子商务发展及金融业务网络化,为克隆银行卡犯罪跨区,甚至跨国流窜作案提供便利。犯罪分子往往跨地域甚至跨境进行突击性、连续性、流窜性作案,给侦查机关调查取证带来极大难度。例如,一些涉外银行卡诈骗案件犯罪分子将窃录银行卡信息的环节放在欧美、中东等地区,把制作伪卡的环节放在广东省内的广州、深圳等地,把盗刷的环节又放在港澳地区,增加了侦查难度。

(四)部分不法"特约商户"为银行卡诈骗犯罪提供便利

按照相关规定,"特约商户"必须按持卡人实际的消费额结账开票,不得向持卡人支付现金,但有些不法商户为了牟取蝇头小利,为个人、单位提供信用卡套取现金的渠道,帮助持卡人通过假消费等诈骗方式套取银行资金。例如,中山市警方查获的横栏某酒行两台POS机在2013年至今有超过1 000万元的流水记录,其中银行卡划账金额超400万元。中山市小榄镇某美容院老板陈某为贪图小利,利用POS机协助他人非法套现,一次套现金额30 000元或以下的收取50元手续费,超过30 000元的收取100元,在一年多时间内,陈某利用POS机非法套现200余万元。有的POS机盗刷金额甚至高达8 900万元。

(五)网络新型银行卡犯罪呈现活跃状态

随着网上银行、互联网支付平台的发展,大众的消费习惯已逐步由现金转变为各类电子支付卡及网络平台支付。央行数据显示,2015年第三季度,非银行机构处理网络支付业务213.08亿笔,金额12.8万亿元,同比分别增长122.72%和102.21%。据互联网支付市场占有率近一半的支付宝统计显示,2015年支付宝移动支付笔数占整体比例高达65%,同比增长了15.8%。[①] 犯罪分子利用这一发展趋势,主要借助网络平台、第三方支付平台进行银行卡诈骗犯罪活动越发频繁。如网络理财兴起后,出现了利用"支付宝"等网络支付手段虚假购物套取现金的新手段。中山市出现犯罪分子

① 黄倩蔚:《红包鏖战升级互联网巨头竞相撒钱》,载《南方日报》2016年1月27日,第A19版。

通过木马病毒，盗取被害人银行卡信息，通过网上银行融资平台操作，购买理财产品或贵金属，后又通过电话操控手法，骗取被害人动态密码，达到从第三方支付平台将被害人钱财转移到被告人账户的新型手法。

二、银行卡犯罪多发的主要原因

(一)信用卡业务监管机制不完善

银行信用卡申领手续过于简单，对申办人的资信状况审查不严。银行发卡时一般是依赖申办人自报信息进行审核，有的银行只要申请人提出申请，提供必要的身份证复印件并填写申请表后，通过电话核实，就核发了具有透支功能的信用卡。领卡准入门槛较低，导致大量没有良好经济来源和信誉的开卡人很轻松地获得信用卡。银行超额透支权限过度放开、缺乏持卡数量规定等原因方便了恶意透支。根据调研发现，信用卡诈骗案件中，同一被告人持有两张以上不同银行信用卡的案件为 42 件，占所办案件的 53%，甚至出现一人拥有几十张信用卡现象。

(二)目前通用的磁条式银行卡存在诸多安全隐患

目前，大多数银行仍然使用磁条式银行卡，磁条卡是将银行卡有关信息录入卡片背面专用磁条内的银行卡。其磁条实际是一种原始的、被动的物理存储介质，没有技术手段能对其进行信息加密，存储数据极易被读卡装置读取，而银行终端系统只能识别银行卡记载信息的“对”或“错”，无法识别银行卡本身的真伪性。随着信息技术的发展及犯罪手段的智能化，磁条式银行卡上述缺点导致银行卡极易被复制，为银行卡犯罪提供了便利。

(三)持卡人风险防范及法制意识淡薄

在大部分银行卡犯罪案件中，被害人防范意识淡薄是促使犯罪分子轻易得手的重要原因。例如，被害人在 ATM 机上取款后忘取回银行卡，被后续人员趁机取走钱款的情况时有发生；被害人在 ATM 机上取款时被排在其后的犯罪分子设法分散注意力后趁机更换银行卡的现象也较为常见。在恶意透支型信用卡诈骗犯罪中，一些被告人对恶意透支的法律后果认识不足，甚至认为这种透支行为只是一种民事借贷关系，不构成犯罪。

（四）公民个人信息泄露严重

根据调研，银行卡诈骗犯罪，犯罪分子容易得手的重要原因是掌握了公民大量的个人信息，有的信息种类甚至十分详细。例如，被警方破获的李荣庆案中，李庆荣先后非法购买公民个人信息168 930条及他人信用卡数据库内存有数量巨大的个人信息，可以按照省区市、地区、性别、职业、年龄等不同的检索条件进行查询。公民个人信息泄露严重，是导致银行卡犯罪增加的重要原因之一。

三、银行卡犯罪案件的侦查及审理困境

（一）银行卡犯罪查处难

银行卡犯罪的手段智能性、隐蔽性强，被告人往往跨地流窜作案，流动性大。一经得手，便立即由多名被告人分头取款，案件查处难度大。如果消费行为发生在境外，侦查取证难度则更大。例如，2013年10月24日，事主林某报案称其卡内存款被网络ATM机取走，后经查询发现是在印度尼西亚网络ATM机取走款项。国内还有犯罪分子借助俄罗斯搭建的话务网络平台取走被害人款项的案例发生。

（二）部分证据收集存在困难

由于银行卡诈骗犯罪中银行卡转账次数多，涉及调取银行单据多，从中进行筛选较为困难。被害人人数多的案件，由于分布区域广，证明犯罪金额的证据查找难。一些案件中，犯罪嫌疑人内部设置多重层级，对上线人员采取信息保护、过滤，使上线人员难以查获。相关电子证据如Scheduling Agent（木马）、Team Viewer 8（远程控制）软件、CDR（通话记录）在审查上存在难度。如对电子作案工具——涉案光盘数据使用的IP段，是否属同一个计算机或工作站使用，即相同的被告人使用的证据审查认定问题较为困难。另外，案件证据链条存在瑕疵，退查率、退回补充侦查率较高，如2015年某市检察机关已办结的123件信用卡诈骗案件中，退查案件为80件，比率约为65%。

（三）违法成本低，威慑力不大

目前，银行卡诈骗犯罪被全链条摧毁的案例所占比例不高。被查获的

被告人多为取款人等最底层人员，虽然能定罪，但因为取证难，查证金额不大，大多数被告人均被判处三年以下有期徒刑，甚至缓刑。甚至有被告人认为，用两三年的自由换上几十万元的“收入”，完全“划得来”。

（四）法律及司法解释相对滞后

目前，我国银行卡立法工作相对滞后，相关行业规定仅有中国人民银行于1999年1月5日印发的《银行卡业务管理办法》，该办法起草时间早、内容较简单、效力层级低。最高人民法院、最高人民检察院联合出台的《关于办理妨害信用卡管理刑事案件具体应用法律若干问题的解释》虽然对涉及信用卡刑事犯罪方面作出了较为详细规定，但对互联网金融及第三方支付平台、公民个人信息保护等方面仍缺乏明确规范。此外，对银行卡诈骗犯罪未遂问题、减轻处罚及免予处罚的适用问题也亟须进行统一，以使裁判结果做到法律效果与社会效果相统一。

四、银行卡犯罪的预防与惩治

为预防银行卡犯罪进一步扩大蔓延，应该从完善法律、信用建设多方面入手，政府、银行、法院等共同努力，采取以下措施予以解决：

一是修改法律及司法解释。根据形势发展需要，应当适度拓展银行卡诈骗犯罪的调整范围，建立综合性的涵盖银行卡交易各个环节的法律制度。如美国对于信用卡管理方面有《公平信用报告法》《公平债务催收作业法》《平等信贷机会法》《公开信用和贷记卡公开法》等18项法律，涵盖信用卡交易各个环节。可考虑将出售、购买信用卡行为纳入出售、购买伪造信用卡行为，按照刑法以妨害信用卡管理罪处罚。完善对出售公民信息犯罪的规定条款，让犯罪嫌疑人无法轻易使用他人身份证办理银行卡。出台对互联网金融方面第三方支付平台的管控措施，防止随意进行网络转款，尤其是大金额转款行为。建议立法部门出台互联网金融第三方支付平台管理规定，加强监管。借鉴国外立法，完善银行卡诈骗犯罪的法律规定，例如，在防范银行卡欺诈方面，国外主要是通过规制“非授权交易”而实现的。美国《电子资金转移法》将“非授权交易”定义为“一个未经实际授权的持卡人以外的人，在持卡人账户实施电子化资金转移，而持卡人在本次资金转移中未获得利益”。美国《诚信贷款法》规定持卡人对未经授权的消费最多承担50美元的责任,《电子资金转移法》规定ATM卡(后扩展为所有的借记卡)持卡人的责任上限。我国有必要借鉴“他山之石”,出台有关伪卡欺诈的损失分担机制的法律规定或司法解释,并限定合理限额,保护持卡人的合法权益及财产安全。

二是完善银行卡内部监管体系。银行应进一步规范信用卡发放及资信审核,严把申请准入关,提高发卡门槛。例如,加强对申办人身份的真实性审查,实行实名申办,并对其工作单位、收入情况、资产状况进行核实,同时要求其提供合法的保证人。经审查同意发卡的,应通知申办人本人领卡,不准任何人为他人代领主卡。领卡时还要认真查验申办人本人身份证件,必要时,要通知申办人和保证人一同前来领卡,当面签订领卡保证协议。各发卡柜台要配备经公安部门核准的身份证鉴定仪,以查验申办人、保证人身份证的合法性、真实性,排除欺诈性申请,防范风险。在申请办理银行卡时应着重提醒储户开通短信通知功能,确保其第一时间知晓账户资金变动情况。简化电话服务语音提示内容,尤其是银行卡挂失语音提示,确保在银行卡被盗或遗失后储户能及时办理挂失手续,避免不法分子利用此时机盗取资金。建立完善“专业开卡人”黑名单制度,发现有异常办卡、用卡情况,应立即向公安部门报告。加大对特约商户的准入审核与日常管理,严格特约商户准入条件,规范POS机日常管理,杜绝恶意串通提取现金的情况。

三是对现有银行卡及时更新升级。克隆卡盗取资金能成功的主要原因是自助设备自身存在无法识别克隆卡、伪卡等瑕疵,因此银行应提高银行卡的防伪技术,以及自助设备对克隆卡的外观识别能力,有效防止克隆卡在其他银行的盗取、盗刷。鉴于目前通用的磁条式银行卡已远不能满足防范银行卡业务风险的需要,推行芯片卡已成为提升银行卡安全等级、有效预防和减少银行卡犯罪的关键所在。例如,中国人民银行已经发文,从2015年1月1日起,不再发行磁条银行卡。完善POS机刷卡系统监管,健全第三方交易支付平台机制和管控措施,降低信用卡被克隆套现的风险发生。加强设备监管及建立自助设备巡查预警机制。银行应对其在各营业网点设立的自助取款机等设备进行日常维护检查,检查自助设备上有无安装读卡器、微型摄像机、夹卡器等装置,确保储户交易安全。银行应妥善保管近期(3个月内)银行卡自助设备交易环节的音像资料,在储户发现账户资金异常变动或司法机关提出协助请求时提供。

四是联合建立社会征信体系。建立银行和银行之间,以及银行和工商、税务、司法、海关、质检、电信等多部门之间的社会征信体系网络,以提高各部门的信息开放程度。完善用卡人资信数据系统。将银行卡业务、房贷业务和其他个人消费贷款业务中收集到的个人信用信息进行分析判断,建立相关数据库,利用大数据分析系统,不断补充完善,最终实现相关金融机构间信息的共享,完善资信评估。建立银行卡身份信息共享平台,使用技术手段,对发现疑似克隆银行卡犯罪线索要及时预警,以有效减少克隆银行卡犯罪行为的发生。加快个人信用状况报告网络数据的更新速度,避免银行因为相关数据的滞后而无法及时制止恶意透支行为。建立信用考察和逐步升级制度,根据申请人的资信程度决定是否授信以及授信的额度,并根据持卡人的信用记录决定是否继续授信以及逐步提高授信的额度。

五是加强宣传教育,普及法律、银行卡相关知识。充分发挥报纸、广播、电视等传统媒体与微博、微信、网络等新媒体的法制宣传作用,加大对金融法律法规的宣传,以典型案例剖析等方式向公众宣传安全使用银行卡知识及银行卡犯罪的法律后果,教育持卡人树立正确、理性的消费观念,避免因盲目消费而导致的恶意透支行为;提醒储户在操作银行卡密码时注意防拍、偷窥,以及在商户消费时,注重观察POS机外观是否存在异常,刷卡时银行卡避免离开自己的视线范围,输入密码时注意遮挡;发现资金异常时及时挂失、报警或就近在自助设备上进行操作等,强化其自我保护意识。在法制宣传方面,加强对信息获知程度不高的人群进行重点宣传,教育公民尤其是持卡人做好自身防范工作,提高银行卡片和密码信息的保密意识,银行在拓展业务的同时应向储户普及安全用卡知识。

六是加强执法部门合作,加大对银行卡犯罪打击力度。公安部门应加强对可疑人员和地点的排查,严厉打击伪造信用卡窝点,加强对信用卡冒领犯罪案件的打击力度。在内部协作机制方面,公安经侦部门要在内部加强与网监、情报部门的协作,加强情报信息的收集、整理、存储、分析和研究工作。加强网上巡查,发现有非法买卖银行卡及公民个人信息的行为,及时进行监控,并协同固定证据,形成打击合力。成立反诈骗中心,整合打击合力。例如,中山市针对此类犯罪活动及电信诈骗活动,成立的反诈骗中心,强化警银合作机制,在被害人报案后,第一时间启动涉诈银行账号快速冻结机制,保障被害人资金不被转移,有效地减少损失发生。该中心仅运行15天就紧急冻结挽回个人资金123.8万元,效果良好。在外部协作方面,公安经侦部门要加强与人民银行、银监部门、工商、工信等部门的沟通协作,加强与外省市公安机关以及境外警方的信息交流通报和合作,提高侦破水平。

我们应当如何适用正当防卫制度

沈德咏*

2017 年 3 月 23 日,《南方周末》以“刺死辱母者”为题对“山东于欢案”进行了报道,经过新闻媒体和网络媒体转载,案件引发了社会广泛关注和热烈讨论。日前,该案已经山东省高级人民法院二审公开审理并作出终审判决。作为一个司法案件的处理,已经尘埃落定,无论每个人的看法如何,希望大家能够尊重司法机关依法作出的判决。

该案的审判,无疑是一堂全民共享的法治“公开课”,新闻媒体、专家学者和广大民众参与其中,见仁见智,各抒己见,精彩纷呈。社会各界关注司法机关的个案裁判,关心司法公正,这是法治发展的必然结果,也是法治建设取得明显成效的一种体现。

这场讨论的关注焦点多元,涉及情、理、法的方方面面,事关刑事司法的公平正义与民众的司法认同。但就具体法律适用而言,正当防卫制度显然是其中的核心问题。通过这场讨论可以发现,如何正确适用正当防卫制度,确保司法裁判法律效果和社会效果的有机统一,是摆在当前刑事审判工作面前的一项重要课题。

虽然法治社会对私力报复行为是否定的,但在公权力不能及时而有效地介入的特定时空范围内,面对不法侵害,防卫行为无论在法律上还是道义上都有其正当性。因而,作为一项重要的法律制度,正当防卫在近现代各国的刑法中大多有专门规定。我国亦不例外,1979 年刑法即对正当防卫制度

---

* 最高人民法院常务副院长,一级大法官。

作了专条规定。

然而,司法实践中对这一重要法律制度的适用并不理想,基本情况是,一方面对正当防卫掌握过严,另一方面对防卫过当适用过宽。

“孙明亮案”就是当年影响十分巨大的一个案例。1984年6月25日晚8时许,孙明亮偕同其友蒋小平去看电影,在电影院门口看到郭鹏祥等三人尾追纠缠两名少女,遂上前制止并发生争执。争执中,蒋小平动手打了郭鹏祥一拳。后郭鹏祥等纠集多人拦截孙明亮、蒋小平进行报复,其中郭小平手持砖块与同伙一起助威,郭鹏祥主动进攻,对蒋小平面部猛击一拳。蒋小平挨打后,与孙明亮退到垃圾堆上,郭鹏祥仍继续扑打,孙明亮掏出随身携带的弹簧刀(孙明亮系郊区菜农,因晚上在菜地看菜,在市场上买来此刀防身)将郭鹏祥刺伤致死。

1984年11月,甘肃省平凉地区中级人民法院认定孙明亮在打架斗殴中持刀伤害他人致死,后果严重,以故意伤害罪判处有期徒刑十五年。宣判后,孙明亮未上诉,平凉地区检察院以一审判决定性不准,量刑失轻为由,向甘肃省高级人民法院提出抗诉。后甘肃省人民检察院认为抗诉不当,决定撤回抗诉,一审判决发生法律效力。该案后经甘肃省高级人民法院提审,认定孙明亮的行为属于防卫过当,在法定刑以下减轻处罚,以故意伤害罪改判孙明亮有期徒刑二年,缓刑三年。

如果以1997年修订后的刑法来考量,孙明亮的行为完全符合刑法第二十条第三款关于无过当防卫之规定,将其认定为正当防卫亦无不妥。但是,在当时的法律规定和司法环境之下,甘肃省高级人民法院作出上述裁决已属不易。该案例于1985年经《最高人民法院公报》第2期公开发布,对于准确认定相互斗殴和正当防卫、正当防卫和防卫过当,起到了重要的指引作用。

针对司法实践中存在的问题,1997年刑法修订,对正当防卫制度作出重大修改,主要是进一步严格了防卫过当的成立条件,增加了无过当防卫的规定。修法的基本目的是强化正当防卫权,鼓励民众实施正当防卫,勇于同犯罪行为作斗争。

然而,从此后若干年的司法实践来看,对于正当防卫制度的适用仍趋保守,不敢或者不善于适用正当防卫制度,将本属于正当防卫的行为认定为防卫过当,甚至认定为普通的故意伤害、故意杀人的现象,仍然客观存在。

有学者批评道,刑法第二十条关于正当防卫制度的规定,特别是第三款关于无过当防卫的规定,一定程度上处于"休眠"状态,成为"僵尸"条文,未能发挥其应有的作用。这种批评意见不无根据和道理,值得我们认真反思。产生上述状况的成因十分复杂,既与理念的认识偏差有关,与立法的过于抽象有关,也与司法环境不够理想有关。

在我看来,其中有两点值得特别关注:

一是刑法规定本身较为原则,司法适用标准不够统一。根据刑法规定,通常认为,成立一般正当防卫,应当同时符合起因条件、时间条件、主观条件、对象条件、限度条件五个条件。以上五个条件中,每一个条件之下又涉及诸多具体问题。例如,起因条件所涉及的"不法侵害"的性质和范围如何具体把握;时间条件所涉及的不法侵害"正在进行"如何具体认定;限度条件所涉及的没有"明显超过必要限度"如何具体判断,等等。对这些法律适用上的具体问题,刑法条文未作明确规定,理论上众说纷纭争论不休,实践中认识和把握也不完全一致,如果联系到具体个案,更是常常出现决然相反的观点和重大分歧。顺带提及的是,这种情况并非我国独有,其他国家在具体适用正当防卫制度时也会引发重大争议。例如,1992 年发生在美国的日本十六岁留学生服部刚丈误闯民宅被枪杀案就是例证,该案被认定为正当防卫,但在日本却引发了轩然大波,甚至差点酿成日美两国的外交风波。

二是具体案件裁判面临较大压力,案外因素往往考量过多。正当防卫涉及的重大案件,不法侵害人有的受到重大伤害,有的死亡。"死者为大""死了人就占理",这是客观存在的社会观念。不管死伤者的行为本身是否正当,其家属、亲属往往以此为由向司法机关施加压力,有的甚至形成集体闹访,危及社会稳定。当刑事案件的定性需要在正当防卫、防卫过当、故意伤害甚至故意杀人之间作出选择的时候,严格依照法律认定为正当防卫,并非易事,可能出现的结果是"只要打死人就是故意杀人""只要致人重伤就是故意伤害"。这就使原本在法理上并不复杂的案件,由于顾及方方面面的案外因素,难以严格依法下判,甚至将本属正当防卫的案件认定为防卫过当,对本应认定为无过当防卫宣告无罪的案件作出有罪判决。

令人欣慰的是,日前山东省高级人民法院关于于欢故意伤害案的二审判决,很好地坚持了法律平等和司法中立原则,充分兼顾了对被害人和被告人合法权益的保护,为审判机关依法正确适用正当防卫制度树立了新的标杆和典范。

对于正确理解和适用正当防卫制度,充分发挥该项制度在法治中国、平安中国建设中的价值和功能,我有以下几点思考:

一、准确把握正当防卫制度的立法精神

正当防卫缘起于人类的防卫本能,渊源于私力复仇,而现代意义上的正当防卫制度则起源于西方启蒙运动时期。西方自然法学代表人物、英国启蒙思想家洛克通过例证的方法论证了正当防卫的性质和条件,认为如果有谁盗窃了私有财产,哪怕被盗窃的东西微不足道,依据自然法,也有把小偷置于死地的权利。现代各国普遍规定有正当防卫制度,虽然具体规定的条件不同,但立法旨趣十分相近,均强调正当防卫是天赋人权之一。

据学者介绍,在德国,"一位房屋的所有人可以用刀刺死一名晚上闯入自己住宅的喝醉的男人"。在我国古代刑法上,也有类似正当防卫免责的规定,如《汉律》规定:"无故入人室宅庐舍,上人车船,牵引人欲犯法者,其时格杀之,无罪。"《唐律·贼盗》亦有"诸夜无故入人家者,笞四十。主人登时杀者,勿论"的规定。

对于我国现行刑法规定的正当防卫制度,须根据社会变迁和立法精神作出准确把握。

一是要认识到正当防卫是法律赋予公民的一项权利。作为法律所赋予的权利,任何公民在面对国家、公共利益、本人或者他人的人身、财产和其他权利遭受正在进行的不法侵害时,均有权针对不法侵害实施正当防卫。

二是要认识到正当防卫行为受到法律保护。正当防卫针对的是不法侵害,是"以正对不正",并非一般意义上的"以暴制暴",是正当、合法的行为。"惩罚犯罪,保护人民",是我国刑法明文规定的立法目的。刑法不仅是惩治犯罪的工具,更是保护人民的武器。正当防卫制度的核心要义在于防卫行

为的正当性,因此,正当防卫人实施制止不法侵害的行为,受到刑法的保护,不负刑事责任。

三是要认识到正当防卫是与违法犯罪作斗争的积极手段。正当防卫是公民的权利,并非制止不法侵害的最后手段。换言之,我国刑法并未将正当防卫规定为一种“不得已”的应急措施,并未要求防卫人穷尽一切手段之后才能实施正当防卫。相反,即使防卫人在有条件躲避不法侵害或者求助司法机关的情况下,仍然有权实施正当防卫。

二、有效激活正当防卫制度的适用

实施正当防卫,不仅不具有社会危害,反而对社会有益。

一是有利于及时保障合法权益不受侵犯。法律对不法侵害行为规定了包括刑罚在内的各种处罚措施,但均属事后处罚,侵害事实已经发生,“远水救不了近火”。当国家、公共利益和公民个人合法权益正在遭受不法侵害,公力救济难以及时、有效制止时,可以说,正当防卫是制止不法侵害、保护合法权益的最直接、最有效的手段。

二是有利于有效震慑犯罪分子。法律允许正当防卫对不法侵害人的人身、财产等权益造成一定损害,甚至可以致伤、致死不法侵害人。这对不法侵害人甚至潜在犯罪人无疑是有效的震慑,使其不敢轻举妄动,可以有效减少犯罪的发生。

三是有利于伸张社会正义。鼓励人民群众同违法犯罪作斗争,通过正当防卫及时制止不法侵害,有效维护合法权益,彰显“正义不向非正义低头”的价值取向,是培育和践行社会主义核心价值观,惩恶扬善,伸张正义,推进社会主义精神文明建设的应有之义。

司法裁判不仅是对个案是非曲直的法律评价,也是对社会的规范指引和政策宣示。针对当前存在的见死不救、遇难不助等突出问题,通过司法裁判大力倡导见义勇为、助人为乐等高尚行为,培育和维护公序良俗,是人民法院肩负的重要职责。对于公民通过正当防卫自觉同违法犯罪作斗争的行为,应当坚决予以支持和保护,这也是最高司法机关的一贯立场。

早在1985年6月5日,最高人民法院审判委员会第226次会议在总结

“孙明亮案”审判经验时,就明确提出了这一立场。当下,我们要进一步宣示鼓励正当防卫的正确的价值取向,通过具体案件的审理向社会宣传正当防卫不负刑事责任的刑法规定,绝不能让正当防卫人“出力不讨好”,甚至“流血又流泪”。一些刑事案件的审判之所以引发民众高度关注并发表看法,有的甚至严词谴责,重要的原因之一就是他们在思考:“当我遇到这种情况我应该怎么办?”

作为执掌司法审判权的人民法院和刑事法官,我们必须坚定地站在人民的立场上,以切实维护人民利益为己任,向社会明确传递鼓励正当防卫的信号,不仅要鼓励公民为本人的利益进行防卫,而且要鼓励公民为国家、公共利益及他人合法权益进行防卫,彰显法律的价值取向,培育互助互爱、见义勇为的良好社会道德风尚。而做到这一点,就必须适当放宽防卫限度条件,对此,1997年刑法修改已作出相关规定。就司法适用的角度而言,要求裁判者在认定正当防卫,特别是判断防卫的限度条件时要根据案件具体情况予以充分考虑,要设身处地为正当防卫人着想,而不能对正当防卫人过于苛求。

三、根据常理常情考量正当防卫制度的司法适用

刑事审判固然要严格依法裁判,但严格司法并非固守单纯法律观点、机械执法、就案办案、孤立办案。我国有着数千年的文化传统,天理、国法、人情深深扎根于民众心中。无论是司法政策的制定,还是具体案件的办理,都必须努力探求和实现法、理、情的有机融合。

正确适用正当防卫制度,同样必须考虑常理常情,尊重民众的朴素情感和道德诉求,反映社会的普遍正义观念。

这里我想重点讲讲防卫限度的判断问题。正当防卫的成立,要求在限度条件上没有“明显超过必要限度造成重大损害”,否则可能构成防卫过当。在我看来,对于防卫限度的判断,不仅要将法律的规定了然于胸,而且要充分考虑常理常情,否则就不会得出恰当的结论。基于常理常情,对于正当防卫限度条件的考量需要注意以下几点。

其一,要全面整体进行考量。司法实践中,有些司法工作人员经常以

“对方打了你，但并没有打伤你，你却把他打伤了”“你都把人打成这样了怎么还是正当防卫”为由，认定防卫人的行为构成防卫过当。这实际上是陷入了“对等武装论”与“唯结果论”的认识误区。

何为必要限度？显然，我们无法运用一个数学公式来简单地对不法侵害人的利益损害情况和防卫人的利益损害情况进行计算从而得出孰轻孰重的结论，而是应当在全面分析不法侵害的强度、缓急、性质，侵害方与防卫方的力量对比，现场情势等事实和情节基础上进行综合判断，必须是具体案件具体分析。

特别是，对不法侵害要整体看待，要查明防卫行为的前因后果，考虑防卫人对持续侵害累积危险的感受，而不能局部地、孤立地、静止地看待，将防卫行为与防卫瞬间的不法侵害进行简单对比。

其二，要设身处地为防卫人考量。一般认为，正当防卫的限度应当以足以制止不法侵害的需要为标准。但是，何为制止不法侵害的需要？显然，我们不能要求防卫人是一个冷静理性的旁观者，而是要还原到防卫人所处的境遇之下，换位思考问问自己“假如我是防卫人我会如何处理”，设身处地想想“一般人在此种情况下会如何处理”。防卫行为通常类似丛林状况下的应急反应，要求防卫人在孤立无援、高度紧张的情形之下实施刚好制止不法侵害的行为，不仅明显违背常理常情，而且违背基本法理。

其三，要适当作有利于防卫人的考量。正当防卫的实质在于“以正对不正”，是正义行为对不法侵害，依据“邪不压正”的常理常情，也不能将二者等量齐观。相反，在防卫过当与正当防卫认定存在争议时，应当适当作有利于防卫人的认定；即使认定防卫过当，也应当充分运用“减轻或者免除处罚”的规定裁量处理。

特别是，要妥当处理防卫人因恐慌、激愤而超过防卫限度的问题。实践中，许多不法侵害是突然、急促的，防卫人在仓促、紧张的状态下往往难以准确地判断侵害行为的性质和强度，难以周全、慎重地选择相应的防卫手段。对此，要尽可能根据案件具体情况作出符合法理和情理的判断，包括合理选择减轻处罚还是免除处罚，以及考虑减轻处罚的具体幅度等。

四、统筹兼顾正当防卫司法裁判的法律效果与社会效果

当前,一些涉正当防卫案件的裁判之所以引发炒作,成因十分复杂,但症结往往在于司法自身,我们必须反躬自省:有的是裁判说理过于简单、不够明晰,让人产生误解;有的是案件审判过程不够公开透明,招致外界质疑;有的是案件裁判结果与民众的朴素情感发生较大偏离,无法获得社会认同,等等。

解决这些问题,要求我们在刑事审判中必须统筹兼顾案件裁判法律效果与社会效果的有机统一。司法的社会效果以法律效果为前提,是建立在依法公正裁判基础上自然形成的一种司法公信。对于正当防卫制度的司法适用,同样要在坚持法律效果优先的前提下兼顾社会效果。

正当防卫制度的正确适用,要求我们在严格依照刑法规定处理案件的基础上,最大限度地考虑民众的期望与关切,真正做到“努力让人民群众在每一个司法案件中感受到公平正义”。须知,古往今来,再良善周密的法律也无法包罗世间万象。

司法裁判,既要追求法律正义,也要兼顾社会正义,体现对民意的尊重,这恐怕是司法审判必须长期坚持的一种理念。对于定性复杂的个案,在认定正当防卫还是防卫过当抑或普通故意犯罪棘手时,我们要学会借助群众的智慧,关注社情民意,将司法的专业判断与民众的朴素情感结合起来,在法律规定的范围内确保裁判结果最大限度地接近社会预期。

统筹兼顾裁判的法律效果和社会效果,必然要求我们进一步提升司法审判能力,通过规范的法庭审理,全面核实案件事实证据,全面听取当事各方意见,全面回应当事人和社会关注的正当防卫、防卫过当等问题,充分发挥庭审的关键作用;必然要求我们进一步加强裁判文书说理,针对正当防卫、防卫过当等影响定罪量刑的重大争议问题,释法析理精准到位,充分回应当事人关切,引导当事人依法理性看待裁决;必然要求我们下大力气做好服判息诉工作,对于造成重大损害,特别是致不法侵害人伤亡的正当防卫案件,要在依法独立公正行使审判权的基础上,认真做好当事人亲友工作,以真心换真情,赢得理解,化解恩怨。

五、统一正当防卫制度的法律适用标准

“徒法不足以自行。”法律关于正当防卫制度的规定只能是原则的,而将抽象的刑法条文适用于具体案件,虽然难度不小,但却是司法的精义所在。

就个案而言,刑事审判法官通过综合判断全案的事实和证据,综合考量案件的前因后果,对法律规范作出合乎情理的解释,是确保正当防卫制度正确适用的基础。当然,从司法统一的角度上看,则需要通过制定司法解释、发布指导性案例等多种方式在最大程度上统一正当防卫制度的法律适用标准。

正当防卫制度法律适用涵盖的问题较多,既涉及价值判断、政策考量等宏观问题,也涉及不法侵害的判断、防卫限度的把握等具体问题。在制定和完善相关司法解释的同时,在统一法律适用标准的形式上可以有所创新,如采取“指导意见 + 典型案例”的形式就比较便捷、实用。

在指导意见作出原则规定的基础上,充分发挥案例针对性强和易于把握的特点,用典型案例指导类似案件的裁判,确立正当防卫制度法律适用“由具体到具体”的参照标准,可以有效规范刑事自由裁量权,确保同类案件的法律适用基本统一、裁判尺度基本相同、处理结果基本一致。

在研究和规范正当防卫制度法律适用标准时,有一个问题需要重点加以关注,就是妥善处理鼓励正当防卫与防止滥用防卫权的关系,这是正当防卫司法政策制定必须妥当把握的一个平衡点。

针对当前社会中不敢防卫的现状比较突出,鼓励正当防卫是必要的,但这并不意味着要走向滥用防卫权的另一个极端。“凡事皆有度,过犹不及。”不法侵害人的生命权和重大健康权也应受到法律保护,不能引导或者助长公民在受到不法侵害时可以不计后果地滥用防卫权。

正当防卫有其法定的认定条件,任何一项条件不符合,都不是正当防卫。例如,在不法侵害人已被完全制服或者正在逃离时,仍然继续进行“追杀性防卫”,或者只是在发生口角,遭受推搡、掌掴等程度轻微的不法侵害时,即持刀将人捅成重伤甚至死亡,就属于滥用防卫权,依法应当承担相应的刑事责任。

六、营造正当防卫制度正确适用的良好外部环境

实践证明,对于造成人员伤亡的案件,严格依法判决行为人系正当防卫不负刑事责任难度很大,既需要人民法院保持客观、理性和必要的定力,也需要良好的外部环境。

首先,公、检、法三机关要各司其职,切实把好正当防卫制度适用的法律关。根据刑事诉讼法的规定,对于属于正当防卫不负刑事责任的案件,无论是在侦查阶段还是审查起诉阶段,都应当不追究刑事责任,而不能因为死伤者家属施加压力就放弃原则,从而将压力全部传导至审判环节。

其次,要坚持司法的群众路线,共同营造良好的社会氛围。对于社会高度关注的正当防卫案件,审判过程中要及时向社会公布真相,防止道听途说、以讹传讹,裁判作出后要依法及时向社会公布裁判文书和相关材料,引导人民群众依法理性认识裁判结果,争取社会各界的理解和支持。

最后,要创新司法公开方式,充分发挥案例这一法治宣传"活教材"的作用,通过以案释法做到宣传入情入理,及时消除社会疑虑。对于重大敏感案件,要组织专家学者研究论证,邀请人大代表、政协委员和新闻媒体旁听庭审,准确传达人民法院鼓励正当防卫的基本立场,充分发挥司法裁判对社会风尚的引领作用。

于欢案审理对正当防卫条款适用的指导意义

高铭暄*

于欢案的二审审理无疑是近年来具有重要标志意义的法治事件，其意义不仅在于通过公开、透明的审理方式，让公众充分感受到司法的严谨、公开、公正，从而有力增强了法治信仰、树立了司法权威，更大的意义还在于通过让公众充分参与对案件事实、证据以及法律适用问题的讨论，进一步加深了公众对正当防卫这一关涉公民基本权利行使的法律条款的认识和理解，从而有效提升了公民的权利意识和守法意识，这在大力倡导民主和法治建设的今天尤为重要，切实体现了司法注重指引、规范人民生活的重要功能价值。

对正当防卫的理解与适用，理论和实务界在不法侵害是否存在的判断标准、可以防卫的不法侵害范围、正当防卫限度的认定标准等问题上尚存在一定的争议。于欢案二审裁判文书在全面查明案件事实的基础上，从防卫的目的、时机、对象、限度等方面对于欢行为是否具有防卫性质，能否认定为正当防卫作了全面、深入的分析、论证，既紧扣法律条文规定，又充分吸取了学术界关于正当防卫的有益观点，同时，充分考虑了天理、人情等伦理道德因素，切实体现了人民法院司法裁判遵循"国法"、不违"天理"、合乎"人情"的要求，对类案的审理将起到重要指引作用。这里，笔者仅从学理角度，对裁判文书中的一些观点作简单述评。

一、如何把握正当防卫条款的立法精神

1997 年修订的刑法第二十条对正当防卫制度作了三处重要修正，其立

* 中国刑法学会名誉会长、中国人民大学荣誉一级教授。

法原意和立法精神就是为了强化防卫权,鼓励公民勇于实施正当防卫。应当看到,刑法对正当防卫、见义勇为行为的倡导、鼓励,不能简单理解为法律要求公民不考虑面临的危险程度和自身反击能力,一味选择防卫,所以刑法第二十条也仅是授权性规定,而非强制性的规定。这种鼓励应理解为,法律通过豁免或减轻防卫人的责任,为防卫权的行使提供必要的保障,从而为公民实施防卫行为扫除后顾之忧,使公民在遭受不法侵害时敢于挺身而出、勇于斗争。按照这一立法精神要求,笔者认为,在司法程序中对正当防卫的认定,也应当贯彻总体从宽的政策要求。一方面,要从宽掌握正当防卫的认定标准和条件,应当认定的要积极加以认定,确保正当防卫的合法性得到正确评价;另一方面,对属于防卫过当的案件,在量刑上要切实体现从宽的政策要求,从而以司法兑现立法价值,为公民与不法行为相抗争提供有力的武器,促进全社会形成维护正义、弘扬正气、保护善良的良好风气。至于于欢案,二审裁判文书正确把握了正当防卫条款在鼓励公民与犯罪行为作斗争方面的立法精神,在准确适用法律的基础上充分考虑案件涉及的人情事理,体现了对正当防卫的条件和限度适当放宽,不仅认定了于欢行为具有防卫性质,并且显著减轻了量刑,为正当防卫条款的司法适用树立了正确的导向。

二、如何判断正当防卫前提条件

我国刑法对作为正当防卫对象的不法侵害的范围规定较为宽泛,不仅包括侵害人身权利的不法侵害行为,还包括侵犯财产以及其他权利方面的不法侵害行为;不仅包含犯罪行为,还应包含违法行为,故不能将不法侵害片面理解为暴力不法行为。但是在司法实践中,确实存在一些不法行为,如侵犯知识产权,生产、销售伪劣商品,贪污贿赂等违法犯罪行为,其不法行为通常不具有攻击性、破坏性、紧迫性,且通过报案、控告、举报可以有效实现对相关权益的救济,如果将其纳入正当防卫的对象,不仅将原本可以通过平和方式解决的问题诉诸暴力,造成更大权益的受损,并且因相关行为性质界定中的争议,可能导致防卫错误。所以,基于正当防卫的"应急性",应当对防卫对象作出必要的限制解释,也就是要判断不法行为是否具有攻击性、破坏性、紧迫性,从而确定是否存在防卫必要。例如,对非法拘禁行为,其因限制人身自由,具有侵害的紧迫性,可以成为防卫对象。对侮辱行为,如果仅限于言语辱骂,侵犯人格尊严程度较轻,且仅涉及精神层面的权利侵害,不应成为被防卫的对象;而对肢体侮辱,同时伴有非法拘禁、轻微殴打行为,同时侵害他人人格名誉权、人身自由权以及健康权等,当然可以成为防卫的对象。对多个交替、间隔或连续实施的不法侵害行为,应当从整体上评价防卫必要性,即便个别不法行为违法程度较轻或间断停止,但全部不法侵害并未完全终止,且被害人仍面临不法行为继续侵害的危险时,应认定不法侵害仍然存在。我们看到,于欢案二审裁判文书坚持了以上观点,对司法实践认定正当防卫前提条件具有重要指导意义。当然,对认定不法侵害是否存在的标准,如对不法侵害状态是否结束,是以被害人主观认识为标准,还是以客观上不法侵害是否现实存在为标准,这些问题,在学术界还有进一步研究、探讨的空间。

三、如何判定正当防卫是否明显超过必要限度

对正当防卫的必要限度,理论界存在两种主流观点:基本相适应说认为,正当防卫的必要限度,是指防卫行为必须与不法侵害总体相适应;必需说认为,是否超过必要限度,应从防卫实际需要出发,进行全面衡量,应以有效地制止不法侵害的客观实际需要作为防卫的必要限度。笔者认为,这两种观点不是对立的,而是相辅相成,可以综合考虑的。正当防卫的必要限度,不仅是指防卫行为是制止不法侵害所必需的,而且防卫行为的性质、手段、强度及造成的损害应当与不法侵害行为的性质、手段、强度及可能造成的损害基本相适应。判断必要限度,不可能脱离每个案件的具体情况。要根据具体案件中双方行为的性质、手段、强度、人员多少与强弱、现场所处的客观环境与形势进行全面分析。就于欢案而言,于欢在其母子人身自由遭受限制乃至剥夺、人格权遭受言行侮辱侵犯、身体健康权遭受轻微暴力侵犯,加害人人数众多但未使用工具,警察已到场后又离开但尚在附近的情况下,为制止不法侵害、摆脱困境,使用致命工具捅刺被害人,造成一死、两重伤、一轻伤的严重后果。二审裁判文书对此作出全面评判,一方面,结合防

卫人面临的冲突烈度和环境情势,对防卫行为的手段、方式和强度是否为制止不法侵害所必需进行了评判;另一方面,对防卫行为所损害的法益与保护的法益种类、大小进行了权衡、比较。在此基础上,对于欢的行为是否超过必要限度进行了全面、客观的评价,认为于欢的行为属于防卫过当,这对司法实践在认定正当防卫限度方面具有重要的借鉴价值。

四、对防卫过当如何定罪量刑

防卫过当的罪过形式,理论上一般认为主要是过失,也有间接故意。具体到本案,于欢在主观上应是间接故意的伤害,其中对不法侵害人杜志浩的反击行为属于伤害致死,因此全案定性为防卫过当下的故意伤害罪是正确的。对防卫过当构成犯罪的,刑法第二十条第二款规定“应当负刑事责任,但是应当减轻或者免除处罚”。考虑到本案之过当行为造成一死、两重伤、一轻伤的严重后果,对于欢不宜免除刑事处罚,而应当减轻处罚。至于减轻到什么幅度,由于考虑到于欢行为虽构成防卫过当,但系因被害人有重大过错,导致其精神紧张、情绪失控而处置过当造成的违法后果,所以对其所实施违法行为非难的程度应当降低,应显著减轻其责任。二审法院综合考虑于欢犯罪的事实、性质、情节和危害后果,判处其有期徒刑五年,笔者认为是适当的。这对今后司法实践处理类似案件,同样具有借鉴价值。

于欢案防卫过当法理问题简析

赵秉志*

备受关注的于欢故意伤害案,经山东省高级人民法院5月27日二审开庭审理,6月23日公开审判,认定于欢系防卫过当,构成故意伤害罪,予以减轻处罚,判处有期徒刑五年。在于欢案落下帷幕之际,对前段社会各界聚焦本案所关注的涉正当防卫的相关法理问题,有必要结合本案二审判决予以评析。

一、于欢的行为是否具有防卫的前提和性质

首先,于欢是否具有防卫的前提?本案一审判决认为当时不存在防卫的紧迫性,因而于欢持刀捅刺被害人不存在正当防卫意义上的不法侵害前提,即否定于欢的行为具有防卫的前提。一审判决的这一定性受到普遍质疑。

从刑法的相关规定来看,正当防卫得以行使的前提条件是必须有"正在进行的不法侵害"。这种不法侵害既包括犯罪行为,也包括一般违法行为。不法侵害应具有不法性、侵害性、紧迫性和现实性四个特点。具体到于欢案,杜志浩等人为违法讨债所实施的严重侮辱、非法拘禁、轻微殴打等不法侵害,明显是违法犯罪行为,具有不法性;杜志浩等人实施的不法侵害行为,侵害了于欢母子的人身自由、人格尊严、人身安全等合法权益,具有明显的侵害性且持续存在。在此情况下,于欢为了制止不法侵害,对杜志浩等人实施反击行为可以减轻或者消除该不法侵害的威胁,理当具备正当防卫意义上的防卫前提。

---

* 中国刑法学研究会会长、北京师范大学刑事法律科学研究院教授。

其次，在于欢面对正在进行的不法侵害而具有防卫前提的情况下，于欢的反击行为是否具备防卫的性质？依照我国正当防卫制度的法律和法理，防卫意图、防卫对象和防卫时间的认定是判定行为人的行为是否具有防卫性质的关键。

从防卫意图来看，防卫意图是防卫认识因素与意志因素的统一。实践中，应遵循主客观相统一原则进行分析和判断。第一，防卫认识是防卫意图的首要因素，是形成防卫目的的认识前提，具体是指行为人对不法侵害的存在、不法侵害正在进行、不法侵害人、不法侵害的紧迫性、防卫的可行性及其可能的损害结果等有相应的认识。在于欢案中，于欢对正在进行的针对自己及其母亲的不法侵害有明确认识，即于欢认识到自己及其母亲的人身自由、人格尊严正受到严重不法侵害，人身安全也正受到严重威胁。第二，防卫目的是防卫意图的核心。所谓防卫目的，是指通过采取防卫措施制止不法侵害，以保护合法利益的意图和主观愿望。在于欢案中，于欢持刀捅刺杜志浩等人的行为，是希望以防卫手段制止不法侵害，是为了保护自己及其母亲的合法权益，即于欢主观上是出于保护自己及其母亲的人身自由、人格尊严、人身安全等合法权益免受不法侵害的心理态度，具有防卫的目的。概言之，无论是从防卫认识还是从防卫目的看，于欢都是具有防卫意图的。

从防卫时间来看，于欢的行为是针对正在进行的不法侵害实施的。在于欢案中，杜志浩等人对于欢母子实施的不法侵害行为，没有因为民警出警而得到有效控制，当于欢母子急于随民警离开接待室时，杜志浩等人阻止于欢离开并对于欢实施了勒脖子、按肩膀、推搡等强制行为，杜志浩等人显然正处于实施不法侵害的过程之中，此时，于欢持刀捅刺杜志浩等人，具备实施防卫的时间条件。这与事后报复是有本质区别的。

从防卫对象来看，于欢是针对不法侵害人进行的反击。正当防卫的对象只能是不法侵害实施人。于欢案中，于欢持刀捅刺的对象包括杜志浩、程学贺、严建军、郭彦刚四人。这四人均是非法拘禁、严重侮辱、轻微殴打等一项或多项不法侵害行为的直接实施者，是对于欢母子的共同不法侵害行为人，符合防卫的对象条件。在杜志浩等人共同实施的不法侵害中，所有不法侵害者是作为一个整体存在的，防卫对象不能局限于实施了最严重侮辱行为的杜志浩一人,其他共同实施不法侵害的行为人包括程学贺、严建军、郭彦刚,都可以作为防卫的对象。面对多人共同形成的不法侵害状态时,要求于欢只针对实施了最严重不法侵害的某一个人实施防卫,是不符合以防卫行为制止不法侵害的实际需要的。

于欢在防卫意图的支配下,在不法侵害正在进行过程中,针对不法侵害人实施反击行为,其行为当然具备防卫的性质。因此,本案二审判决纠正一审否定不法侵害存在、否定于欢的行为具有防卫性质的错误,认定于欢持刀捅刺杜志浩等四人的行为属于制止正在进行的不法侵害,其行为具有防卫性质,是合乎本案事实,合乎法律情理的。

二、于欢的行为是否属于防卫过当

于欢的反击行为是否属于防卫过当?这是本案一审后社会各界和法律学者关注与争论的一个重要问题,也是本案二审中分歧较大的一个问题,存在其系正当防卫、防卫过当、一般故意犯罪三种主张。

根据刑法规定,防卫过当是指防卫明显超过必要限度造成重大损害的行为。防卫明显超过必要限度并造成了重大损害,使防卫由适当变成过当,由合法变成非法。因而,从总体上说防卫过当也是一种非法侵害行为,防卫过当认定的关键在于对防卫限度条件的正确把握。

按照我国刑法理论和司法实务中通行的主张,在认定何为“明显超过必要限度”的问题上,原则上应以制止不法侵害所必需为标准,同时要求防卫行为与不法侵害行为在手段、强度等方面,不存在过于悬殊的差异。在具体案件的判断中,行为人在确实具有防卫必要性的基础上实施防卫行为,如果防卫行为本身的强度与不法侵害强度基本相当,或者甚至小于不法侵害的强度,即使造成重大损害结果,也不能认为是“明显超过必要限度”。如果防卫人采用强度较小的防卫行为就足以制止不法侵害,却采取了明显不必要的强度更大的行为,则应认定为“明显超过必要限度”。总之,在何为“明显超过必要限度”的判断上,主要是基于防卫方式、强度、手段不适当来认定,常见的情形包括防卫行为人攻击部位不适当、防卫工具不适当、防卫方人数或体能优于侵害方情形下实施防卫行为等。“造成重大损害”意味着防卫行为所造成的损害与不法侵害可能造成的侵害相比明显失衡，一般仅限于造成人身重伤或死亡，不包括造成被害人轻伤或财产方面的损失。应当强调的是，防卫措施明显超过必要限度、防卫结果造成重大损害这两个标准必须同时具备，才能认定为防卫过当。

具体到于欢案中，依据案件事实和相关法律来衡量，于欢的行为应当认定为防卫过当。在当时的行为环境下，针对杜志浩等人实施的不法侵害行为，为使自己及其母亲的人身权利免受正在进行的不法侵害，于欢可以采取制止不法侵害的防卫行为。但杜志浩等人的主观目的是索要债务，他们的不法侵害手段相对克制，并未使用器械工具，也没有对于欢母子实施严重的致命性攻击或者暴力性伤害等行为，相比于杜志浩等人的侵害手段及程度，于欢使用致命性工具即刃长超过15厘米的单刃刀，捅刺杜志浩等人身体的要害部位，造成一死、二重伤、一轻伤的严重后果，其防卫行为与不法侵害行为在手段、强度等方面明显不相适应，且造成了多人伤亡的“重大损害”后果，因而二审判决认定于欢的反击行为“明显超过必要限度”并“造成重大损害”，属于防卫过当，是合乎法律规定的、正确的。

三、于欢的行为应否适用特殊防卫规定

在于欢案一审后的社会反应中，就有意见认为，于欢案可适用特殊防卫而免责；在于欢案二审中，于欢的辩护人亦提出本案可适用无限防卫（特殊防卫），二审检察机关出庭意见则认为于欢不具备特殊防卫的前提条件。

刑法第二十条第三款规定了特殊防卫，即“对正在进行行凶、杀人、抢劫、强奸、绑架以及其他严重危及人身安全的暴力犯罪，采取防卫行为，造成不法侵害人伤亡的，不属于防卫过当，不负刑事责任”。可见，特殊防卫的适用前提是防卫人针对严重危及人身安全的暴力犯罪的侵害人而实施防卫行为。实践中，正确适用特殊防卫条款的关键，就在于准确把握“严重危及人身安全的暴力犯罪”的内涵和外延。从上述刑法规定来看，不仅其明确列举的“杀人、抢劫、强奸、绑架”等是典型的暴力犯罪，而且其所使用的概括性词语“其他严重危及人身安全的暴力犯罪”，也表明特殊防卫只能针对暴力犯罪实施。可见，一般的防卫行为既可针对暴力犯罪实施，也可针对非暴力犯

罪甚至违法行为实施。但特殊防卫只能针对暴力犯罪实施,并且这种暴力犯罪并非指所有的暴力犯罪,而必须是严重危及人身安全的暴力犯罪。这是刑法对特殊防卫适用前提条件的刚性规定。具体来说,第一,必须在发生了危及人身安全的暴力犯罪侵害时才能实施,对于没有危及人身安全的犯罪,哪怕是暴力犯罪,如暴力毁坏财物的犯罪,也不允许进行特殊防卫,而只能进行一般防卫。第二,暴力犯罪侵害还要求达到严重危及人身安全的程度。尽管不法侵害是针对人身安全的暴力犯罪侵害,但侵害行为未达到严重危及人身安全程度的,就只能进行一般防卫,而不能实施特殊防卫。有些犯罪,如侮辱罪可以是以暴力手段实施的,但是其属于较轻的暴力犯罪,对此即不允许实施特殊防卫;若必须进行正当防卫的,也只能适用一般防卫的规定。在实践中,许多被认定为防卫过当的案件都是由于暴力犯罪的危害尚未达到严重危及人身安全程度,故不能适用特殊防卫条款。对暴力犯罪侵害,应根据具体案件中犯罪分子所实际使用的暴力是否达到严重危及人身安全的威胁程度来甄别,对于行为强度足以致人重伤或者死亡的,则应当认为属于严重的暴力犯罪,可以实施特殊防卫。

就于欢案而言,虽然杜志浩等人对于欢母子实施了非法拘禁、严重侮辱、轻微暴力等违法犯罪行为,但这种不法侵害尚谈不上是严重危及人身安全的暴力犯罪。一则杜志浩等人非法拘禁、严重侮辱等不法侵害行为,虽然侵犯了于欢母子的人身自由、人格尊严等合法权益,但并不具有危及于欢母子人身安全的性质;二则杜志浩等人的勒脖子、按肩膀、推搡等强制或者殴打行为,虽然让于欢母子的人身安全、身体健康权益遭受了侵害,但这种不法侵害只是轻微的暴力侵犯,既不是针对生命权的严重不法侵害,也不属于会发生重伤等严重侵害于欢母子重大身体健康权益的情形,因而不是严重危及人身安全的暴力犯罪侵害。综上,应当认为,杜志浩等人实施的多种不法侵害行为,虽然满足了可以实施一般防卫行为的前提条件,但因不属于“行凶、杀人、抢劫、强奸、绑架以及其他严重危及人身安全的暴力犯罪”,不具有实施特殊防卫的前提,故于欢只能实施一般防卫行为,而不享有特殊防卫权,不能适用特殊防卫条款免除其刑责。因而二审判决认定本案并不存在适用特殊防卫的前提条件,也是于法有据的。

四、对于欢防卫过当行为的定罪处罚

关于防卫过当的罪过形式,我国刑法理论上一般认为包括过失或间接故意两种心理态度,司法实务中多认定为间接故意,也有认定为过失或直接故意的。防卫过当罪过形式的认定直接关系到案件定罪和处罚问题。根据二审查明的事实,于欢的行为应定性为防卫过当下的故意伤害致死的犯罪,对于欢造成两人重伤害宜定性为间接故意,对于欢造成杜志浩死亡宜定性为故意伤害而过失致人死亡。关于防卫过当构成犯罪的刑罚适用,刑法第二十条第二款规定:“应当负刑事责任,但是应当减轻或者免除处罚。”考虑到本案之过当行为造成一死二重伤的严重后果,对于欢不宜免除刑罚处罚,而以减轻处罚为妥。综合被害方先行的不法侵害情节恶劣以及于欢具有坦白交代犯罪事实、赔偿被害人经济损失等法定、酌定从宽情节,对于欢可予以较大幅度的减轻处罚。因此,二审法院认定于欢的行为系防卫过当基础上构成的故意伤害罪,对其适用减轻处罚判处其有期徒刑五年,是适当的,符合罪责刑相适应原则。

总之,于欢案的二审判决以案件事实和证据为依据,以我国刑法的相关规范为准绳,切实贯彻正当防卫的立法宗旨,体现全面保障人权的法治精神,从定罪到量刑均实事求是、合理合法地纠正一审的不当判决,其定性准确、量刑适当,并在审判程序上公正、公开,乃至向社会公开庭审活动,真正让人民群众在这起案件的审判中感受到法律的公平正义,使这起案件的审判成为全社会所共享的法治公开课,从而成为一件典范性的司法裁判。

于欢行为属于防卫过当　应当予以减轻处罚

刘宪权*

山东省高级人民法院已对社会关注度极高的于欢案依法作出终审判决,判定上诉人于欢犯故意伤害罪,判处有期徒刑五年。从刑法规定和刑法理论角度重新审视对于欢案中于欢行为的定性和处罚,是完全必要的。

一、于欢的行为具有防卫性质

山东省聊城市中级人民法院一审判决认为,被告人于欢面对众多讨债人的长时间纠缠,不能正确处理冲突,持尖刀捅刺多人,导致一名被害人死亡、二名被害人重伤、一名被害人轻伤,其行为构成故意伤害罪,并且认为"虽然当时其人身自由权利受到限制,也遭遇对方辱骂与侮辱,但对方的人没人使用工具,在派出所已经出警的情况下,被告人于欢和其母亲的生命健康权利被侵犯的现实危险性较小,不存在防卫的紧迫性。所以于欢持尖刀捅刺被害人不存在正当防卫意义上的不法侵害前提"。由此,一审判决否认了于欢的行为具有防卫性质。笔者认为,于欢的行为应当具有防卫的性质,理由是:

我国刑法规定的正当防卫指的是为了保护国家、公共利益、本人或者他人的人身、财产和其他权益免受正在进行的不法侵害,而对不法侵害人进行反击,以制止不法侵害继续进行的行为。正当防卫同时需要符合目的性条件、前提性条件和对象性条件。笔者认为,于欢的行为符合这些条件,应当认为具有防卫性质。

* 中国刑法学研究会副会长、华东政法大学刑事法学研究院院长。

1. 于欢具有合法的防卫意图,满足目的性条件

正当防卫必须是为了保护合法的权益才能实施,这是正当防卫成立的目的性条件。所谓合法权益,是指受法律保护的国家利益、公共利益、本人或他人的各种合法权益。于欢的捅刺行为明显是为了保护本人及其母亲的合法权益而实施的,完全符合正当防卫的目的性条件。在于欢和他的母亲受到非法拘禁、侮辱和拍打面颊、揪抓头发等侵害时,于欢对讨债人进行捅刺是为了突破所处困境,保护自身的合法权益。于欢所保卫的合法权益不仅包括生命健康权,还包括自己和母亲的人格尊严与人身自由等其他合法权益。于欢在实施捅刺行为时有明确的意志因素,其行为就是为了反抗,为了制止不法侵害继续进行,具有合法的防卫意图。

2. 本案存在正在进行的不法侵害,满足前提性条件

正当防卫必须是针对正在进行的不法侵害而实施的,此为正当防卫的前提性条件。该前提性条件包含有两层意思:一是不法侵害实际存在;二是不法侵害正在进行,也就是要求正当防卫的实施与不法侵害行为的实际存在具有时空维度上的一致性。正当防卫中的不法侵害包括能够危害到国家、公共利益、本人或者他人合法权益的违法犯罪行为。

本案中,于欢和他的母亲实际上受到了多方面的不法侵害,且在于欢持刀捅刺时不法侵害仍正在进行。其一,多名讨债人对于欢母亲的讨债行为实际上一直持续进行,讨债人曾采取在苏银霞所在公司车棚内驻扎、在办公楼前支锅做饭等方式催债,并且闯入于欢的住宅,将住房内的物品搬走,并曾将苏银霞头部按入坐便器接近水面的位置,严重影响了于欢和他母亲的正常生活。其二,杜志浩等人对于欢和他母亲实施了限制人身自由的非法拘禁行为,在民警已经到达现场的情况下,仍然不让其离开公司招待室,并实施推拉、围堵等行为。其三,于欢和他母亲受到了言行两方面的人格侮辱,被害人杜志浩用污秽的语言辱骂于欢的母亲苏银霞、于欢及其家人,将烟灰弹至苏银霞胸前衣服上,将裤子褪至大腿处裸露下体,朝坐在沙发上的苏银霞等人左右转动身体,还脱下于欢的鞋子让苏银霞闻。其四,被害人杜志浩等人对于欢和他母亲有殴打行为,于欢母子的健康权受到威胁。杜志浩多次用手拍打于欢面颊,其他讨债人员实施了揪抓于欢头发或按压于欢

肩部不准其起身等行为。

3. 于欢行为针对的是不法侵害人,满足对象性条件

正当防卫必须是针对不法侵害人本人实施,这是正当防卫的对象性条件。因为只有针对不法侵害的实施者进行防卫,才能有效制止不法侵害的继续进行。在于欢案中,不法侵害实际上是由多名讨债人共同实施的,多名讨债人已经形成了一个有机的行为整体,所有讨债人在本案中都属于不法侵害人。因此,于欢的捅刺行为满足正当防卫的对象性条件,即防卫只能针对不法侵害人实施。

二、于欢的行为明显超过必要限度造成重大损害,属于防卫过当

根据刑法规定,正当防卫明显超过必要限度造成重大损害的,应当负刑事责任,但是应当减轻或者免除处罚。对正在进行行凶、杀人、抢劫、强奸、绑架以及其他严重危及人身安全的暴力犯罪,采取防卫行为,造成不法侵害人伤亡的,不属于防卫过当,不负刑事责任。

一审判决作出后,理论和实践中争议较大的是,于欢的行为是防卫过当还是防卫适当?笔者认为,于欢的行为应属防卫过当,理由是:

首先,于欢和他母亲受到的不法侵害不属于特殊防卫中所规定的"正在进行行凶、杀人、抢劫、强奸、绑架以及其他严重危及人身安全的暴力犯罪"的情形。笔者认为,尽管于欢和他母亲所受到侮辱以及殴打等行为的社会危害、暴力程度远远超过了道德的底线,但是其本质仍是侮辱以及一般殴打行为,还没有达到"行凶""抢劫"等"严重危及人身安全的暴力犯罪"的程度。也即,于欢和他母亲在当时所面临的不法侵害的社会危害性明显低于刑法有关特殊防卫所列行为的严重程度,因此,对于欢的捅刺行为不能适用特殊防卫的规定。

其次,判断于欢的防卫行为是否属于防卫适当应考虑其防卫行为是否在正当防卫的必要限度内。正当防卫虽然是法律赋予公民的一项合法权利,但由于正当防卫的实施方式通常也是通过对不法侵害人反击的手段进行的,因此正当防卫必须在必要限度内实施,一旦明显超过必要限度,防卫行为可能会造成重大损害,从而产生较大的负面效应,需要承担刑事责任。

笔者认为,认定正当防卫的必要限度不能机械地依靠某个标准,而应当针对具体情况进行具体分析,在判断正当防卫的必要限度的具体标准时需要考虑两点因素:一是应当考虑防卫人对不法侵害的行为性质、行为强度和可能造成的危害后果的认识和防卫人的防卫目的;二是防卫的后果没有明显超出有效制止不法侵害继续进行的限度而造成不应该出现、没有必要出现的重大损害。本案中,多名讨债人在追债过程中并未携带任何器械,对其实施的主要是非法拘禁、侮辱和拍打面颊、揪抓头发等行为。民警进入接待室以后,双方没有发生激烈对峙和肢体冲突。考虑到于欢所使用的工具、刺伤部位以及捅刺强度,尤其是最终造成"一死二重伤一轻伤"的后果,可以看出,于欢所实施的防卫行为与其受到的不法侵害不相适应,该后果明显属于重大损害。因此,应当认为于欢的行为明显超出了必要限度并造成损害,属于防卫过当。

三、防卫权的扩大应通过立法完善而非司法适用

刑法学界有观点认为,我国应当放宽正当防卫的认定标准,从而加大侵害人的违法成本,进而降低被侵害人的维权成本,以使正当防卫制度能更好地震慑到不法侵害人,从而发挥正当防卫制度的积极功能。笔者认为,这种观点实际上涉及的是我国正当防卫权是否应当扩大的问题。但是,正当防卫权的扩大理应属于立法层面的问题,而不能通过司法认定加以实现。就我国目前的法律规定而言,正当防卫必须在必要限度内进行,如果明显超过了这个必要限度并造成了重大损害,防卫人就构成防卫过当,应当承担刑事责任。而特殊防卫的前提条件也是必须存在正在进行的行凶、杀人、抢劫、强奸、绑架以及其他严重危及人身安全的暴力性犯罪。在立法上未作修改的情况下,对防卫行为是否过当的判断必须以现行刑法规定的必要限度这一条件加以限制。于欢构成防卫过当并不仅仅是因为有"一死二重伤一轻伤"的危害结果,而是通过各方面因素的综合考量。一方面,我们不能对防卫人提出苛刻的要求,要求其防卫的行为"恰好"制止了不法侵害的发生,而不产生多余的危害结果;另一方面,我们也不能一味主张防卫人毫无节制地使用防卫权。正当防卫权实际上是法律在公力救济缺位时对私力救济的部

分让步,如果没有一定的限制,毫无疑问会影响法律的权威性和严肃性。

正当防卫制度有着深刻的理论意义和重大的实践价值。首先,正当防卫制度可以很好地发挥惩恶扬善的社会功能,鼓励社会成员勇于与违法犯罪的不法侵害行为作斗争。其次,公力救济不可能时刻“守护”每一位公民,正当防卫作为一种在公力救济无法实现的情况下国家鼓励和提倡的私力救济方式,能够有效遏制犯罪活动的发生,保护社会成员。最后,正当防卫制度其实是在对每一个意欲犯罪的危险分子作出警告,劝其不要胡作非为,具有一定的预警功能。同时应当指出的是,防卫过当的规定实际上是对防卫行为限度的制约,如果对防卫权进行无限扩大,可能产生一定的负面影响,因为防卫行为实际上是对不法侵害行为人反击的行为,如果实施不当,当然会造成重大的损害,甚至可能出现将正当防卫视为纯粹个人报复的借口。因此防卫权不宜过分扩大。只有正确合理地划分正当防卫的范围,才能有效地发挥正当防卫制度的积极功能。就此而言,一些学者提出的放宽正当防卫的认定标准的观点,实际上只是对我国未来关于扩大正当防卫权的立法展望。

四、二审判决对于欢减轻处罚量刑适当

根据我国刑法规定,正当防卫明显超过必要限度造成重大损害的,应当负刑事责任,但是应当减轻或者免除处罚。一审法院判处于欢无期徒刑的主要原因是未认定于欢的行为具有防卫性质,认定其行为构成故意伤害致人死亡,没有对其减轻处罚。防卫过当实际上是在对不法侵害人造成的重大损害中剔除了合法、合理的部分后,要求防卫人承担起防卫行为中不合理、不合法部分的刑事责任。防卫过当构成犯罪,但防卫过当并非一个独立的罪名,因此对防卫过当犯罪行为的定性应当紧紧依附于过当行为性质和过当结果性质加以判断。根据对案件发生的背景综合分析和全面判断,于欢在实施防卫行为时并没有杀人的故意。于欢虽然实施的是用刀具捅刺他人的行为,但可以看出行为并不是在杀人意志支配下对被害人选择致命的部位进行捅刺,因此将于欢的防卫行为认定为故意伤害似乎没有问题。于欢的行为是出于对母亲的人身自由和人格尊严保护,自古就受到人伦和常

理的认可,但其造成了"一死二重伤一轻伤"的严重危害结果,超出法律所容许的限度,因此,对于欢适用减轻处罚而不适用免除处罚也是完全合理的。根据刑法第二百三十四条的规定,故意伤害致人死亡的,处十年以上有期徒刑、无期徒刑或者死刑。对上诉人减轻处罚则应当在三年以上十年以下有期徒刑的法定刑幅度内量刑。山东省高级人民法院最终判处于欢有期徒刑五年,充分考虑了于欢的犯罪事实、性质、情节和危害后果,是一个合法、公正的判决。

于欢案量刑的几点思考

卢建平*

二审判决前，于欢案件的定性面临诸多争议，学者和坊间说法不一，如系正当防卫因而无罪，特殊防卫也是无罪，或系故意杀人或者故意伤害致人死亡，抑或系防卫过当因而以故意伤害致人死亡论罪。罪与非罪，莫衷一是。二审认为，于欢的行为属防卫过当因而有罪，这就为之后的量刑奠定了基础。然而，在具体裁量刑罚时，仍然会面临多重抉择：一是免除还是减轻处罚？二是具体刑期，以及判处实刑还是缓刑？

根据刑法第二百三十四条第二款之规定，故意伤害致人死亡的，处十年以上有期徒刑、无期徒刑或者死刑，本法另有规定的，依照规定。而刑法第二十条第二款规定，防卫过当的，应当减轻或者免除处罚。为此，对于欢的防卫过当而构成故意伤害，刑罚是减还是免？

刑法第六十一条规定，量刑应当根据犯罪的事实、犯罪的性质、情节和对于社会的危害程度，以及刑法的有关规定。确定对于欢适用减轻处罚还是免除处罚，自然要遵循这一规定，全面衡量。在于欢的行为性质确定为防卫过当之后，仍然要认真权衡其防卫行为与不法侵害行为的适当程度，考虑其损害后果的严重程度，比较防卫行为所保护的法益与损害的法益之间存在的差距。于欢及其母亲苏银霞的人身自由权遭受限制，人格权遭受言行侮辱侵犯，身体健康权遭受轻微暴力侵犯，具备正当防卫的诸多要件，但于欢持利刃捅刺四名不法侵害人，造成“一死二重伤一轻伤”的重大人身伤亡，其防卫行为的强度和造成的损害已超过维护自身权益和制止不法侵害行为所容许的范围，防卫行为明显超过必要限度造成重大损害，应当负刑事责

* 北京师范大学法学院院长、教授。

任。虽法律对于防卫过当规定了“应当减轻或者免除处罚”两个选项,但综合而论,对于欢免除处罚显然与其防卫过当造成重大伤亡后果的犯罪行为不相适应,而减轻处罚更符合罪责刑相适应原则。

依照刑法第六十三条第一款的规定,减轻处罚是在十年以上有期徒刑档次的下一档即三年以上十年以下有期徒刑量刑。而这个档次依然是一个较大的量刑幅度,仅以年度为分界就可以从最低三年到最高十年分成八级。这其中又必然涉及实刑和缓刑的选择,因为法律规定,判处三年以下(包括本数三年)有期徒刑的,如果符合其他法定条件,可以适用缓刑。

在减轻处罚的框架内,二审量刑时着重考虑了对于欢有利的情节,如于欢具有防卫过当的法定减轻处罚情节,归案后如实供述的法定从轻处罚情节,以及在案发前因被害人具有严重过错的酌定从轻处罚情节。具体而言,本案系由吴学占等人向于欢母亲催逼高利贷而引发,苏银霞多次报警后,吴学占等人的不法逼债行为并未收敛,反而变本加厉;案发当日,催债一方多人占据苏银霞的办公场所,非法限制苏银霞和于欢的人身自由,侵害其人身权利,特别是本案被害人杜志浩当着于欢之面公然以裸露下体的方式侮辱其母,虽然这一极端的举动距于欢实施防卫行为时已过去了一段时间,且于欢在捅刺杜志浩等人时心理上不排除有报复杜志浩辱母行为的情绪,鉴于这一侮辱情节的恶劣性质,在伦理上应当受到严厉谴责,在刑罚裁量上应当作为对于欢有利的情节予以重点考虑。最终确定的刑期是五年有期徒刑,在三年到十年的刑档内处在第三个级别上,依然是一个中位线以下的水平。这一量刑充分体现了法院的宽宥情怀。

那么二审适用实刑而非缓刑的依据又何在呢?

根据刑法第七十二条及相关司法解释的规定,对于被判处拘役、三年以下有期徒刑的犯罪分子,同时符合下列条件的,可以宣告缓刑,对其中不满十八周岁的人、怀孕的妇女和已满七十五周岁的人,应当宣告缓刑:(1)犯罪情节较轻;(2)有悔罪表现;(3)没有再犯罪的危险;(4)宣告缓刑对所居住社区没有重大不良影响。

就于欢案件而言,其犯罪情节难言较轻,只是因为其防卫的性质而使犯罪的性质大大改变,行为的社会危害性大大降低。如果仅作客观评价,或者将犯罪的性质和犯罪的情节分开评价，还应视为犯罪情节较重或者严重。因此，仅就案件的客观方面而言，似不利于宣告缓刑。

宣告缓刑的最不利因素是于欢始终不认罪，也无任何自责悔罪表示。当然，基于防卫的正当性，于欢及其家人、辩护律师甚至许多社会公众对于欢有罪一说难以接受，有其一定的道理。仅就尊重法院的生效判决因而尊重司法权威而论，于欢因防卫过当而有罪，必须从思想和行为两个方面接受刑事处罚，这也是于欢个人接下来需要面对的挑战。而社会各界也需要透过于欢案件来正确认识正当防卫、特殊防卫及其与防卫过当的界限，妥善行使正当防卫权，并在权利行使不当或者越界时承担相应的法律责任甚至刑罚。这一重要的法律常识是需要通过于欢案加以普及宣传的。

第三个不利于缓刑的因素是，于欢及其家人与被害一方欠缺和解意愿与行动，双方对于本案的诉求存在巨大的差距。于欢一方自认正当防卫，而被害一方认定于欢是故意杀人或故意伤害致人死亡，甚至要求判处于欢极刑，并提出高额赔偿要求。特别是于欢不认罪，其在 5 月 27 日庭审的法庭最后陈述时甚至扬言，如果以后遇到类似情况，还会这么干！因此，在未来的监狱服刑过程中，如何教育好于欢，使其认罪悔罪，自觉接受改造，将是一项艰难的任务。

是否宣告缓刑最后需要考虑的是宣告缓刑对所居住社区有无重大不良影响。考虑本案发生的特殊社会背景（乡土中国、熟人社会），特别是本案中双方当事人之间的矛盾对立程度，以及于欢本人的家庭状况（其父母均因涉案，或逃逸在外，或在羁押之中），若对其宣告缓刑，对其所居住社区产生重大不良影响的可能性是存在的，难以排除。

在综合考虑了各种有利、不利因素之后，二审判处于欢五年实刑，既合法合理，也是必要和适宜的，不仅体现了刑罚的物理隔绝和惩罚的意味，也体现了刑罚的教育、感化、改造和保护的功能。

《人民法院报》评论

法言平*

一、又一堂全民共享的法治“公开课”

在过去的几天里，中国法院每天发布的千百个一审判决中的一个突然引起了媒体和有关部门的高度关注，其最简短的裁判要旨“于欢刺死辱母者被判无期徒刑”引发了社会各界的思考和评论。就像富勒虚拟的洞穴探险者案件“受困岩洞20多天后杀死同伴食肉幸存被判无罪”的裁判要旨一样，虽然其中法律理论问题比较深奥，但由于案件焦点涉及伦理人情，引发广泛关注和评论也不足为奇。

由于于欢案目前尚在二审过程中，自然不便对案件的是非曲直作出评论，但对于这起辱母杀人案的评论潮，我们却感受良多。

第一，全民同上一堂法治社会的“公开课”。建设法治社会，“使全体人民都成为社会主义法治的忠实崇尚者、自觉遵守者、坚定捍卫者”，一方面从法典学起，更重要的是从案件讨论做起的。人们所评论的绝不只是那个仅有11个字的裁判要旨，其中还有更深层次的法律与道德的关系，也包括民间借贷、正当防卫、非法拘禁、玩忽职守等复杂、多义的专业术语等。尽管民众讨论的深度、角度与法律职业者很不相同，但这正是建设社会主义民主与法治所期待的。

第二，评论的理性与成熟彰显了法治建设成就。如果是在几年前遇到此类事件，在自媒体上骂大街的有，侮辱、威胁法官的有，挑头闹事的有，发狠话的也有……而看今天的评论，绝大多数评论者都态度平和，有理有据，

* 《人民法院报》特约评论员。

引经据典，具有建设性。各种评论观点中有的支持裁判结果，有的主张轻判10年，有人认为应无罪释放，但欣慰的是人人都在说自己的道理，评别人的不足，而且对法律程序给予了基本的尊重。人们最后把眼光投向了已经受理上诉的山东省高级人民法院。这也说明没有枉费全面推进依法治国几年的苦功。

第三，法治实质意义需通过形式意义体现。虽然法律具有很强的社会性、道德性，但法律毕竟是一个职业，法学毕竟是一门科学。即使在实行陪审团制度的国家，那些经过双方挑选出来的公正的陪审员们仍然需要接受法官的“法律指导”，法官要告诉他们什么是“超越合理怀疑”，什么是“主观方面”（mensrea），什么是证据的可采性等。我们自己身体不适时，仍然需要求助专业的大夫确诊、开方、用药。即便是我们啃了几本医书，也不会比专业的大夫说的更有信心。

第四，相关部门的回应让人印象深刻。事情发生后，审判机关立即反馈已经受理了上诉案件，检察机关表示将再对事实证据全面审查，公安机关也开始核查民警处警和办案情况……这样的严谨的态度、理性的回应、包容的胸怀和职业的精神，也让我们看到了中国的司法制度愈加成熟的表现，看到了法治部门对公众评论的负责和包容，看到了法治国家建设的积极信号！

现在，我们开始等待二审法院的裁判结果。即使是有了终审判决，相信还会有不同的声音。无论是维持原判或改判有期徒刑甚至改判无罪，仍然会有“第二季”的讨论。我们相信，那将是一场更加理性、更加成熟、更加提升了层次的讨论，也将是这堂法治“公开课”中令人最有收获的一节。

法院所受理的纠纷案件是各种矛盾冲突的极端表现形式，不同的案件会引发各个领域的关注。有的案件直击人人关注的社会伦理的核心，有的案件则直接关涉社会秩序的安定和民生，有的案件会影响到本地乃至全国的经济发展，有的甚至关涉国家的安全……也就是说，同一个法律条文在不同背景下会引发来自不同角度的关注和评论。

作为法治社会的成员，我们应当如何对待法院的判决？我们当然拥有对公共事务发表评论的权利，而且完全可以从普通人的视角说出自己的理解。或许表达本身就是评论的目的之一，而这不仅意味着政治民主程度的提高，也意味着我们所有人都在寻求与法治精神的统一。从形式上讲，作为规则之治的法治需要有一个终局决定者。只要这个终局决定者是根据对法律的专业理解作出的裁判，便应当获得制度上的权威，应当得到社会成员的尊重，因为对法治的尊重是自己最终获得尊重的前提。当然，如果某一项法律在新形势下需要有新的解释甚至重新修订，其中便有了民主、负责的评论者的一份功劳！任何一项文明的发展、秩序的确立都是要有所付出的，而这种付出中就包含了对法律秩序的遵从，其本身就是对良法善治的贡献。

法律职业对于媒体的评论更要给予特别的关注和尊重。我们所理解的“努力让人民群众在每一个司法案件中感受到公平正义”，肯定不是在让人民群众弄懂了所有法律术语、法律理论之后再去感受公平正义。法律职业特别是握有法槌的法官只有认真正解法律中的政治诉求、道德诉求、人心诉求和其他相关因素，或者说是领会了在这些诉求之下的法律，才算是真正掌握了“法律”的真实含义了。

因此，要实现公正司法，负责任的媒体评论是不能缺位的。不过几个月前，英国《每日邮报》将作出涉及脱欧判决的三个大法官称为“人民的敌人”这种异乎寻常的评论也着实引起了欧洲关于民意与法治关系一场大辩论。也就是说，维护司法公正和审判独立，媒体当然也应当遵守法治精神，尊重司法权威，而不能超越合理的界限。

二、庭审公开课上的那些“全民关注点”

随着一声法槌敲响，于欢故意伤害案二审庭审宣布休庭，判决将择期宣告，全社会便一起进入了对终审判决的等待期。终审判决结果人人关注，但在经历了为求得这一“未知数”而完成的整个诉讼程序（特别是二审庭审）的铺垫之后，我们却有一种如释重负的感觉，甚至觉得判决结果也没有那么重要了。在进行了十几个小时职业、公开、庄重而不乏人性化的庭审之后，法官能够公正、独立、自信地作出判决的程序前提已经完全具备了，他们将根据自己对事实证据、法律辩论的理解，通过合议（也有可能通过审判委员会）的形式作出判决。即使终审判决的结果与我们的观点大相径庭，即使以后又引发了后续的救济程序，我们都没有理由质疑这场庭审，而应该坦然面对和接受司法规律为人类社会带来的这种结局。

党的十八届四中全会部署的一系列司法改革措施中，“以审判为中心的诉讼制度改革”成为各界关注的重点项目。习近平总书记特别指出，这项改革就是要“通过法庭审判的程序公正实现案件裁判的实体公正”“保证庭审在查明事实、认定证据、保护诉权、公正裁判中发挥决定性作用。”于欢案的二审开庭审理正是践行这一要求的又一个范例，是展现审判中心诉讼制度改革成果的又一堂庭审公开课。于欢案二审开庭的过程再一次彰显了审判中心主义和庭审中心主义在中国司法制度进步历程中的贡献，体现了符合司法规律的诉讼程序对公正司法的“塑形”作用。

要建立和完善以审判为中心的诉讼制度，开放的法庭便是课堂，法庭的认定便是标尺，法庭的裁判便是教材。于欢案庭审的现场有控辩双方的激烈对抗，有证人出庭接受询问质证，有人大代表、政协委员、公众代表、新闻媒体的现场旁听，有庭审过程的微博直播与上千万网民的观看和评论，确实引起了全民关注，而这些具体的“全民关注点”充分印证了以审判为中心的诉讼制度改革成果的巨大影响。

一是地点场所。这场庭审将全民的眼光吸引到了审判法庭里。虽然诉讼各方主体在法庭外都有过很多诉讼活动，但相互冲突的观点、难辨真伪的证据、纷繁复杂的主张最终都必须走进审判法庭的门，提交到审判席上的法官面前，让法官听到、看到。诉讼各方为实现自己的诉求行使诉讼权利，法庭当然予以保护，但这些都应当在法庭里完成才能算数。所以，法庭已经成为法治国家最有魅力的场所之一。

二是控辩双方。关注在法庭上展现的所有信息，其实就是关注控辩双方提交的证据和辩论意见。法庭上的活动不只是控辩双方从自己的角度对本案事实和法律的重述，更重要的是双方诉讼力、说服力的比拼。控辩双方以外的力量，无论是来自社会舆论，还是来自专家学者，原则上都不能形成诉讼的力量，不能成为法官作出判断的依据。我们不能禁止社会评论、专家发声，但其力量只有通过诉讼主体的声音转化过来并进入法庭，才可以影响法官的判断。

三是裁判法官。法庭是双方当事人的战场，但主持这场“文明战争”的人是端坐审判席的法官们。在控辩双方竭尽全力展现自我的时候,作为裁判者的法官的使命是确保这场战争公平地进行下去。因此,法官的一言一行、一举一动都关系到诉讼活动的公平性,关系到公众对法庭的评价,关系到司法公信的建立。关注法官,算是关注到了点子上。

四是程序活动。公众关注着控辩双方的表现,也关注着每一步程序的进行。诉讼程序的设计目的,就是要把所有证据、事实、法律观点纳入一个确定的、双方认可并平等运用的程序中。程序是正义依存的载体。对控辩双方提出的证据和法律观点,可以专题研讨、学术争鸣,也可以街谈巷议、众说纷纭,但这都难以成为审判中心主义所追求的正义来源。

五是公开透明。公开透明是公众关注于欢案和其他所有案件的最低的民主标准(也属于程序标准)。在法治国家、法治政府、法治社会建设一体推进的过程中,公开透明成为最基本、最先决,同时也是最便于满足的关注。所有诉讼活动以公开透明的方式展现出来,既是对实现审判中心主义的有效监督,也是对法庭自信的有力背书。公开透明本身并不直接证明被公开的庭审活动的正确性,但它可以在一定程度上阻止不正确的行为发生。

观察以往的案例,公众本来还可能关注另外一些方面,如是否存在审者不判、判者不审的情况,是否存在先定后审、庭审"走过场"的情况,是否存在请示上级、"二审变一审"的情况,是否存在外部干预、影响独立的情况,是否存在司法不廉、枉法裁判的情况,是否存在法官任性、独断专行的情况,是否存在限制公开、失去自信的情况等。但令人欣慰的是,对于于欢案的二审开庭几乎没有这些方面的关注或评论。虽然这些本来就难上台面的事尚未完全消除,但法治文明的进步无疑是巨大的。

据报道称,旁听于欢二审开庭的各界代表赞誉法庭是"正义的殿堂""法治的课堂"……如果一场庭审能获得如此高的评价,这一定是一场体现审判中心主义的成功庭审,是实现庭审实质化的典范。

三、认真对待来之不易的"于欢案效应"

从于欢案一审之后的上诉到二审法院的开庭审理,一直到改判五年有期徒刑终审判决的发布,社会舆论一路跟踪至今。重新回味于欢案的每一个环节，我们发现这起刑事案件与其他一些影响性诉讼一道，体现了对法治进步的“于欢案效应”。

一是从全民“陪审团”转化为全民“公开课”。面对一起普遍关注的复杂案件，社会公众会有自己的看法，法律专家也禁不住各抒己见。虽然这不必然影响公正裁判，但法官受舆论不当影响的风险确实存在。在于欢案中，法院的精心审理和明智“公关”成功地将办案全过程变成了一堂全民共享的法治公开课，完成了一个实质性的变化。

二是从激昂的感性反应转化为从容的理性思考。那些与社会道德直接相关的案件往往为不同群体表达意见、宣泄情绪提供了机会，于欢案正是其中之一。但舆论、情绪毕竟是暂时性的，无法持续长久，而从容平和的理性思考终究会占据上风。于欢案在过去三个月里的“三季”变化确实让人对中国法治的健康环境感到欣慰。

三是从一次性处置转化为先例性规则。每一起引发社会舆论关注、炒作的案件，往往都有疑难的法律问题蕴含其中。现在的法院越来越能理智地利用这些资源，将其中的法律问题挖掘出来甚至将裁判贡献为先例判决，而不再只是采取“灭火”式的舆情应对，简单了事。

四是从大众道德评判转化为专业法律判断。感性反应、“全民陪审”中表达出的观点基本上是大众道德评判。尽管法官不会对此置之不理，但职业标准要求法官将这些观点通过“法律职业过滤网”之后，方可吸收、转化为法律专业判断。于欢案二审判决书中的说理部分便是法官这一使命的体现。

五是从普通官员保障转化为法官职业保障。法院在国家治理中注定处于社会矛盾的“风口浪尖”，因此法官依法独立、公正审理案件需要获得特别的职业保障。一个官员为避免被免职可以在作出决定前做一些民意测验，而法官的裁判只能依据事实、法律和良知作出。因此，为实现法治的使命，法官必须拥有更高程度的职业保障，包括于欢案一审合议庭中的法官。

六是从多头并立的“无解之局”转化为审判中心的司法终局。不论公安、检察院、当事人、社会舆论的意见分歧有多大，甚至不排除有的主体通过不当手段施加压力，但唯有法院才是“一锤定音”者。于欢案再一次成为建设审判中心主义诉讼制度的典范。尽管有些公众将最高人民检察院公开发表的诉讼意见误认为是司法部门的“定调”,但审判中心主义的客观规律还是把检察机关拉回到了诉讼主体一方的地位(其法律监督功能另论)。

七是从被动回应舆论到适当回应舆论。于欢案虽有详尽的裁判说理,但山东省高级人民法院的负责人还是作了答记者问。这样做既有司法民主的政治原因,也有法律职业平民化的专业原因。今天已不再是贵族法官高高在上或者法律只属于律师的旧时代。中国司法的政治属性和“让人民群众在每一个司法案件中感受到公平正义”的根本要求,已经使司法与媒体(舆论)的关系有了适当调整。如果把回应社会关注当成是屈从媒体压力的“舆论审判”,那也未免过于简单了。

今天,于欢案将再一次成为中国法治道路上一个新的标志。这倒不见得是因为它对“正当防卫”法律规则新的解释,而是因为这起案件集中反映了法治进步所产生的这些效应。明天,或许还会有人坚持认为于欢案中舆论绑架了司法,或许还会有人认为量刑太重……这种情况实属正常。这或许也可以作为于欢案体现的另一个效应,那就是:法律永远是人民的!

四、司法与舆论:“良性互动”抑或“天生免疫”

在经历过无数个案司法与舆论较量的相似历程后,我们终于从于欢案中看到了来之不易的八大效应。其中,司法与舆论(媒体)的关系仍然是一个世界范围内热议的问题,而这一问题的焦点就在于:法官作出裁判时闭眼不看现实、掩耳不听民意,真的能作出公正的判决吗?法官与舆论之间存在良性互动的可能吗?

舆论免疫力(immunity of pop views)是传统司法理论中国际公认的法官对媒体、舆论的一种态度,但这一理论在不同国家、不同时代背景下可以有不同解释。在加拿大的司法职业道德准则中便有明确的规定,要求法官积极了解社会现实,了解诸如新的平等观、性别意识、种族差别与平等、家庭暴力与普通暴力的不同、创伤心理学等知识。中国最高人民法院2001年发布的《法官职业道德基本准则》(后有修订)在“加强自身修养”一章中也规定,“法官应当具有丰富的社会经验和对社会现实的深刻理解”。

由此可见，法官除了具备政治素质、专业能力、独立精神以外，还要了解社会现实、舆论声音、公众意见。不可想象一个不食人间烟火的法官会作出公正的裁判，也不敢说仅凭法律逻辑和生活经验就能让自己的判决为社会所广泛接受。既然法院总是处在社会矛盾的风口浪尖上，那么法官在客观上便不可能与舆论脱节。

在实行陪审团制度的普通法国家，法院会尽可能选择那些不了解案情、未参与过讨论，甚至未看过相关电视节目的人当陪审员，其目的就是要防止陪审员受到舆论的影响而先入为主，可能导致审判不公。但这一标准并不适用于职业法官，因为法官是受过法律专业训练的职业人士，人们相信法官凭其自身能力便可以自动排除、消解掉舆论对其公正裁判的不当影响。换句话说，职业法官对舆论影响具有完全的"免疫力"。

我们也看到，当前在普通法国家对媒体报道或舆论讨论具体案件时也会有一些限制措施，甚至法院会使用"封口令"(gag order)之类的措施，但这在很大程度上并不是为了防止法官受到影响，而是为了帮助陪审员排除干扰和偏见，同时保护涉案当事人或证人在诉讼进程中免受伤害。

但是，法官毕竟也是人，是社会中的普通一员，且其"舆论免疫力"也是靠后天培养获得的，所以百分之百地相信法官会自动过滤舆论的不当影响也未必可靠。

这样一来，相应的机制保障便成为司法制度建设的重点，如审判独立、责任豁免、职业训练、道德操守等。各国也为此采取了一些措施对媒体舆论作了一些限制，但又出于民主、问责、自然权利等因素的考虑，法院要求自己的法官们加强与媒体、社区、职业群体的沟通、交流，其目的无疑是实现司法与舆论的良性互动。一个民主国家是不会无端禁止公众对司法案件进行披露或评论的，但国家唯一担心的就是法官(裁判者)可能受到舆论的不当影响而偏向了情绪、主观、偏见，最终把事实和法律放在一边。

有媒体认为于欢案中是"舆论取得了胜利"，但更多人认为是法治和正义大获全胜。在司法与舆论形成良性互动时，正义的胜利与舆论的主流声音便可以基本协调一致。我们便可以说，司法与民意的良性互动能为实现公平正义提供更有力的保障!

五、做好下一堂"公开课"的"课前准备"

于欢案二审终审之后,下一堂"法治公开课"或许在明天、后天就要开始了。反思于欢案和其他类似案件,我们发现了一个具有普遍性的问题:听众进入课堂之前一般都没有做好"课前准备",从而导致公开课的预期效果难以实现。

那么,该有哪些课前准备呢?基本法律知识必不可少,遵法守法意识不可或缺,理解和接受司法规律定有裨益,程序正义精神亟待培养……当然,我们并不期待听众在人人成为法律专家之后才能进入课堂,但必要的课前准备是必须做的。

第一,接受司法规律。这一要求看似过高,但作为一个负责任的公民,听众应当牢记作为公平正义最后一道防线的司法所应具备的独立性、公正性、权威性等根本属性。这些理念可以帮助听众理解法治过程,也可以帮助公众以正确的立场、态度、方法来监督司法。

第二,维护中立地位。司法裁判不是神明执法,法官也不是万能之神。法官查明事实时,不是靠亲自安装摄像头进行监控,而是靠双方当事人提供的证据说服自己。法官虽然是法律专家,但在解释和适用法律时也必须事先听取诉讼两造的法律辩论。谁能把作为中立裁判者的法官说服,谁就能赢得这场官司。可以这样说,在司法公正的前提下,决定官司输赢的不是法官,而是当事人自己。

第三,尊重职业判断。法律判断属于职业判断,无法以大众判断替代。尽管大众判断在民主意义上(通过立法)最终将主导、取代或者覆盖法律职业的判断,但法律职业判断在法律过程(legal process)中总处于优先地位。虽然法律问题人人皆可评论,但职业判断最终定局。即便是职业人士之间对同一问题也会有不同观点,美国最高法院作出判决时经常出现五比四的情况。这是法律科学本身的属性所决定的。

第四,尊重司法程序。"走程序"常被人不屑一顾,大众理性中也少有程序的地位。但是,不尊重司法程序就等于捅破了实体权利的"保护伞"。如果以自己对裁判结果的期待或好恶作为批评司法的唯一依据,那就等于掀掉了公平正义大厦的房顶而将其暴露在风雨之中。裁判结果固然重要，但未经司法程序"过滤"的信息在法律上很可能是不可靠的。实体法告诉法官应当做出什么样的裁判，而程序法告诉法官的是如何做出这样的裁判。

第五，学会自尊自重。听众对自己的言行负责也是对自身的保护和尊重。由于缺乏亲历性，公众所得到的信息经常是残缺不全、支离破碎的。如果简单、草率地以此为依据发表情绪激昂的评论，则很可能在随后的过程中给自己造成难堪，影响自身形象，甚至对法官公正裁判造成负面影响。有时会听到有人说"某某问题即使是三岁的孩子都明白怎么判断"，但更多的问题即使通过谨慎审理、激烈辩论也未必得出确定性的判断。草率的评论往往是由于低估了法律问题的复杂性而作出的。

毫无疑问，课前准备工作越充分，听众的自信会越强，参与度会越高，对法治的支持也会越大。为全面、深刻理解公开课的内容，形成台上台下的良性互动，鼓励我们的听众积极主动地做好下一堂法治公开课的课前准备吧！

法律事实是改判之“定海神针”

蒋安杰*

6月23日9点，于欢案尘埃落定，山东省高级人民法院第22审判法庭，在经过关于事实和证据、关于法律适用、关于刑罚裁量、关于诉讼程序四个方面内容的评判后，终审裁决于欢犯故意伤害罪，判处有期徒刑五年。

距离5月27日备受关注的于欢故意伤害案二审在山东省高级人民法院公开审理，长达15个小时的于欢案第一只靴子——庭审落地将近一个月的时间，于欢案改判这只人们关注已久、承载着公平正义的靴子终于在社会高度关注中，铿锵有力地砸向了地面。

回想马三立老先生那段著名的单口相声里，曾经等待第二只靴子落地的那个人一直睡不着觉的场景与画面，山东省高级人民法院二审的法官们对《法制日报》记者说，这个比喻很恰当，再形象不过。

于欢案在一审宣判后引发了公众乃至法律界人士关于人伦与法律话题的讨论，大量关于该案走向的推测和呼声层出不穷。在此舆论环境下，二审法官背负的压力之大可想而知，几乎是在刀尖上行走，容不得任何闪失。

如何既能保证公平公正，又能妥善回应社会关切；如何平衡情理与法律、道德与法律、民意与法律的关系，这是摆在二审法院面前的现实问题。但无论怎样，在司法的天平上只有公正、只有事实、只有法律，不会因舆论的风潮而摇摆。

于欢案改判，二审判决书中明确指出，原审判决存在的主要问题是认定事实不全面，部分刑事判项适用法律错误。判决书写道：“案发当日被害人杜志浩曾当着于欢之面公然以裸露下体的方式侮辱其母亲苏银霞，虽然距

* 《法制日报》记者。

于欢实施防卫行为已间隔约 20 分钟，但于欢捅刺杜志浩等人时难免不带有报复杜志浩“辱母”的情绪，在刑罚裁量上应当作为对于欢有利的情节重点考虑。杜志浩的辱母行为严重违法、亵渎人伦，应当受到惩罚和谴责，但于欢在实施防卫行为时致一人死亡、二人重伤、一人轻伤，且其中一重伤者系于欢持刀从背部捅刺，防卫明显过当。于欢及其母亲苏银霞的人身自由和人格尊严应当受到法律保护，但于欢的防卫行为超出法律所容许的限度，依法也应当承担刑事责任。认定于欢行为属于防卫过当，构成故意伤害罪，既是严格司法的要求，也符合人民群众的公平正义观念。”

二审判决不仅让法律有了温度，最重要的是，让网络上相关报道的一些失实事实、情节在二审庭审以及判决书中都得以澄清。

《法制日报》记者细心比对判决书和网上相关报道内容后发现：

一、关于苏银霞借还款的相关事实

网上报道的具体内容：因公司资金困难，2014 年 7 月和 2015 年 11 月，苏银霞两次分别向吴学占借款 100 万元和 35 万元，约定月利息 10%。苏银霞提供的数据显示，截至 2016 年 4 月，她共还款 184 万元，并将一套 140 平方米价值 70 万元的房子抵债。“还剩最后 17 万元欠款，公司实在还不起了。”于欢的姑姑于秀荣如是说。

经审理查明：2014 年 7 月 28 日，苏银霞及丈夫于西明向吴学占、赵荣荣借款 100 万元，双方口头约定月息 10%。至 2015 年 10 月 20 日，苏银霞共计还款 154 万元。2015 年 11 月 1 日，苏银霞、于西明再向吴学占、赵荣荣借款 35 万元。其中 10 万元，双方口头约定月息 10%；另外 25 万元，通过签订房屋买卖合同，用于西明名下的一套住房作为抵押，双方约定如逾期还款，则将该住房过户给赵荣荣。2015 年 11 月 2 日至 2016 年 1 月 6 日，苏银霞共计向赵荣荣还款 29.8 万元。

综上，苏银霞两次分别向吴学占借款 100 万元和 35 万元，与网上报道的借款次数、数额一致；苏银霞共计还款 183.8 万元，与网上报道苏银霞还款 184 万元相差无几。

经审理查明：2015 年 11 月 2 日至 2016 年 1 月 6 日，苏银霞共计向赵荣荣还款29.8万元。吴学占、赵荣荣认为该29.8万元属于偿还第一笔100万元借款的利息,而苏银霞夫妇认为是用于偿还第二笔借款。吴学占、赵荣荣多次催促苏银霞夫妇继续还款或办理住房过户手续,但苏银霞、于西明未再还款,亦未办理住房过户。2016年4月1日,赵荣荣与被害人杜志浩、郭彦刚等人将于西明上述住房的门锁更换并强行入住,苏银霞报警。赵荣荣出示房屋买卖合同,民警调解后离去。同月13日上午,吴学占、赵荣荣与杜志浩、郭彦刚、杜建岗等人将上述住房内的物品搬出。当晚,于西明通过他人调解,与吴学占达成口头协议,约定次日将住房过户给赵荣荣,此后再付30万元,借款本金及利息即全部结清。同月14日,于西明、苏银霞未去办理住房过户手续。

综上,网上报道关于"将价值70万的房子抵债,还欠款17万"的表述与查明事实不符。在案证据证实,双方对以房抵债进行过协商,一度达成过协议,协议内容为住房折抵60万元,此后再付30万元,但协议并未履行。

二、关于吴学占指使手下拉屎并将苏银霞按进马桶的相关事实

网上报道的具体内容:2016年4月13日,苏银霞到已抵押的房子里拿东西。据她提供的情况说明,在房间里,吴学占让手下拉屎,并将苏银霞按进马桶里,要求还钱。

经审理查明:2016年4月13日上午,吴学占、赵荣荣与杜志浩、郭彦刚、杜建岗等人将上述住房内的物品搬出,苏银霞报警。民警处警时,吴学占称系房屋买卖纠纷,民警告知双方协商或通过诉讼解决。民警离开后,吴学占责骂苏银霞,并将苏银霞头部按入坐便器接近水面位置。

综上,网上报道关于"吴学占让手下拉屎,并将苏银霞按进马桶里"的表述不准确。苏银霞出庭作证证实,吴学占将其头部按入坐便器接近水面位置,当时马桶里边没有屎,其头发和脸上没沾上水。

三、关于赵荣荣纠集他人限制苏银霞、于欢人身自由的相关事实

网上报道的具体内容:山东源大工贸有限公司(以下简称源大工贸)职工刘晓兰看到3辆没有车牌的轿车进入工厂,时间是在2016年4月14日下

午4时许。她预感不妙。他们一行约十人,拉来了烧烤架、木炭、肉串、零食和啤酒,将烧烤架支在公司办公楼门口,若无其事地烤串饮酒。苏银霞和儿子于欢被限制在公司财务室,由四五人看守,不允许出门。当晚8点多,催债人员杜志浩驾驶一辆迈腾车进入源大工贸,将苏银霞母子带到公司接待室。接待室内有两张黑色单人沙发和一张双人沙发,苏氏母子分别坐在单人沙发上,职工刘晓兰坐在苏银霞对面。11名催债人员把3人围住。

经审理查明:2016年4月14日,于西明、苏银霞未去办理住房过户手续。当日16时许,赵荣荣纠集郭树林、郭彦刚、苗龙松、张博到源大公司讨债。赵荣荣等人先后在办公楼前呼喊,在财务室内、餐厅外盯守,在办公楼门厅外烧烤、饮酒,催促苏银霞还款。

综上,网上报道关于"苏银霞和儿子于欢被限制在公司财务室,由四五人看守,不允许出门"的表述不准确。在案证据证实,讨债一方仅实施了在财务室内盯守苏银霞一人的行为,无证据证实讨债一方将苏银霞、于欢限制在公司财务室,且不允许离开财务室。

经审理查明:当日20时许,杜志浩、杜建岗赶到源大公司,与李忠等人一起饮酒。20时48分,苏银霞按郭彦刚要求到办公楼一楼接待室,于欢及公司员工张立平、马金栋陪同。21时53分,杜志浩等人进入接待室讨债。

综上,网上报道关于"杜志浩驾驶一辆迈腾车进入源大工贸,将苏银霞母子带到公司接待室,11名催债人员将苏银霞母子、公司职工3人围住"的表述,与事实不符。在案证据证实,当日20时许杜志浩到源大工贸后,先与其他讨债人员一起饮酒,后于21时53分才进入接待室讨债,且之前苏银霞母子并非由杜志浩带到公司接待室内。另外,并无证据证实杜志浩等11名催债人员进入接待室后即将苏银霞母子、公司职工3人围住。另外,在案证据证实,苏银霞、于欢及公司员工张立平、马金栋4人在接待室,并非3人。

四、关于讨债人员在源大工贸公司播放黄色录像的事实

网上报道的具体内容:"在他娘俩面前,他们用手机播放黄色录像,把声音开到最大,说的话都没法听。"于秀荣说。

经审理:未认定上述相关事实。

该段内容无证据证实。在案证据,除了于欢的姑姑于秀荣证实听到讨债人员的手机发出女人"啊啊"的声音,猜测是放黄色录像外,无其他证据予以印证,且当事人苏银霞、于欢均证实没有看到或听到讨债人员用手机播放黄色录像。

五、关于杜志浩等人在接待室内侮辱、殴打苏银霞母子的事实

网上报道的具体内容:辱骂、抽耳光、鞋子捂嘴,在11名催债人长达一小时的凌辱之后,杜志浩脱下裤子,用极端手段污辱苏银霞——当着苏银霞儿子于欢的面。刘晓兰说,杜志浩一直用各种难听的脏话辱骂苏银霞,"什么话难听他骂什么,没有钱你去卖,一次一百,我给你八十。学着唤狗的样子喊小孩,让孩子喊他爹"。其间,杜志浩脱下于欢的鞋子,捂在苏银霞的嘴上。刘晓兰看到母子两人瑟瑟发抖,于欢试图反抗,被杜志浩抽了一耳光。杜志浩还故意将烟灰弹在苏银霞的胸口。让刘晓兰感到不可思议的是,杜志浩脱下裤子,一只脚踩在沙发上,用极端手段污辱苏银霞。刘晓兰看到,被按在旁边的于欢咬牙切齿,几近崩溃。

经审理查明:(4月14日)21时53分,杜志浩等人进入接待室讨债,将苏银霞、于欢的手机收走放在办公桌上。杜志浩用污秽语言辱骂苏银霞、于欢及其家人,将烟头弹到苏银霞胸前衣服上,将裤子褪至大腿处裸露下体,朝坐在沙发上的苏银霞等人左右转动身体。在马金栋、李忠劝阻下,杜志浩穿好裤子,又脱下于欢的鞋让苏银霞闻,被苏银霞打掉。杜志浩还用手拍打于欢面颊,其他讨债人员实施了揪抓于欢头发或按压于欢肩部不准其起身等行为。22时7分,公司员工刘付昌打电话报警。22时17分,民警朱秀明带领辅警宋长冉、郭起志到达源大公司接待室了解情况。

综上,不准确的表述部分有:11名催债人员对苏银霞母子长达一小时的凌辱不实。在案证据证实,杜志浩等9名讨债者进入接待室后,仅是杜志浩一人辱骂于欢、苏银霞,像唤狗一样喊"欢欢",且实施了裸露下体、脱下于欢的鞋让苏银霞闻、拍打于欢面颊等行为,持续的时间从21时53分至22时17分,不超过24分钟,其他讨债人员没有实施辱骂、拍打于欢或苏银霞面部的行为。杜志浩脱下裤子,一只脚踩在沙发上,用极端手段污辱苏银霞的事实

不实。在案证据证实,杜志浩站在茶几旁边,将裤子褪至大腿处裸露下体,朝坐在沙发上的苏银霞、于欢、张立平、马金栋等人左右转动身体,距离苏银霞的右胳膊约30公分。接着在马金栋、李忠劝阻下,杜志浩穿好裤子。并无证据证实杜志浩一只脚踩在沙发上用极端手段污辱苏银霞,且与当事人苏银霞关于"我坐在东边北侧单人沙发,于欢坐在东边南侧单人沙发,张立平、马金栋坐在西边长沙发上。杜志浩站在茶几北边脱裤子露下体对着南边,没有直接对着我,但杜志浩距离我的右胳膊很近,也就三十公分左右。杜志浩露出生殖器时,我把脸扭向南边,不搭理他。经杜志浩旁边的人劝说,杜志浩提上裤子"的证言相矛盾。

杜志浩让于欢喊他爹的事实不准确。在案证据证实,讨债者李忠和杜志浩曾让于欢喊叔叔,该事实有于欢供述和苏银霞的证言等证据予以证实,并无证据证实杜志浩让于欢喊爹。

杜志浩脱下于欢的鞋子,捂在苏银霞的嘴上的事实不准确。在案证据证实,杜志浩脱下于欢的鞋子,放到苏银霞的鼻子处让其闻,被苏银霞打掉,并未捂在苏银霞的嘴上。

杜志浩还故意将烟灰弹在苏银霞胸口的事实不准确。在案证据证实,杜志浩将烟头弹到苏银霞胸前衣服上,并无证据证实将烟头弹在苏银霞的胸口,且当事人苏银霞证实她当时穿着皮衣,杜志浩将烟头扔到她左胸前衣服上。

六、关于民警处警的相关事实

网上报道的具体内容:22时13分(监控显示),一辆警车抵达源大工贸,民警下车进入办公楼。判决书显示,多名现场人员证实,民警进入接待室后,说了一句"要账可以,但是不能动手打人",随即离开。4分钟后,22时17分许(监控显示),部分人员送民警走出办公楼,有人回去。看到3名民警要走,于秀荣拉住一名女警,并试图拦住警车。"警察这时候走了,他娘俩只有死路一条。我站在车前说,他娘俩要死了咋办,你们要走就把我轧死。"于秀荣回忆说。而警方的说法是,他们询问情况后到院内进一步了解情况。

经审理查明:在民警走出接待室寻找报警人期间,于欢和讨债人员均可透过接待室玻璃清晰看见停在院内的警车警灯闪烁,应当知道民警并未离开;在于欢持刀警告不要逼过来时,杜志浩等人虽有出言挑衅并向于欢围逼的行为,但并未实施强烈的攻击行为。即使4人被于欢捅刺后,杜志浩一方也没有人对于欢实施暴力还击行为。于欢的姑母于秀荣证明,在民警闻声返回接待室时,其跟着走到大厅前台阶处,见对方一人捂着肚子说"没事没事,来真的了"。因此,于欢面临的不法侵害并不紧迫和严重。

综上,网上报道关于"于秀荣证实看到3名民警要走,于秀荣拉住一名女警,并试图拦住警车"的表述,与事实不符,该证言不仅无其他证据予以印证,而且与执法记录视频、源大公司监控视频等证据相矛盾。在案的执法记录视频、源大公司监控视频、通话记录以及朱秀明、徐宗印、辅警郭起志、宋长冉的证言证实,朱秀明警告双方不能打架后即带领辅警到院内寻找报警人了解情况,并给值班民警徐宗印打电话通报警情,让徐宗印到源大公司。警车到达现场后未熄火,在停靠位置未移动。民警朱秀明及辅警郭起志在车上商量40秒后,二人下车走到警车左侧,接着于秀荣走到警车左侧,没有发现于秀荣有拦车行为。于欢的供述、苏银霞的证言以及讨债方多名证人证言亦均证实民警进入接待室后问谁报警,苏银霞回答可能是厂里的工人,并均称民警离开接待室是到院中寻找报警人了解情况。

七、杜志浩受伤后就医的相关事实

网上报道的具体内容:杜志浩等人受伤后,自己开车去了冠县人民医院。于秀荣的老伴说,事发后他曾去医院打听,杜志浩因琐事还在医院门口跟人发生争执。

经审理查明:杜志浩等4人受伤后,分别被杜建岗等人驾车送至冠县人民医院救治。次日2时18分,杜志浩经抢救无效,因腹部损伤造成肝固有动脉裂伤及肝右叶创伤导致失血性休克死亡。因急于抢救杜志浩等人,杜建岗开车撞断医院大门口道闸挡杆,直接开到急救科门口,并找医生进行抢救。杜志浩等人并没有与门卫发生争执,也没有因为杜建岗撞断挡杆而延误医生对杜志浩进行抢救。上述事实有杜建岗、张书森、冠县人民医院抢救杜志浩的医生李广振、赵海宽等证言、冠县人民医院出具的病历、情况说明等证据予以证实。

综上,关于“杜志浩自己开车去了冠县人民医院、杜志浩因琐事还在医院门口跟人发生争执”的表述与查明的事实不符。

八、尖刀属性、来源的相关事实

网上报道的具体内容:混乱中,于欢从接待室的桌子上摸出一把刀乱捅,杜志浩、严建军、程学贺、郭彦刚 4 人被捅伤。

经审理查明:杜志浩等人卡于欢颈部,将于欢推拉至接待室东南角。于欢持刃长 15.3 厘米的单刃尖刀,警告杜志浩等人不要靠近。杜志浩出言挑衅并逼近于欢,于欢遂捅刺杜志浩腹部一刀,又捅刺围逼在其身边的程学贺、严建军腹部、郭彦刚背部各一刀。

判决书写道:被害人及其诉讼代理人所提原判未认定作案尖刀系管制刀具,来源未能查清的意见,经查,根据外观特征认定本案的作案工具为尖刀,并无不当;只有被害人郭彦刚一人陈述于欢从身上拿出尖刀,该陈述与在场的其他被害人陈述及有关证人证言等证据不符,且该尖刀是否为于欢事前准备,不影响于欢的行为是否具有防卫性质的认定。

就这些事实部分网上表述不够准确的内容,《法制日报》记者在旁听后也采访了相关人士,他们对记者说,细心的读者只要一对比,都会发现法庭调查内容与相关报道有出入,不可否认,于欢辱母案中的很多描述或者关键词如“辱母、脱下裤子用极端手段侮辱对方、弹烟灰到胸口”等都会某种程度上刺激读者的神经,挑战人们的道德底线,撩拨人们灵魂深处最柔软的那部分,也正因如此,该案能迅速得到回应,舆论发酵。

该人士同时告诉记者,即便事实部分有出入,该案剧情却无法翻转,因为毕竟报道中出现的辱母情节在法庭调查中得到了证实。这也是判决书中提到“只有被害人郭彦刚一人陈述于欢从身上拿出尖刀,且该尖刀是否为于欢事前准备,不影响于欢的行为是否具有防卫性质的认定”的缘由,因虽然距于欢实施防卫行为已间隔约 20 分钟,但于欢捅刺杜志浩等人时难免不带有报复杜志浩“辱母”的情绪,在刑罚裁量上应当作为对于欢有利的情节重点考虑。

于欢案件之所以引发社会广泛关注，除了舆论引导、专家学者、律师、全社会积极参与外，也与一审办案机关收集、固定、审查证据不规范、不全面，裁判认定事实不全面，说理不透彻等有关。

把案件放在聚光灯下，不是坏事，在舆论面前，只有事实和法律才是司法工作者的“定海神针”，尊重事实也是媒体必须恪守的职业道德和追求。媒体、舆论和司法机关追求的目标永远是一致的，即都是探寻事实真相，追求社会公平正义，追求法治的梦想，这种目标的共同性和一致性，从更高的层面来看，就是一种信仰的力量，不分职业与行业，无论遇到什么阻碍，都不会阻止人们前行的道路。愿我们用《冈仁波齐》那句话共勉：“山就在那儿，山会等着，我们心灵的朝圣。”

让热点案件的判决书制作成为典范

于同志*

近年来,重大、热点刑事案件受到人民群众的高度关注,人民群众不仅关注案件的裁判结果,也关心案件的裁判过程。裁判文书是案件审判过程及结果的记载,是“把动态的刑事司法过程转化为静态的书面文字”,①是人民群众了解司法案件各方面信息的主要窗口,必然要承担起“回应人民群众关切”的重要使命。这就对裁判文书的制作提出了更高要求。于欢故意伤害案二审改判获得广泛认同,其判决书被媒体誉为“法与情的完美结合”“有情感的判决”等,由此也为热点刑事案件制作裁判文书提供可资参考的范例。

一、全面反映诉讼参与各方的意见

于欢案二审判决书用了相当的篇幅、较详细地表述参加诉讼的各方主体,包括提出上诉的被害人杜某的亲属及其诉讼代理人、被告人于欢及其辩护人、出庭检察员以及被害人郭某、严某及其诉讼代理人的意见。相关内容,既包括上诉状、辩护词、代理词、出庭意见书等书面材料记载的意见,也包括各方当庭口述发表的意见。而且,判决书对各方的意见均作了精准概括,虽然本案诉讼参与人数量多、各自所提意见涉及多方面,但由于判决书制作者对此精心归纳、提炼,表达上做到了层次清晰、布局合理、内容清楚,丝毫不显凌乱。

一般来说,诉讼参与各方发表意见的途径主要有两种:一是向法庭提供

---

* 法学博士,《刑事审判参考》执行编辑。

① 李谦:《以释法说理的裁判文书引领社会风尚》,载《人民法院报》2017年8月6日。

书面材料;二是当庭发表意见。制作裁判文书时表述诉讼参与各方的意见,是依据书面材料还是当庭意见,值得关注。从实践来看,向法庭提交书面材料反映意见,有的在开庭前提交,有的在庭审宣读后直接交予法庭,个别的是在庭审后经修改完善后再提交法庭。在文书制作时,有的法官基于操作便利等考虑,往往直接摘录、概括书面材料的观点。这样做的一个直接后果就是不能全面反映各方的意见和观点。因为,相对于控辩激烈交锋下的极为丰富的庭审信息,事先所准备的书面材料的内容往往是固定的,也通常是不全面的。特别是有的诉讼参与人还会根据庭审情况调整自己发言的具体内容,事先准备的意见未必当庭提出,事前未提及的观点可能随即迸发。简单地依据书面材料概括、提炼相关诉辩意见、观点,既不够全面也不够稳妥,还不利于回应人民群众的关切。

按照庭审实质化的要求,“诉讼证据出示在法庭,案件事实查明在法庭,诉辩意见发表在法庭,裁判结果形成在法庭”,①所以,对于开庭审理的案件,诉讼参与各方的意见向法庭提交的法定渠道应是“庭审”,且应当以口述的言词方式当庭提出,这样才有助于相对方提出答辩意见,才有利于法庭贯彻控辩对抗、裁判中立的理念。与此相对应的是,裁判文书所反映的诉讼参与方的意见应当是各自当庭发表、经过辩论的意见(而不能局限于上诉状、辩护词、代理词、出庭意见书等书面材料)。并且,判决书应当全面反映各方的意见,避免遗漏。当然,全面反映不是照搬照抄,应当加以概括、提炼,对一些似是而非的内容要作出修饰、调整,完全不合理的还可以“适当取舍”。但在总体上应力求表述完整、准确、精练。在此方面,于欢案的二审判决书可供借鉴。

二、严格依据证据认定案件事实

重大、热点刑事案件在庭审中往往会呈现多方面的“事实”,其中既有检察机关指控的“事实”,也有被告人及其辩护人主张的“事实”,在有被害人出庭的案件以及刑事附带民事诉讼案件中,还会存在被害方陈述的“事实”等。

① 沈德咏:《加快推进以审判为中心的刑事诉讼制度改革》,载《人民法院报》2017年3月8日。

这些“事实”既有客观属实的，也有与实际出入很大甚至完全虚构的；彼此之间既可能比较接近，也可能大相径庭，等等。这就要求法庭在认定案件事实时必须牢固坚持证据裁判的立场，“一切靠证据说话”。

1. 基于证据认定案件事实

党的十八届四中全会在论及以审判为中心诉讼制度改革时，明确要求坚持证据裁判原则。证据裁判，也是刑事诉讼中的一项基本原则，它要求“事实认定必须依据有关证据作出，没证据不得认定事实”。于欢案的二审注重贯彻证据裁判原则，判决书立足于经庭审举证、质证的被害人陈述、被告人供述和辩解，证人证言，视频资料、现场勘验、检查笔录、鉴定意见和有关书证材料，医疗证明和医生的证言以及检察机关补充提取的证据五个方面的证据，客观地还原了本案的全部案情，既揭示出案件事实的基本脉络，也展示了人民群众关注的相关细节，通过“让证据说话”，澄清了网传的一些失实的事实、情节，稳妥且有效地回应了社会的关切。

2. 无证据支持以及与在案证据不符、无关的事实主张不予认定

在于欢故意伤害案二审中，上诉人于欢及其辩护人提出“被害人杜某伤后自行驾车前往冠县人民医院，而未去距离更近的冠县中医院，且到医院后还与门卫发生冲突，延误救治，导致失血过多死亡”“被害人有亲属在当地检察机关、政府部门任职，可能干预审判”等主张，被害人郭某、杨某及其诉讼代理人提出于欢在案发前已准备了管制刀具、案发时“拉开衣服拉链从身上拿出刀具”等主张，出庭检察员提出被告人父母存在计划外生育、因不正常上班被免职等主张。对诉讼参与各方的上述事实主张，二审法院立足于在卷证据材料逐一进行了审查、回应，对其中没有证据证明的、与已经查明事实明显不符的以及与本案定罪量刑没有关联的，果断不予支持、不作案件事实认定。

3. 坚持对案件事实全面认定、表述

定罪量刑必须以事实为根据。这里的事实既包括直接关乎案件定性的关键事实、核心事实，也包括可能影响量刑的案件前因后果等方面的关联事实、边际事实，只有把涉及案件定罪量刑的事实全面发掘出来，才能够客观、准确地认定案件性质并适当量刑。同时也有助于澄清网传不实事实、情节，

回应人民群众的关切,并实现司法的公开透明。于欢案一审判决之所以引发社会广泛关注和炒作,也与其未能查明和完整表述案件全部事实有直接关系。

二审判决书中明确指出,认定事实不全面是原审判决存在的突出问题之一。原判仅仅认定了案发当天被告人于欢故意伤害他人的事实经过,但未能查清也未能明确认定、表述引起该案发生的"前因"及相关背景因素。事实上,案发前被害人杜某等人在吴某、赵某纠集下多次实施骚扰于欢之母苏某的正常生活、干扰源大公司生产经营等逼债行为。苏某一方也曾拨打"110""市长热线"等求助,但吴某、杜某等人的行为未能受到有效制约并变本加厉,以致最终引发此案。该事实、情节不仅是认定被害人存在严重过错的事实基础,也是判断于欢的行为是否具有防卫性质进而对其准确地定罪量刑的客观依据。针对原判认定、表述事实不够全面的问题,二审判决重点叙述了被害人杜某一方"辱母"的具体言行、于欢持刀捅刺四被害人的详细经过和杜某被救治的具体情况等社会关注的重要事实,并全面认定了双方高息借贷经过、案发前被害人杜某等在吴某、赵某纠集下多次实施的逼债行为等事实、情节。全面认定和表述案件事实,不仅最大限度地回应了人民群众的关切,也为判决书说理评判和裁判奠定了坚实基础。

三、认真梳理证据实现精准表达

于欢案发生时,现场人员较多,侦查机关调取数十位证人的证言、多名被害人的陈述,加之视频资料、现场勘验、检查笔录、鉴定意见、被害人入院救治方面的证据等,案件证据材料较多。在案件二审期间,出庭检察员又当庭宣读、出示了新收集、调取的证人证言、侦查实验笔录及行驶路线图、手机通话记录和原证人、被害人、被告人的补充证言、陈述和供述等23份证据材料,辩护人则当庭出示了讨债人员驾驶无牌或套牌车辆的现场监控录像截图、被害人亲属系冠县人民检察院工作人员的网页截图、驾车从现场分别到冠县人民医院和冠县中医院的导航路线截图3份证据材料,这使得二审法庭面对的案件证据材料更加丰富、庞杂。对这些证据材料。一方面,需要法庭经过开庭审理,双方举证、质证,对证据材料作出认证、取舍;另一方面,对经过认证、作为定案依据的证据要进行梳理,做好证据的摘录和列举。

二审判决在对各方意见评判中指出:“辩护人当庭提交的3份新证据材料,出庭检察员当庭提交的有关苏某计划外生育被罚款的收费收据、于欢父亲于某某身份信息的新证据材料,或者不具有客观性,或者与案件无关联性,本院不予采信”,但基于事实认定需要,采纳了检察机关补充提交的聊城市人民检察院提取的银行转账凭证证明、通话清单证明以及冠县公安局制作的侦查实验笔录证明3份证据,体现了对证据裁判原则的严格坚持,也由此划定了本案定案证据的具体范围。

鉴于据以定案的证据种类繁多、内容庞杂,二审判决紧扣裁判认定的事实,从证据摘录与证据列举两个环节对相关证据作了精心梳理。在证据摘录上,遵循准确、客观、中立、全面、匹配事实、详略得当等的要求,着重从六个方面对在案证据进行整理:第一,根据裁判认定事实摘录证据具体内容,重点关注直接关乎定罪量刑的关键性信息。第二,对被告人有利和不利的证据内容全面反映。第三,大幅归纳、合并内容重复的证人证言、被害人陈述等证据。第四,妥善处理证据摘录上的详略关系,对重要信息引用原话、详加表述,不重要的证据信息一笔带过,无关的信息坚决不列。第五,重视书证、视频资料、现场勘验、检查笔录、鉴定意见等客观证据,对相关证据内容详细摘录,注重发挥客观证据的证明作用。第六,不忽略证据的附随信息,列明证据的来源和取证机关等。

在证据列举上,重点做了以下工作:第一,按照“被害人陈述、被告人供述和辩解”“证人证言”“视频资料、现场勘验、检查笔录、鉴定意见和有关书证材料”“医疗证明和医生的证言”和“检察机关补充提取的证据”五个板块列举证据,重视各类证据在证明体系上的内在逻辑性和形式排列上的条理性。第二,贯彻中立裁判立场,平等对待控辩证据,将各自的相关证据交替罗列。比如,将被害人陈述与被告人供述和辩解放在一起表述;在证人证言部分,先列举在现场的证人证言,再列举其他证人证言。列出于欢之母苏某的证言后,随之表述被害一方的相关证人证言等。第三,突出对新证据的认证。将采纳的检察机关补充提交的3份新证据单独列出,并较为具体地表述其证据内容,积极展示庭审实质化的改革成果。

于欢案二审判决书处理证据的上述做法具有重要参考价值。从审判实践来看,目前裁判文书在证据摘录和列举中存在的突出问题是:(1)证据摘录不全,遗漏关键性信息、证据来源及特征等;(2)证据摘录不中立,容易忽视一些有利于被告人的信息;(3)证据与事实脱节,与裁判认定的案件事实不匹配、不一致,量刑事实时常被忽略;(4)罗列的证据与案件事实之间缺乏相关性,或者为明显多余的证据材料;(5)在对具体证据的内容摘录和全案证据的整体处理上,均存在繁简不分的问题;(6)定案的证据未经庭审出示、质证,未经庭审举证、质证的可能是单个证据,也可能是该证据的某些重要信息;(7)证据列举随意、混乱、无序;(8)对证据内容的语言表达不清晰、不规范、不准确等。如何恰当地表述证据,直接关乎裁判文书的制作质量,于欢案二审判决书无疑提供了一个重要范本。

四、围绕争点对各方意见公正评判

刑事裁判文书制作中,法庭不仅要对其所认定的事实加以全面论证,还要对诉讼参与各方所提的证据及事实主张、法律适用意见等是否采纳予以全面、充分的评析、判定,作出确定性的裁判结论。最高人民法院在相关司法文件中也反复强调,要“加强对质证中有争议证据的分析、认证,增强判决的说理性”。这是提高裁判文书制作质量和水平的重要方面。

于欢案二审判决书,从以下六个方面强化了说理评判:第一,归纳诉讼参与各方的争议焦点。将各方的意见概括为“事实和证据”“法律适用”“刑罚裁量”“诉讼程序”四个方面,将控辩对抗的庭审特质充分展示出来,文书评判和说理更有针对性,也更加条理清晰、层次感强。特别是,这几方面也是人民群众关注和热议的焦点。通过概括归纳案件的争点、疑点,也有利于直面矛盾问题,回应社会关切。第二,坚持中立裁判立场,加强回应性说理。在提出每个问题后,首先摆出各方的争执性意见,然后进行评判,指明各自存在的问题,最后给出是否采纳的确定性的评判意见。第三,评判各方意见时,紧密结合案件事实、证据、程序、法律、情理、逻辑等展开,抽丝剥茧,层层剖析,辨法析理,以理服人。第四,列出专题探讨本案的事实、证据问题,重视对双方质证中有争议的证据的分析、认证。第五,针对各方在量刑上的不同诉求,并考虑人民群众对量刑的高度关注,专门阐述刑罚裁量的具体依据。二审判决书综合分析了于欢行为的危害后果、于欢当庭不认罪、无悔罪表示和杜某侮辱行为及其对于欢情绪的影响、被害方过错、于欢归案后如实供述等法定、酌定从重、从宽量刑情节,十分清晰地释明了对于欢防卫过当行为予以显著减轻处罚、判处五年实刑的缘由。第六,针对各方争议的焦点,敢于审查,勇于发声,表明立场,突出地表现在对诉讼程序的审查和判断上。二审判决书把程序审查作为一个专门问题,对被告人及其辩护人提出的被害人亲属在检察机关、政府部门任职,可能干扰案件查办,应当排除相关证据,对案件移送或指定管辖等意见,进行认真审查并立足于事实和证据进行评判。这种对聚焦案件疑点、争点与难点注重回应性说理的做法对裁判文书制作尤其是社会关注度高、控辩双方争议大的刑事热点案件的文书制作,具有重要借鉴意义。

从审判实践来看,虽然目前刑事法官对裁判文书说理的重要性都有所认识,但不知如何评判说理的问题仍比较突出。主要表现有:一是对争议焦点不归纳、梳理,在评判时针对性不强,分析过于简单,不深入、不充分,浅尝辄止,流于形式化、公式化,空话、套话多,千人一面。诸如“被告人及其辩护人的相关辩解、辩护意见不能成立,不予采纳”“被告人及其辩护人的意见缺乏事实和法律依据,不予采纳”等类似表述充斥于很多刑事裁判文书中。二是流于“单方评价”或“自说自话”。有的仅摆出一方的意见,根本不提及相对方的意见,单方评说;有的不针对控辩双方的意见评判,自言自语,明显不符合“控辩对抗、居中裁判”的诉讼理念和要求。三是随意取舍,甚至断章取义,不能客观、全面地反映诉讼参与各方的意见本意,说理也是以偏概全,让人读后感到片面甚至偏袒。四是模糊争议焦点,说理轻描淡写、大而化之,或含糊其词、遮遮掩掩,不能针对各方主张逐一评判。特别是对程序性事项,有的不能直面问题、勇于回应。五是重视采纳、评判控方意见,对被告人及其辩护人的意见回应不够,偏离了中立裁判立场。六是分析、评判逻辑混乱,缺层次、无条理,语言不平实,有的过于学术化,让人看不明、读不懂等。

裁判,顾名思义,要在全面倾听双方意见的基础上中立地作出抉择。所以,裁判文书的说理评判,一要有明确的对象;二要有双方的意见;三要有充分的评判依据;四要有确定的裁判结论。无对象的评判类似于隔空放炮,只有单方的意见就容易沦为自言自语,无依据、不说理的评判无异于妄断,不给出确定性的结论就谈不上裁判。这些做法自然难以让人从心理层面认同和接受判决结论,难以让人信服,司法权威也就难以在人民群众心中树立。所以,刑事案件裁判文书的制作,不仅要重视评判说理,还要关注评判说理的具体方式方法。

五、严格依法并充分考虑情理裁判

党的十八届四中全会审议通过的《中共中央关于全面推进依法治国若干重大问题的决定》中明确规定"加强法律文书释法说理"。对于社会公众广泛关注的"热点"案件来说,强化裁判释法说理有助于回应社会关切,提升司法权威与公信。从实际来看,有两种类型的裁判文书,尤其难以让人民群众信任:一种是对案件事实不惜篇幅详加陈述,对裁判结果却轻描淡写,让公众无法知悉裁判所包含的逻辑和规则,不能获得一个满意的"说法";另一种是置一般法理于不顾,在裁判文书中以裁判结果代替逻辑说理,以因为果,令人无法信服并最终损害了司法权威。①所以,裁判文书说理问题,直接关乎刑事司法公正与公信。

于欢二审判决书非常注重说理,强调以理服人。一是重事理,注重从生活经验逻辑出发作出评判。例如,从案发时于欢可透过接待室玻璃清晰看见停在院内的警车警灯闪烁,认定于欢"应当知道民警并未离开";从于欢的姑母证言所说"见对方一人捂着肚子说'没事没事,来真的了'",认定"于欢面临的不法侵害并不紧迫和严重";从被害人郭某系被背后捅伤等方面,认定于欢的防卫行为明显超过必要限度造成重大损害;从本案发生于"冠县这个不大的县城",系熟人社会里发生的民间纠纷,认定其"与陌生人之间实施的类似行为的危险性和危害性显有不同",等等。这种基于生活本身的逻辑和理性的推论,容易让当事人和人民群众信服。二是重法理。对本案认定于欢防卫过当、构成故意伤害罪涉及的不法侵害、防卫行为、特殊防卫、防卫

① 袁博:《从张船山判词看刑事裁判文书的说理》,载《人民法院报》2017年7月7日。

限度等相关法律问题详加阐释、论证。三是重学理。在分析于欢行为性质时既紧扣法律条文规定,又充分吸收了学术界关于正当防卫的最新研究成果,将学理融合于其中,并力求丰富发展正当防卫的学术理论。四是重情理。站在人民群众的立场上,将心比心、换位思考,对于欢及杜某等人的行为进行深入分析、客观评定,既从法律上判断,也从常识常情及伦理道德上分析。

从于欢案舆情发展来看,最初引起社会关注的是“辱母”情节。在本案中,被害方实施的侮辱行为主要是针对于欢以外的第三人,即他的母亲。母子之情是诸多人类情感中最神圣、最纯真的,“辱母”对一个人的伤害甚至超过对自己侮辱所带来的伤害。如果侮辱他人母亲的行为得不到法律的惩罚,维护自己母亲人格尊严的行为得不到法律的认可,必将引起人神共愤。一审判决恰恰未对此情节充分顾及、恰当评判,因此导致了社会不良情绪的“井喷”。二审判决基于维护天理人伦、顺应民意的考虑,明确指出:被害人杜某当着于欢之面公然以裸露下体的方式侮辱其母亲,虽然距于欢实施防卫行为已间隔约20分钟,但于欢捅刺杜某等人时难免不带有报复杜某“辱母”的情绪,此情节“在刑罚裁量上应当作为对于欢有利的情节重点考虑”,由此获得社会公众的广泛认可。

可见,于欢案二审判决在坚持严格依法裁判的同时,高度关注社情民意,在评判说理中将案件置于天理、国法、人情之中综合考量,强调裁判既不能背离法律,也不能违背文化传统、常情常理以及人民群众的公平正义观念。有学者指出:“从价值上说,现代法治应当是人性之治,良心之治,常识、常理、常情之治,现代法治中的法律规范,只能是反映人类人性、个人良心共性的社会常识、常理、常情的具体化、规则化。”[①]法治要讲常识、常理、常情,法官办案也要讲常识、常理、常情。事实上,我国是有着数千年文化传统的国家,天理、国法、人情是深深扎根人们心中的正义观念。法院裁判必须尊重人民群众的朴素情感和基本的道德诉求,自觉维护我国传统文化和社会主义核心价值观所倡导的道德伦理,做到遵循法度、顺应天理、合乎人情,实现法理情的有机结合。

① 宣海林:《法应当向民众认同的常识、常理、常情靠拢——访十一届全国人大代表、重庆大学法学院院长陈忠林教授》,载《中国审判》2011年第11期。

六、积极回应关切打造大众化判决

本案发生背后有着复杂的社会背景，一审宣判后人民群众通过网络、纸媒等渠道也传达了多方面的诉求，除了呼吁司法机关明确正当防卫及防卫过当的法律边界、充分考虑被害人实施的侮辱行为外，也希冀司法机关对高利贷与非法催收行为说“不”，并明确警察执法是否存在失职渎职等。这些诉求有的属于承办法院的管辖范畴，有的则不属于。对此，裁判文书如何作出恰当的回应需要认真对待，既要依法积极作为，又不能擅自盲目乱为，要全面客观分析情况、依法审慎判断。

于欢案二审判决书制作之所以受到广泛肯定与好评，就在于始终坚持将实现“三个效果”作为工作目标。从法律效果来看，本案一审判处无期徒刑，二审在基本事实出入不大的情况下，改判无罪或缓刑不仅有违刑法规定及精神，也将可能对司法公信造成消极影响，并无助于类案的量刑平衡。而判处五年实刑的法律效果最好。从社会效果来看，引发本案有深层次的社会因素，其中高利贷、非法逼催债是一个重要方面，也是一审宣判后舆论的炒点之一，反映了人民群众对此类行为的痛恨。但是在国家立法未作出正式回应之前，司法如何作为需要考量。二审判决把通过侮辱进行催收定性为“严重违法、手段恶劣”，认为这种行为应当受到惩罚和谴责，则鲜明表达了法院对此类行为的否定态度。从政治效果来看，在法治社会中，应当鼓励和引导人民群众通过合法途径来保护自己的权利。在有合法救济程序的情况下，如果纵容当事人采取非法的手段保护自己的权利，就是把私力救济凌驾于国家权力之上，其结果很可能导致社会的混乱。所以，本案的裁判必须平衡国家管理与私力救济之间的关系，引导公民走正常渠道救济权利，以维护社会稳定与和谐。可以说，从落实法律效果、社会效果和政治效果的考虑，二审判决书对相关问题都作了积极回应和妥当处理。

此外，让人民群众理解、认同判决，还要考虑判决书的表达形式。判决书既是法院对特定个案裁判活动的书面记载，也是一种社会公共产品，其价值不在于高深的理论，而在于蕴含其中的能为人们感受到的裁判规则和基本道理。判决书要为人民群众所接受，首先必须容易让人读得懂、看得明白，领会其中传达的道理。综观于欢案二审判决书，从文书结构到文字表述，从逻辑顺序到理据分析，都精心打磨，力求用通俗易懂、平实准确的语言，用人民群众易于接受的表达方式，说清裁判的依据和思路，讲明裁判的道理和规则。在裁判说理上讲究充分、透彻，在语言表述上力求准确、妥帖。例如，在评判“辱母”情节时，使用了“严重违法、亵渎人伦，应当受到惩罚与谴责”的表述，用语鲜明，语气强烈；对被害人亲属所提偿付死亡赔偿金、被抚养人生活费的诉求依法不予支持，但考虑到被害人杜某某的四名未成年子女的实际生活困难，又提出“可依法救济”，爱憎分明，既较好地贯彻了平等保护理念，也充分体现了司法的善意和温情。“判决有情感、有温度”，就容易引人共鸣，由此也会提升裁判的权威性和公信力。可以说，于欢案二审判决书的相关表述是字斟句酌、反复推敲的结果，其出发点就是为了打造一份让人们能理解、能接受、能认可的“大众化判决书”。这对妥善处置人民群众高度关注的热点刑事案件来说，是极其重要的。

大案传真 于欢故意伤害案

【编者按】

本判决书是2017年上半年引起社会广泛关注的于欢故意伤害案(即“山东聊城辱母案”)的二审判决书。2017年6月23日,山东省高级人民法院对上诉人于欢故意伤害案二审公开宣判,认定于欢构成故意伤害罪,但属于防卫过当,依法对其减轻处罚,将原判无期徒刑改判为有期徒刑五年,取得了良好的法律效果和社会效果。

本案源于被告人于欢母亲苏银霞与吴学占、赵荣荣之间的高息借贷纠纷,在苏银霞不能按时还款的情况下,由吴学占、赵荣荣纠集被害人杜志浩等人采取违法手段逼债引发。二审判决书主要有以下几个特点:其一,认定事实全面、准确,证据列举繁简得当。案件事实部分,针对原判认定部分事实不够全面的问题,重点叙述了杜志浩一方“辱母”的具体言行、于欢持刀捅刺四被害人的详细经过和杜志浩被救治的情况等社会关注的重要事实,并全面认定了双方高息借贷经过、吴学占等人在案发前实施的讨债行为等情节。上述认定,澄清了网传的一些失实的事实、情节,有效回应了社会关切,也为裁判论理奠定了坚实的基础。其二,裁判理由部分针对控辩双方和诉讼代理人的意见充分说理,重点突出,逻辑严密。在此部分侧重论证了于欢的行为性质问题,根据庭审查明的事实、证据情况,从防卫的目的、时间、对象、限度等方面,对于欢的行为是否具有防卫性质、能否认定为正当防卫作了全面深入的论证分析,既紧扣法律条文规定,又充分吸收了学术界关于正当防卫的观点,同时充分考虑了天理、人情等伦理道德因素,体现了法院判决遵循“国法”、不违“天理”、合乎“人情”的要求,对以后涉防卫案件的处理将起到重要的指引作用。其三,专门、详细阐述刑罚裁量的具体依据。判决书综合分析了于欢行为的危害后果、于欢当庭不认罪、无悔罪表示和杜志浩侮辱行为及其对于欢情绪造成的影响、被害方过错、于欢归案后如实供述等法定、酌定从重、从宽量刑情节,释明对于欢防卫过当的行为显著减轻处罚、判处五年实刑的理由。另外,考虑到被害人杜志浩的四名未成年子女的实际生活困难,判决书还提出虽然不支持偿付死亡赔偿金、被抚养人生活费的诉求，但可对其依法进行救济，较好地贯彻了平等保护理念，体现了司法的善意和温情，该判决也被媒体誉为“有温度的判决”。本集特予登载，同时收录“山东省高级人民法院负责人就于欢故意伤害案答记者问”的材料，一并供办案参考。

山东省高级人民法院
刑事附带民事判决书

(2017)鲁刑终151号

原公诉机关山东省聊城市人民检察院。

上诉人(原审附带民事诉讼原告人)杜某1,男,汉族,1956年1月17日出生,住山东省冠县。系被害人杜某2的父亲。

上诉人(原审附带民事诉讼原告人)许某,女,汉族,1964年6月10日出生,住冠县。系杜某2的母亲。

上诉人(原审附带民事诉讼原告人)杜某3,女,汉族,2010年4月4日出生,住冠县。系杜某2的女儿。

上诉人(原审附带民事诉讼原告人)杜某4,女,汉族,2010年4月4日出生,住冠县。系杜某2的女儿。

上诉人(原审附带民事诉讼原告人)杜某5,女,汉族,2012年4月28日出生,住冠县。系杜某2的女儿。

上诉人(原审附带民事诉讼原告人)杜某6,男,汉族,2012年4月28日出生,住冠县。系杜某2的儿子。

上诉人(原审附带民事诉讼原告人)暨杜某3、杜某4、杜某5、杜某6的法定代理人李某1,女,汉族,1989年3月13日出生,住冠县。系杜某2的妻子,杜某3、杜某4、杜某5、杜某6的母亲。

上列上诉人的诉讼代理人方辉,山东方晖律师事务所律师。

上诉人(原审被告人)于欢,男,汉族,1994年8月23日出生于冠县,高中文化,公司职工,住冠县。因涉嫌犯故意伤害罪于2016年4月15日被刑事拘留,同月29日被逮捕。

辩护人殷清利,河北十力律师事务所律师。

附带民事诉讼代理人于秀荣,系于欢的姑母。

原审附带民事诉讼原告人严某,男,汉族,1990年3月2日出生,住冠县。系被害人。

诉讼代理人严树魁,系严某的父亲。

诉讼代理人严建亭,系严某的哥哥。

原审附带民事诉讼原告人程某,男,汉族,1993年11月15日出生,住冠县。系被害人。

山东省聊城市中级人民法院审理聊城市人民检察院指控原审被告人于欢犯故意伤害罪并建议对于欢判处无期徒刑,原审附带民事诉讼原告人杜某1、许某、李某1、杜某3、杜某4、杜某5、杜某6、严某、程某提起附带民事诉讼一案,于2017年2月17日作出(2016)鲁15刑初33号刑事附带民事判决。宣判后,原审附带民事诉讼原告人杜某1、许某、李某1、杜某3、杜某4、杜某5、杜某6和原审被告人于欢不服,分别提出上诉。本院受理后,依法组成合议庭,于2017年5月20日召开庭前会议,27日公开开庭审理了本案刑事部分。山东省人民检察院指派检察员郭琳、扈小刚、李文杰出庭履行职务。上诉人于欢及其辩护人殷清利,被害人杜某2近亲属委托的诉讼代理人方辉,被害人郭某1及其诉讼代理人山东泉沣律师事务所律师伊丕国、李中伟,被害人严某的诉讼代理人严树魁、严建亭到庭参加诉讼。证人苏某、杜某7出庭作证。对本案附带民事部分,经过阅卷、调查,听取当事人、诉讼代理人的意见,进行了不开庭审理。现已审理终结。

原判认定:2014年7月,山东源大工贸有限公司(位于冠县工业园区)负责人苏某向赵某1借款100万元,双方口头约定月息10%。2016年4月14日16时许,赵某1以欠款未还清为由纠集郭某1、程某、严某等十余人先后到山东源大工贸有限公司催要欠款。当日20时许,杜某2驾车来到该公司,并在该公司办公楼大门外抱厦台上与其他人一起烧烤饮酒。约21时50分,杜某2等多人来到苏某及其子被告人于欢所在的办公楼一楼接待室内催要欠款，并对二人有侮辱言行。约22时10分，冠县公安局经济开发区派出所民警接警后到达接待室，询问情况后到院内进一步了解情况，于欢欲离开接待室被阻止，与杜某2、郭某1、程某、严某等人发生冲突，于欢持尖刀将杜某2、程某、严某、郭某1捅伤，处警民警闻讯后返回接待室，令于欢交出尖刀，将其控制。杜某2、严某、郭某1、程某被送往医院抢救。杜某2因失血性休克于次日2时许死亡，严某、郭某1伤情构成重伤二级，程某伤情构成轻伤二级。因杜某2被害死亡，附带民事诉讼原告人杜某1等7人应得丧葬费29 098.5元，处理丧葬事宜的交通费、误工费1 500元。被害人严某受伤后在冠县人民医院抢救治疗，于5月9日出院，同月12日入解放军总医院治疗，21日出院，在解放军总医院共支付医疗费49 693.47元。被害人程某受伤后在冠县人民医院治疗15天。

上述事实，有经原审庭审举证、质证的物证、书证、勘验、检查、辨认笔录、鉴定意见、视听资料、证人证言、被害人陈述、被告人供述等证据证实。

原审法院认为，被告人于欢面对众多讨债人的长时间纠缠，不能正确处理冲突，持尖刀捅刺多人，致一人死亡、二人重伤、一人轻伤，其行为构成故意伤害罪。于欢捅刺被害人不存在正当防卫意义上的不法侵害前提，其所犯故意伤害罪后果严重，应当承担与其犯罪危害后果相当的法律责任。鉴于本案系由被害人一方纠集多人，采取影响企业正常经营秩序、限制他人人身自由、侮辱谩骂他人的不当方式讨债引发，被害人具有过错，且于欢归案后能如实供述自己的罪行，可从轻处罚。于欢的犯罪行为给附带民事诉讼原告人杜某1等造成的丧葬费等损失应当依法赔偿，杜某1等要求赔偿死亡赔偿金、被抚养人生活费、精神损害抚慰金不属于附带民事诉讼赔偿范围，其要求赔偿处理丧葬事宜的交通费、误工费，酌情判决1 500元；附带民事诉讼原告人严某要求赔偿医疗费、住院伙食补助费、交通费的合理部分予以支持，其要求赔偿的交通费，酌情判决1 800元；附带民事诉讼原告人程某要求赔偿误工费、护理费、住院伙食补助费应当依法确定。依法以故意伤害罪判处被告人于欢无期徒刑，剥夺政治权利终身；判令被告人于欢赔偿附带民事诉讼原告人杜某1、许某、李某1、杜某3、杜某4、杜某5、杜某6各种费用共计

30 598.5元,赔偿附带民事诉讼原告人严某各种费用共计53 443.47元,赔偿附带民事诉讼原告人程某各种费用共计2 231.7元。

上诉人杜某1、许某、李某1、杜某3、杜某4、杜某5、杜某6的上诉意见是:原判适用法律不当,应当支持其所提赔偿死亡赔偿金、被抚养人生活费的诉讼请求。

上诉人于欢的上诉意见是:(1)原判认定事实不全面。没有认定吴某、赵某1此前多次纠集涉黑人员对苏某进行暴力索债,案发时杜某2等人对于欢、苏某及其他员工进行殴打;苏某实际是向吴某借钱;杜某2受伤后自行驾车前往距离较远的冠县人民医院,未去较近的冠县中医院,还与医院门卫发生冲突,导致失血过多死亡。(2)原判适用法律错误、量刑畸重。其行为系正当防卫或防卫过当;其听从民警要求,自动放下刀具,如实供述自己的行为,构成自首。(3)原判违反法定程序。被害人有亲属在当地检察机关、政府部门任职,可能干预审判,原审法院未自行回避。

上诉人于欢的辩护人提出以下辩护意见:(1)认定于欢犯故意伤害罪的证据不足。公安机关对现场椅子是否被移动、椅子上是否有指纹、现场是否有信号干扰器、讨债人员驾驶的无牌或套牌车内有无枪支和刀具等事实没有查明;冠县公安局民警有处警不力之嫌,冠县人民检察院有工作人员是杜某2的亲属,上述两机关均与本案存在利害关系,所收集的证据不应采信;讨债人员除杜某7外都参与串供,且在案发当天大量饮酒,处于醉酒状态,他们的言词除与于欢一方言词印证的之外,不应采信。(2)于欢的行为系正当防卫。从一般防卫来看,于欢身材单薄,虽持有刀具,但相对11名身体粗壮且多人有犯罪前科的不法侵害人,仍不占优势,杜某2等人还对于欢的要害部位颈部实施了攻击,故于欢的防卫行为没有超过必要限度;从特殊防卫来看,于欢的母亲苏某与吴某一方签订的书面借款合同约定月息2%,而吴某一方实际按10%收取,在苏某按书面合同约定利息还清借款后,讨债人员仍然以暴力方式讨债,根据《最高人民检察院关于强迫借贷行为适用法律问题的批复》,构成抢劫罪,于欢捅刺抢劫者的行为属特殊防卫,不构成犯罪。(3)即使认定于欢构成犯罪,其具有如下量刑情节:属防卫过当、自首,一贯表现良好,缺乏处置突发事件经验;杜某2等人侮辱苏某、殴打于欢,有严重过错;杜某2受伤后自行驾车前往距离相对较远的医院救治,耽误了约5分钟的救治时间,死亡结果不能全部归责于于欢。辩护人当庭出示了讨债人员驾驶无牌或套牌车辆的现场监控录像截图、杜某2亲属系冠县人民检察院工作人员的网页截图、驾车从现场分别到冠县人民医院和冠县中医院的导航路线截图3份证据材料。

山东省人民检察院出庭检察员发表以下出庭意见:(1)原判对案件事实认定不全面。一是未认定于欢母亲苏某、父亲于某1在向吴某、赵某1高息借款100万元后,又借款35万元;二是未认定2016年4月1日、13日吴某、赵某1纠集多人违法索债;三是未认定4月14日下午赵某1等人以盯守、限制离开、扰乱公司秩序等方式索债;四是未具体认定4月14日晚杜某2等人采取强收手机、弹烟头、辱骂、暴露下体、脱鞋捂嘴、扇拍面颊、揪抓头发、限制人身自由等方式对苏某和于欢实施的不法侵害。(2)原判认为于欢持尖刀捅刺被害人不具有正当防卫意义上的不法侵害前提,属于适用法律错误。于欢的行为具有防卫性质,但明显超过必要限度造成重大损害,属于防卫过当,应当负刑事责任,但应当减轻或者免除处罚。检察员当庭宣读、出示了新收集、调取的证人赵某2、李某2的证言,侦查实验笔录及行驶路线图,手机通话记录,计划外生育费收据及说明,接处警登记表及说明,有关于某1曾任冠县国税局柳林分局副局长、因不正常上班于2015年被免职的文件,吴某因涉嫌非法拘禁被立案侦查的立案登记表,鉴定机构资格证书、鉴定人资格证书复印件,以及证人苏某、张某1、马某、刘某、于某2、张某2、杜某7、张某3、朱某、徐某的补充证言,被害人程某的补充陈述,上诉人于欢的补充供述等23份证据材料。

被害人杜某2近亲属委托的诉讼代理人提出以下意见:(1)原判对作案刀具的认定定性不准、来源有误。于欢使用的尖刀应属管制刀具,被害人郭某1陈述看见于欢拉开衣服拉链从身上拿出刀具。(2)原判定罪量刑不当。于欢的行为构成故意杀人罪;民警处警时,不法侵害已经结束,于欢的捅刺行为不具备正当防卫的前提条件,不构成正当防卫或防卫过当,应当维持原判量刑。(3)应依法判令于欢赔偿附带民事诉讼上诉人的全部经济损失。

被害人郭某1及其诉讼代理人、被害人严某的诉讼代理人提出以下意见:(1)作案刀具来源不清。(2)于欢的行为不构成正当防卫或防卫过当,应当维持原判定罪量刑。

经审理查明:上诉人于欢的母亲苏某在山东省冠县工业园区经营山东源大工贸有限公司(以下简称源大公司),于欢系该公司员工。2014年7月28日,苏某及丈夫于某1向吴某、赵某1借款100万元,双方口头约定月息10%。至2015年10月20日,苏某共计还款154万元。其间,吴某、赵某1因苏某还款不及时,曾指使被害人郭某1(男,时年29岁)等人采取在源大公司车棚内驻扎、在办公楼前支锅做饭等方式催债。2015年11月1日,苏某、于某1再向吴某、赵某1借款35万元。其中10万元,双方口头约定月息10%;另外25万元,通过签订房屋买卖合同,用于某1名下的一套住房作为抵押,双方约定如逾期还款,则将该住房过户给赵某1。2015年11月2日至2016年1月6日,苏某共计向赵某1还款29.8万元。吴某、赵某1认为该29.8万元属于偿还第一笔100万元借款的利息,而苏某夫妇认为是用于偿还第二笔借款。吴某、赵某1多次催促苏某夫妇继续还款或办理住房过户手续,但苏某夫妇未再还款,亦未办理住房过户。

2016年4月1日,赵某1与被害人杜某2(男,殁年29岁)、郭某1等人将于某1上述住房的门锁更换并强行入住,苏某报警。赵某1出示房屋买卖合同,民警调解后离去。同月13日上午,吴某、赵某1与杜某2、郭某1、杜某7等人将上述住房内的物品搬出,苏某报警。民警处警时,吴某称系房屋买卖纠纷,民警告知双方协商或通过诉讼解决。民警离开后,吴某责骂苏某,并将苏某头部按入坐便器接近水面位置。当日下午,赵某1等人将上述住房内物品搬至源大公司门口。其间,苏某、于某1多次拨打"市长热线"求助。当晚,于某1通过他人调解,与吴某达成口头协议,约定次日将住房过户给赵某1,此后再付30万元,借款本金及利息即全部结清。

同月14日,于某1、苏某未去办理住房过户手续。当日16时许,赵某1纠集郭某2、郭某1、苗某、张某3到源大公司讨债。为找到于某1、苏某,郭某1报警称源大公司私刻财务章。民警到达源大公司后,苏某与赵某1等人因还款纠纷发生争吵。民警告知双方协商解决或到法院起诉后离开。李某3接赵某1电话后,伙同么某、张某2和被害人严某(男,时年26岁)、程某

(男,时年22岁)到达源大公司。赵某1等人先后在办公楼前呼喊,在财务室内、餐厅外盯守,在办公楼门厅外烧烤、饮酒,催促苏某还款。其间,赵某1、苗某离开。20时许,杜某2、杜某7赶到源大公司,与李某3等人一起饮酒。20时48分,苏某按郭某1要求到办公楼一楼接待室,于欢及公司员工张某1、马某陪同。21时53分,杜某2等人进入接待室讨债,将苏某、于欢的手机收走放在办公桌上。杜某2用污秽语言辱骂苏某、于欢及其家人,将烟头弹到苏某胸前衣服上,将裤子褪至大腿处裸露下体,朝坐在沙发上的苏某等人左右转动身体。在马某、李某3劝阻下,杜某2穿好裤子,又脱下于欢的鞋让苏某闻,被苏某打掉。杜某2还用手拍打于欢面颊,其他讨债人员实施了揪抓于欢头发或按压于欢肩部不准其起身等行为。22时07分,公司员工刘某打电话报警。22时17分,民警朱某带领辅警宋某、郭某3到达源大公司接待室了解情况,苏某和于欢指认杜某2殴打于欢,杜某2等人否认并称系讨债。22时22分,朱某警告双方不能打架,然后带领辅警到院内寻找报警人,并给值班民警徐某打电话通报警情。于欢、苏某欲随民警离开接待室,杜某2等人阻拦,并强迫于欢坐下,于欢拒绝。杜某2等人卡于欢颈部,将于欢推拉至接待室东南角。于欢持刃长15.3厘米的单刃尖刀,警告杜某2等人不要靠近。杜某2出言挑衅并逼近于欢,于欢遂捅刺杜某2腹部一刀,又捅刺围逼在其身边的程某胸部、严某腹部、郭某1背部各一刀。22时26分,辅警闻声返回接待室。经辅警连续责令,于欢交出尖刀。杜某2等四人受伤后,分别被杜某7等人驾车送至冠县人民医院救治。次日2时18分,杜某2经抢救无效,因腹部损伤造成肝固有动脉裂伤及肝右叶创伤导致失血性休克死亡。严某、郭某1的损伤均构成重伤二级,程某的损伤构成轻伤二级。

本院查明上诉人于欢给上诉人杜某1等7人和原审附带民事诉讼原告人严某、程某造成的物质损失与原判相同。

上述事实,有经庭审举证、质证的下列五方面证据予以证明,本院予以确认。

一、被害人陈述、被告人供述和辩解

1.被害人程某、郭某1、严某(均系讨债人员)陈述:2016年4月14日下午，其三人与赵某1、李某3、么某等人到源大公司要账，先是报警称苏某私刻公章，民警来说不能打架，然后就走了。傍晚，他们守在办公楼大厅外烤串喝酒时，杜某2、杜某7来了。程某、杜某7、李某3、杜某2喝了两瓶白酒，其他人喝了两箱啤酒。后他们进入接待室，杜某2骂着向苏某要钱，并用手拍打于欢，还脱下于欢的鞋，放到苏某鼻子处，被苏某打掉。于欢想站起来，被杜某7等人从后边摁住。民警进接待室时，张某2把于欢摁在沙发上。民警问谁报警，没人吭声。苏某和于欢说杜某2打人，其这一方否认。民警说不能打架，就出去找报警人。张某2等人拦着苏某、于欢不让离开。杜某2还将于欢推到南墙处说报警也不管用，并说"你攮我唉！有本事你攮我哎！"没注意怎么回事，其三人和杜某2就被于欢拿东西捅了。程某、严某被捅了肚子一下，郭某1见杜某2被捅，扭身时被于欢抓住衣领捅后背一下。郭某1称看见于欢拉开上衣拉链拿出一把刀。后来杜某7等人开车将受伤的人送到县人民医院救治。到急救楼门口时杜某2已不能下车。当地人比较认可县人民医院。住院期间，李某3、张某3、郭某2说若有人问起，就说到源大公司要自己的钱。案发几个月前，郭某1和郭某2到过源大公司支锅做饭进行讨债，在车棚里睡了两三天。案发前两天，赵某1还让郭某1等人去名仕花园的一套房子里住。4月13日，杜某2、赵某1、吴某等人到名仕花园的房子里搬家具，苏某与民警一起过来。

2. 上诉人于欢供述和辩解：2015年8月，讨债人员到源大公司院内支锅做饭，在车棚睡觉。2016年4月，讨债人员占其家房子，跟着其父亲。4月13日下午，讨债人员将其家房内家具搬到源大公司，其父母多次打报警电话和市长热线。当晚，其父亲称已经协调好，把房子给对方，再给对方30万元。14日下午，讨债人员到公司找其母亲苏某。民警到达，说有人报警反映源大公司刻假章，查看公司印章后走了。其与苏某在财务室坐着，对方要求还款，当时没人打其与苏某。其与苏某在餐厅吃晚饭时，对方在门外守着。后对方将其与苏某带到接待室，马某、张某1陪同，杜某2进来让人将其与苏某的手机要走放在桌上。杜某2说些侮辱性语言，将烟头弹在苏某右肩部衣服上。杜某2还站在茶几边将裤子褪到大腿根，露出下体左右晃，离苏某三四十公分。在马某与对方的李某3劝阻下，杜某2才把裤子提上。杜某2脱下其一只鞋,放在苏某嘴边,苏某将鞋打落。李某3等要其喊“叔叔”,其不喊,身后的人就揪其头发,杜某2扇其两耳光。杜某2不停地骂其与苏某,还叫其“欢欢”,说“欢欢像狗名”。其多次想起身,都被摁住。民警到接待室,其和苏某说对方打人,对方不承认。民警劝说“别打架”,就去外面了解情况,对方五六人跟出去。其与苏某也想出去,被拦住。对方的人陆续回来,让其坐下,其怕被打不敢坐。杜某2、郭某1等四五人将其向东南角推,有人从后边卡其脖子,将其推到靠东墙办公桌南边。其从桌上拿起刀挥舞,喊“别过来,别过来”。杜某2上前说“你攮唉,你攮唉”,其就捅了杜某2腹部一刀。其他人见状冲过来,其又捅了程某、郭某1腹部各一刀。民警让其把刀交出,其说“等我出去,把刀给你”。其这么说,是因为在房内没有安全感。民警坚持让其交出刀,其将刀交出。

二、证人证言

1. 证人苏某的证言:2014年7月,其与丈夫于某1经张某4介绍,向吴某借款100万元,吴某安排赵某1与其签订借款合同,口头约定月息10%。2015年8月,因还款不及时,吴某派人到源大公司支锅做饭,在车棚睡觉。其陆续还款共计150余万元。同年11月,其又向吴某借款35万元,其中25万元以名仕花园住房抵押,签了房屋买卖合同,另外10万元由张某4担保,月息10%。其已还款31.5万元,其中25万元是房款,意思是不将住房卖给赵某1。吴某称未还够钱,于2016年3月5日派人跟随于某1一天,还将于某1的衬衣撕破。4月1日,吴某将其名仕花园住房门锁更换。其报警后跟民警进入房间,发现房内两万元现金丢失。赵某1出示购房合同,民警看后走了。第二天刑警到其住房拍照。4月13日上午,吴某带人将名仕花园住房内的家具搬出,其再次报警。民警到后,吴某称其欠钱不还。民警见是经济纠纷离开。吴某不让其走,将其头部摁到马桶里近水面位置,马桶里没有粪便。其离开时有人尾随。当天下午吴某派人将其住房内的家具搬到源大公司。其多次拨打“市长热线”。当晚通过中间人调解,约定其将住房给吴某,再给吴某30万元,即全部本息还清。因其住房还欠贷款,房产证丢了一本,一天内不可能过户。4月14日16时许,吴某手下到其公司讨债,报警称其私刻公章。民警来了解情况后离开。郭某1等到财务室催款。其与于欢去食堂吃晚饭，对方派人在外看着。其在食堂待了一个多小时，郭某1让其回接待室。于欢及公司员工张某1、马某陪着。对方的人在门厅外喝酒。后来杜某2等人进接待室，将其与于欢的手机收走放到办公桌上。杜某2向其身上弹烟头，站在其前面的茶几边上脱裤子露下体侧身朝其转动，距其约三十公分。经杜某2身边的人劝说，杜某2提上裤子。于欢称无钱还债，杜某2扇于欢的脸，不是抡胳膊扇的。杜某2还将于欢的鞋脱下，放到其鼻子处，其将鞋扔到一边。于欢想站起来，被人从后边摁住。杜某2说各种难听的话侮辱其与于欢，还像唤小狗一样喊"欢欢"。其他人没说侮辱性语言。民警来后，其与于欢说被对方殴打，对方否认。民警问谁报警，其称可能是公司工人，民警出去找报警人。对方阻止其与于欢出去，让其二人坐下，于欢不愿意，对方几个人按着于欢往室内南边走。有一人从于欢西边过去，于欢捅刺那人一刀，那人一转身，被捅到腰部。捅人的刀平时在接待室桌上放着。从接待室能看到外面的警车，警灯始终亮着。

2. 证人郭某2、杜某7、张某2、张某3、么某、李某3、苗某（均系讨债人员）关于2016年4月14日下午讨债过程的证言与被害人程某、严某、郭某1的陈述相印证。张某3还证明，于欢持刀捅人，捅的都是当时离于欢较近的人。么某还证明，当时不知道于欢从哪拿把刀，说"别过来，过来攮死你"。杜某2以为于欢不敢捅，向前靠近，于欢朝杜某2捅了一刀。郭某1向前靠近于欢，于欢往前伸一下手，郭某1用手捂住后背。程某和严某应该都是朝于欢跟前走被捅伤的。杜某7还证明，其驾车将杜某2等人送县人民医院，不到十分钟到医院门口，杜某2在车上已经休克，想尽快救治，就开车闯杆入内。过一两分钟，医生用小推车把杜某2推到医护室抢救。县人民医院是冠县最好的医院。

3. 证人于某2、刘某、马某、张某1（均系源大公司员工，除马某外均系于欢亲戚）的证言：2016年4月14日下午，讨债人员先在源大公司楼外喊，后进财务室要账。苏某、于欢去食堂吃饭有人跟着。苏某、于欢跟讨债人员进入接待室后，马某出来说对方侮辱苏某，刘某报警。之前，听苏某说曾被吴某摁到马桶里。刘某还证明，民警从接待室出来后不久，其听见有人喊叫，透过玻璃墙见那伙人围着于欢，在一米开外有人拿椅子朝向于欢。于欢退到桌子前，手里多了一把刀，朝对方挥舞。其曾用于欢捅人的刀在办公室削过苹果。于某2还证明，在民警闻声返回接待室时，其跟着走到大厅前台阶处，见对方一人捂着肚子说“没事没事，来真的了”。

4. 证人吴某、赵某1（均因涉嫌刑事犯罪另案处理）的证言：2014年夏，张某4介绍于某1要借100万元，吴某让赵某1出借，月息10%。于某1开始付利息，到2015年下半年不付了，吴某多次打电话催于某1。2015年11月，张某4称于某1急需35万元，准备出售冠县名仕花园小区的住房。赵某1便与苏某、于某1签订房屋买卖合同，约定于某1将住房以25万元卖给赵某1，三天内将该房10万元房贷还清并办理过户。赵某1借给于某135万元，其中10万元是向张某4借的。后来于某1给赵某1转账20余万元，称是还35万元借款，赵某1称是还前100万元借款的利息。2016年4月，赵某1带杜某2、郭某1、杜某7等人更换名仕花园房屋门锁并入住。苏某报警，赵某1出示合同后，民警离开。4月13日，赵某1带领杜某2、郭某1、杜某7等人搬名仕花园房内物品，苏某和民警来了。民警走后，吴某和苏某拉扯，吴某说让苏某吃大便。苏某离开后，赵某1安排人员尾随，并将名仕花园房内物品搬到源大公司。4月14日下午，赵某1与郭某2找苏某要账，打电话让郭某1、李某3等到源大公司。因苏某不见面，其一方报警称苏某私刻公章。民警到后，赵某1与苏某对骂，被民警拉开。18时许，赵某1先行离开。22时许，李某3给吴某打电话说有四人被捅伤。杜某2死后，吴某安排赵某1跟公安人员说去要账的都是债主。

5. 证人张某4、卢某、康某的证言与赵某1、吴某的证言相印证。张某4还证明，赵某1第一次借给于某1的100万元，都知道是吴某的；第二次借给于某135万元，有10万元是向其借的。卢某还证明，于某1为欠吴某账的事，请其找吴某说和，双方同意于某1将房子折抵60万元过户给对方，再还30万元即全部清账。康某还证明，吴某与于某1对房子问题有分歧，吴某称是买卖，于某1称是抵押。

6. 证人朱某（民警）的证言：2016年4月14日22时许，其带领辅警宋某、郭某3赶到源大公司。在接待室苏某说有人打于欢，多名男子否认。其见于欢身上没有明显伤痕,即告知无论怎样都不能打架。其问谁报警,苏某称是厂里的工人。其走出接待室打电话向值班民警徐某汇报,让徐某过来。其与郭某3上警车商议是否向所长汇报。三四十秒后下车,马某向其讲述情况。其一听接待室异动,立即返回,见宋某拿着一把刀。

7.证人宋某、郭某3(辅警)的证言与朱某的证言相印证,并证明其二人听到打闹声即返回接待室,见于欢手持一把刀,要求于欢将刀放下,后宋某从于欢手里将刀拿过来。

8.证人徐某(民警)的证言:2016年4月14日下午,郭某1报警称源大公司私刻财务印章。其带辅警赶到现场,郭某1反映苏某欠债不还,引发争吵,其制止并劝双方依法解决。双方无异议,其与辅警撤离。当日22时许,朱某打电话向其介绍源大公司警情,并让其过去。不久朱某又打电话称有人动刀。其赶到源大公司,讯问于欢,并口头传唤于欢、苏某到派出所接受调查。

三、视频资料、现场勘验、检查笔录、鉴定意见和有关书证材料

1.冠县公安局出具的执法记录视频证明:2016年4月14日22时17分,民警朱某和辅警郭某3、宋某驾驶警车到达源大公司,警灯闪烁。朱某进接待室问谁报警、是否有人打架,苏某指认杜某2打于欢耳光,杜某2等否认并称是经济纠纷;苏某称厂里工人报警;民警警告双方不能动手;于欢欲离开被讨债人员阻止。22时22分,朱某和辅警走出接待室,马某反映讨债人员侮辱苏某。朱某打电话。后朱某和辅警走到门厅外,朱某让辅警告诉双方不能动手。22时26分,辅警走进大厅,透过玻璃墙见接待室内杜某2、程某捂着肚子,于欢、苏某站在接待室东南角,严某、郭某1等站在于欢、苏某对面。辅警从大厅走向接待室门口过程中(时长10秒),于欢持刀分别捅刺严某、郭某1各一刀。辅警进入接待室,让于欢交出刀,于欢称从接待室出去才能交刀,后在辅警连续责令下将刀交出。22时43分,民警徐某对于欢进行讯问。

2.冠县公安局提取的源大公司监控视频证明:2016年4月14日17时50分后,讨债人员进出源大公司财务室。19时许,苏某、于欢从财务室出来,

么某、苗某跟随。20时48分,苏某、于欢、马某、张某1进入接待室。21时53分,在办公楼门口烧烤的讨债人员陆续进入接待室。22时17分,警车到达,民警朱某和辅警郭某3、宋某进入接待室。22时22分,多名讨债人员跟随民警走出接待室,后陆续返回。22时24分,郭某3、朱某从警车右侧上车。约40秒后,郭某3、朱某下车绕到车左侧。此时于某2走到警车左侧。22时26分,郭某3、宋某走进接待室,程某捂肚子、郭某1捂腰部、杜某2被人架着、李某3背着严某先后走出接待室,分乘三辆车离开。

3. 冠县公安局制作的现场勘验笔录及照片证明:现场位于源大公司办公楼一楼接待室。接待室靠东墙放有两张办公桌,桌前各放有一把办公椅,与屋门相对应靠南墙鱼缸西侧放有两张办公桌,靠西墙放有三人沙发,东侧放有茶几,相对应东侧放有一对单人沙发,其中南侧沙发扶手上有鞋印。接待室内及门厅、门口地面有滴落血迹。

4. 冠县公安局出具的提取笔录、扣押物品清单及聊城市公安局出具的DNA检验鉴定意见证明:(1)2016年4月14日,从于欢处扣押单刃尖刀一把,刀全长25.8厘米,刀身长15.3厘米,刀柄长10.5厘米,刀身最宽处3.1厘米。经鉴定,尖刀刀尖、刀刃、刀刃刀柄结合处检出郭某1的血迹;刀柄上检出于欢的基因分型和程某的血迹。(2)2016年4月15日,从于欢处扣押牛仔裤一条、夹克一件。经鉴定,牛仔裤上检出程某的血迹;夹克上检出于欢和郭某1的混合基因分型。(3)在接待室及大厅内、门厅台阶附近提取的多处暗红色斑迹上分别检出郭某1、杜某2的血迹及郭某1、程某的混合血迹。

5. 冠县公安局出具的尸体检验鉴定意见证明:杜某2上腹部正中见一纵行2厘米×0.5厘米哆开创口,深达腹腔,创道长15厘米,造成肝固有动脉2厘米裂伤口及肝右叶下侧面裂伤长4厘米、深8厘米。该损伤符合被他人用锐性致伤物(如单刃尖刀类)在外力作用下所形成。杜某2系腹部损伤后造成肝固有动脉裂伤及肝右叶创伤导致失血性休克死亡。

6. 聊城市公安局出具的理化检验鉴定意见证明:在死者杜某2心血中检出乙醇成分,含量148毫克/100毫升。

7. 司法鉴定科学技术研究所出具的人体损伤检验鉴定意见证明:郭某1

右腰背部有长4厘米皮肤裂伤,深达胸腔,右肺下叶不张,右胸腔积液(血),术中突发心跳骤停,未能施行开胸手术,经积极引流及输注红细胞、血浆得以保全生命。评定为重伤二级。

8. 冠县公安局出具的人体损伤检验鉴定意见证明:(1)严某左腹部见长4厘米横斜行皮肤创伤,符合锐性外力所形成。左腹部外伤后,造成小肠距屈氏韧带100厘米处贯通伤,有肠内容物溢出。属重伤二级。(2)程某左胸部锁骨中线第6、7肋间可见长2.8厘米横斜行皮肤创伤,符合锐性外力作用下所形成。属轻伤二级。(3)于欢左项部见长1.1厘米横行表皮剥脱,右肩部可见多处小范围皮下出血,符合钝性外力作用下所形成,不构成轻微伤。

9. 冠县公安局提取的借款合同、房屋买卖合同、电子银行回单、房产证证明:(1)苏某、于某1于2014年7月28日签订借款100万元合同,同日赵某1账户向苏某账户汇款100万元。(2)冠县名仕花园某幢某单元1111,房屋产权人于某1,房屋建筑面积165.61平方米。房屋买卖合同卖方于某1、苏某,买方项空缺。成交价格35万元,2015年11月1日先付25万元,余下房款11月2日还该房贷款10万元,卖方给买方办理过户手续。11月1日赵某1账户向苏某账户汇款35万元。

10. 冠县公安局出具的接处警登记表、接处警详情、情况说明证明:2016年4月1日,苏某报警称其名仕花园小区住房门锁被换,两万元现金被盗。经现场勘验,未发现有涉及盗窃案件价值的痕迹物证。同月13日11时17分,冠县公安局崇文派出所接110指令,名仕花园小区最东边楼有人闹事。民警赶到该楼11楼西户,发现吴某等在房内搬东西,吴某向民警出示二手房买卖合同。苏某到场后,吴某责骂苏某欠钱不还,苏某承认欠债,并承认已将房产证交给吴某。民警告知双方协商或通过法律程序解决,双方同意。民警离开时,吴某让苏某留下,民警告知吴某不能阻止苏某离开,同时提醒苏某可以随时给民警打电话。民警下楼后,打电话再次告知吴某无权阻止苏某离开,吴某同意。14日16时27分,郭某1打电话报警称源大公司私刻财务印章。当日22时07分,刘某打电话报警称源大公司有人打架。

11. 冠县公安局出具的户籍材料证明于欢及杜某2、郭某1、严某、程某的出生日期等情况。

四、医疗证明和医生的证言

1. 冠县人民医院出具的情况说明、病历、死亡记录证明:为杜某2办理住院登记完毕的时间是2016年4月14日22时42分55秒。杜某2经抢救于15日零时27分心跳骤停,抢救至15日2时18分,心跳不恢复,临床死亡,死亡诊断为失血性休克。

2. 冠县人民医院的病历、解放军总医院的住院病案及收费票据证明:2016年4月14日至5月9日,严某在冠县人民医院抢救,CT检查提示假性动脉瘤不除外,建议转院治疗;5月12日至21日,严某在解放军总医院治疗,共支付医疗费49 693.47元。同年4月14日至23日,程某在冠县人民医院治疗。

3. 证人李某2、赵某2(均系医生)的证言:2016年4月14日22时许,杜某2被搀扶到该院急诊科,该院马上进行抢救。杜某2到医院时状态已经非常不好,意识模糊,烦躁状态,面色苍白,呼吸急促。鉴于病情危重,急送重症监护室。转到重症监护室时,杜某2已经昏迷,测不出体温、血压,遂进行输液、输血,上呼吸机。持续抢救到次日1时许,杜某2临床死亡。整个救治过程按照救治流程操作。事后听说有一辆送病人的车将医院限行杆撞断,未听说与保安发生冲突。

五、检察机关补充提取的证据

1. 聊城市人民检察院提取的银行转账凭证证明:2014年7月28日至2015年10月20日,苏某账户向赵某1账户共计汇款154万元;2015年11月2日至2016年1月6日,苏某账户向赵某1账户共计汇款29.8万元。

2. 聊城市人民检察院提取的通话清单证明:苏某手机于2016年4月13日10时56分拨打"110"并通话,同日15时17分、17时31分、18时01分拨打"063512345"(市长热线)并通话;于某1手机于2016年4月13日12时43分拨打"110"并通话,当日12时46分、14时37分、16时11分拨打"063512345"并通话。

3. 冠县公安局制作的侦查实验笔录证明:2017年4月10日22时31分

至23时22分,侦查人员对从源大公司至相关医院抢救路线进行驾车实验,实验结果分别是到县人民医院6.9公里,用时约9分钟;到县中医院5.2公里,用时约7分钟。

综合考虑各上诉人的上诉意见、辩护人的辩护意见、山东省人民检察院的出庭意见、被害人及各诉讼代理人的意见,庭审调查的证据和查明的事实,根据相关法律规定,本院评判如下:

一、关于事实和证据

1. 上诉人于欢所提苏某实际是向吴某借款,原判未认定吴某、赵某1多次纠集人员对苏某暴力索债,案发时杜某2等人受吴某、赵某1指使,采用非法限制自由的方式讨债并对于欢、苏某侮辱、殴打的上诉意见和山东省人民检察院的相关出庭意见,与查明的事实基本相符,本院予以采纳。

2. 上诉人于欢及其辩护人所提原判未认定杜某2受伤后自行驾车前往冠县人民医院,而未去距离更近的冠县中医院,且到医院后还与门卫发生冲突,延误救治,导致失血过多死亡的上诉意见及辩护意见,与查明的事实不符。经查,多名证人反映杜某2是由杜某7驾车送医院治疗,而非自行前往;选择去人民医院而未去更近的中医院抢救,是因为人民医院是当地最好且距离也较近的医院,侦查实验证明从现场前往人民医院较前往中医院仅多约2分钟车程。故对于欢及其辩护人的该上诉意见及辩护意见,本院不予采纳。

3. 关于辩护人所提认定于欢犯故意伤害罪证据不足的相关辩护意见:(1)所提侦查机关对现场椅子是否移动、椅子上是否有指纹等事实未能查清的辩护意见,或者与查明的事实不符,或者对本案定罪量刑缺乏价值。(2)所提公安、检察机关有人与案件存在利害关系,两机关所收集的证据不应采信的辩护意见,经查,冠县公安局和冠县人民检察院依法收集的相关证据,客观真实地证明了案件相关事实,本案亦不存在依法应予回避的情形,故相关证据可作定案证据使用。(3)所提讨债人员串供、醉酒,应当排除其证言的辩护意见,经查,案发后讨债人员仅就涉案高息借贷的实际发放者进行串供,该节事实不影响本案定罪量刑,原审及本院亦未采信相关证据;没有证据证明讨债人员就其他事实有过串供，讨债人员对有关案件事实的证言能够得到在案其他证人证言及被告人供述和辩解等证据的印证；案发当天讨债人员大量饮酒属实，但没有证据证明讨债人员因为醉酒而丧失作证能力，排除其证言于法无据。故对辩护人的上述辩护意见，本院不予采纳。

4. 被害人及其诉讼代理人所提原判未认定作案尖刀系管制刀具，来源未能查清的意见，经查，根据外观特征认定本案的作案工具为尖刀，并无不当；只有被害人郭某1一人陈述于欢从身上拿出尖刀，该陈述与在场的其他被害人陈述及有关证人证言等证据不符，且该尖刀是否为于欢事前准备，不影响于欢的行为是否具有防卫性质的认定。故对上述意见，本院不予采纳。

5. 辩护人当庭提交的3份新证据材料，出庭检察员当庭提交的有关苏某计划外生育被罚款的收费收据、于欢父亲于某1身份信息的新证据材料，或者不具有客观性，或者与案件无关联性，本院不予采信。

二、关于法律适用

1. 上诉人于欢的行为是否具有防卫性质。上诉人及其辩护人、出庭检察员均认为，于欢的行为具有防卫性质；被害人及其诉讼代理人认为，于欢的捅刺行为不具备正当防卫的前提条件。

经查，案发当时杜某2等人对于欢、苏某实施了限制人身自由的非法拘禁行为，并伴有侮辱和对于欢间有推搡、拍打、卡项部等肢体行为。当民警到达现场后，于欢和苏某欲随民警走出接待室时，杜某2等人阻止二人离开，并对于欢实施推拉、围堵等行为，在于欢持刀警告时仍出言挑衅并逼近，实施正当防卫所要求的不法侵害客观存在并正在进行。于欢是在人身安全面临现实威胁的情况下才持刀捅刺，且其捅刺的对象都是在其警告后仍向前围逼的人，可以认定其行为是为了制止不法侵害。故原判认定于欢捅刺被害人不存在正当防卫意义上的不法侵害确有不当，应予纠正；对于欢及其辩护人、出庭检察员所提于欢的行为具有防卫性质的意见，本院予以采纳；对被害人及其诉讼代理人提出的相反意见，本院不予采纳。

2. 上诉人于欢的行为是否属于特殊防卫。辩护人提出，根据有关司法解释，讨债人员的行为构成抢劫罪，于欢捅刺抢劫者的行为属特殊防卫，不构成犯罪;出庭检察员、被害人及其诉讼代理人持反对意见。

根据刑法规定,对正在进行的行凶、杀人、抢劫、强奸、绑架以及其他严重危及人身安全的暴力犯罪,公民有权进行特殊防卫。但本案并不存在适用特殊防卫的前提条件。经查,苏某、于某1系主动通过他人协调、担保,向吴某借贷,自愿接受吴某所提10%的月息。既不存在苏某、于某1被强迫向吴某高息借贷的事实,也不存在吴某强迫苏某、于某1借贷的事实,与司法解释有关强迫借贷按抢劫罪论处的规定不符。故对辩护人的相关辩护意见,本院不予采纳;对出庭检察员、被害人及其诉讼代理人提出的于欢行为不属于特殊防卫的意见,本院予以采纳。

3. 上诉人于欢的防卫行为是否属于防卫过当。于欢提出其行为属于正当防卫或防卫过当,其辩护人提出于欢的防卫行为没有超过必要限度,属于正当防卫;出庭检察员提出,于欢的行为属于防卫过当。

根据刑法规定,正当防卫明显超过必要限度造成重大损害的,属于防卫过当,应当负刑事责任。评判防卫是否过当,应当从不法侵害的性质、手段、紧迫程度和严重程度,防卫的条件、方式、强度和后果等情节综合判定。根据本案查明的事实及在案证据,杜某2一方虽然人数较多,但其实施不法侵害的意图是给苏某夫妇施加压力以催讨债务,在催债过程中未携带、使用任何器械;在民警朱某等进入接待室前,杜某2一方对于欢母子实施的是非法拘禁、侮辱和对于欢拍打面颊、揪抓头发等行为,其目的仍是逼迫苏某夫妇尽快还款;在民警进入接待室时,双方没有发生激烈对峙和肢体冲突,当民警警告不能打架后,杜某2一方并无打架的言行;在民警走出接待室寻找报警人期间,于欢和讨债人员均可透过接待室玻璃清晰看见停在院内的警车警灯闪烁,应当知道民警并未离开;在于欢持刀警告不要逼过来时,杜某2等人虽有出言挑衅并向于欢围逼的行为,但并未实施强烈的攻击行为。即使四人被于欢捅刺后,杜某2一方也没有人对于欢实施暴力还击行为。于欢的姑母于某2证明,在民警闻声返回接待室时,其跟着走到大厅前台阶处,见对方一人捂着肚子说“没事没事,来真的了”。因此,于欢面临的不法侵害并不紧迫和严重,而其却持利刃连续捅刺四人,致一人死亡、二人重伤、一人轻伤,且其中一人即郭某1系被从背后捅伤,应当认定于欢的防卫行为明显超过必要限度造成重大损害。故对出庭检察员及于欢所提本案属于防卫过当的意见,本院予以采纳;对辩护人所提于欢的防卫行为未超过必要限度的意见,本院不予采纳。

4. 上诉人于欢的行为是否构成故意杀人罪。被害人杜某2近亲属委托的诉讼代理人提出,于欢的行为构成故意杀人罪。经查,虽然于欢连续捅刺四人,但捅刺对象都是当时围逼在其身边的人,未对离其较远的其他不法侵害人进行捅刺,亦未对同一不法侵害人连续捅刺。可见,于欢的目的在于制止不法侵害并离开接待室,在案证据不能证实其具有追求或放任致人死亡危害结果发生的故意。故对上述代理意见,本院不予采纳。

5. 上诉人于欢是否构成自首。于欢及其辩护人提出,于欢构成自首。经查,执法记录视频及相关证据证明,在于欢持刀捅人后,在源大公司院内处警的民警闻声即刻返回接待室。民警责令于欢交出尖刀,于欢并未听从,而是要求先让其出去,经民警多次责令,于欢才交出尖刀。可见,于欢当时的表现只是未抗拒民警现场执法,并无自动投案的意思表示和行为,依法不构成自首。故对此上诉意见和辩护意见,本院不予采纳。

三、关于刑罚裁量

上诉人于欢及其辩护人提出,于欢具有自首情节,平时表现良好,且被害方有严重过错等从宽处罚情节,原判量刑畸重;出庭检察员提出,对于欢依法应当减轻或免除处罚;被害人及其诉讼代理人提出,应当维持原判量刑。

经查,在吴某、赵某1指使下,杜某2等人除在案发当日对于欢、苏某实施非法拘禁、侮辱及对于欢间有推搡、拍打、卡颈部等肢体行为,此前也实施过侮辱苏某、干扰源大公司生产经营等逼债行为。于欢及其母亲苏某连日来多次遭受催逼、骚扰、侮辱,导致于欢实施防卫行为时难免带有恐惧、愤怒等因素。对于欢及其辩护人所提本案被害方存在严重过错、原判量刑畸重等上诉意见和辩护意见,本院予以采纳。

本院还查明,本案系由吴某等人催逼高息借贷引发,苏某多次报警后,吴某等人的不法逼债行为并未收敛。案发当日被害人杜某2曾当着于欢之面公然以裸露下体的方式侮辱其母亲苏某，虽然距于欢实施防卫行为已间隔约二十分钟，但于欢捅刺杜某2等人时难免不带有报复杜某2“辱母”的情绪，在刑罚裁量上应当作为对于欢有利的情节重点考虑。杜某2的“辱母”行为严重违法、亵渎人伦，应当受到惩罚和谴责，但于欢在实施防卫行为时致一人死亡、二人重伤、一人轻伤，且其中一重伤者系于欢持刀从背部捅刺，防卫明显过当。于欢及其母亲苏某的人身自由和人格尊严应当受到法律保护，但于欢的防卫行为超出法律所容许的限度，依法也应当承担刑事责任。认定于欢行为属于防卫过当，构成故意伤害罪，既是严格司法的要求，也符合人民群众的公平正义观念。

根据刑法规定，故意伤害致人死亡的，处十年以上有期徒刑、无期徒刑或者死刑；防卫过当的，应当减轻或者免除处罚。于欢的防卫行为明显超过必要限度造成重大伤亡后果，减轻处罚依法应当在三年至十年有期徒刑的法定刑幅度内量刑。于欢在民警尚在现场调查，警车仍在现场闪烁警灯的情形下，为离开接待室而持刀防卫，为摆脱对方围堵而捅死捅伤多人，且除杜某2以外，其他三人并未实施侮辱于欢母亲的行为。综合考虑于欢犯罪的事实、性质、情节和危害后果，对出庭检察员所提对于欢减轻处罚的意见，本院予以采纳；对被害人及其诉讼代理人所提维持原判量刑的意见，本院不予采纳。

四、关于诉讼程序

上诉人于欢提出，本案存在办案机关违反回避规定的情形。经查，被害人杜某2确有亲属在冠县检察机关、政府部门任职，但此事实并非法定的回避事由，本案也不存在刑事诉讼法规定的其他应予回避或移送、指定管辖的情形。故对上述意见，本院不予采纳。

本院认为，上诉人于欢持刀捅刺杜某2等四人，属于制止正在进行的不法侵害，其行为具有防卫性质；其防卫行为造成一人死亡、二人重伤、一人轻伤的严重后果，明显超过必要限度造成重大损害，构成故意伤害罪，依法应负刑事责任。鉴于于欢的行为属于防卫过当，于欢归案后能够如实供述主要罪行，且被害方有以恶劣手段侮辱于欢之母的严重过错等情节，对于欢依法应当减轻处罚。于欢的犯罪行为给上诉人杜某1、许某、李某1、杜某3、杜某4、杜某5、杜某6和原审附带民事诉讼原告人严某、程某造成的物质损失，应当依法赔偿。上诉人杜某1等所提判令于欢赔偿死亡赔偿金、被抚养人生活费的上诉请求于法无据，本院不予支持，对杜某2四名未成年子女可依法救济。原判认定于欢犯故意伤害罪正确，审判程序合法，但认定事实不全面，部分刑事判项适用法律错误，量刑过重，依法应予改判。依照《中华人民共和国刑法》第二百三十四条第二款、第二十条、第六十七条第三款、第六十三条第一款、第六十一条、第三十六条第一款，《中华人民共和国刑事诉讼法》第二百二十五条第一款第三项及《最高人民法院关于适用〈中华人民共和国刑事诉讼法〉的解释》第一百五十五条第一款、第二款的规定，判决如下：

一、驳回上诉人（原审附带民事诉讼原告人）杜某1、许某、李某1、杜某3、杜某4、杜某5、杜某6的上诉，维持山东省聊城市中级人民法院（2016）鲁15刑初33号刑事附带民事判决第二项、第三项、第四项附带民事部分；

二、撤销山东省聊城市中级人民法院（2016）鲁15刑初33号刑事附带民事判决第一项刑事部分；

三、上诉人（原审被告人）于欢犯故意伤害罪，判处有期徒刑五年。（刑期从判决执行之日起计算。判决执行以前先行羁押的，羁押一日折抵刑期一日，即自2016年4月15日起至2021年4月14日止。）

本判决为终审判决。

审判长　吴　靖
审判员　刘振会
审判员　王文兴

二〇一七年六月二十三日

书记员　姚颖博
　　　　张　坤

附:相关法律规定

中华人民共和国刑法

第二百三十四条 故意伤害他人身体的,处三年以下有期徒刑、拘役或者管制。

犯前款罪,致人重伤的,处三年以上十年以下有期徒刑;致人死亡或者以特别残忍手段致人重伤造成严重残疾的,处十年以上有期徒刑、无期徒刑或者死刑。本法另有规定的,依照规定。

第二十条 为了使国家、公共利益、本人或者他人的人身、财产和其他权利免受正在进行的不法侵害,而采取的制止不法侵害的行为,对不法侵害人造成损害的,属于正当防卫,不负刑事责任。

正当防卫明显超过必要限度造成重大损害的,应当负刑事责任,但是应当减轻或者免除处罚。

对正在进行行凶、杀人、抢劫、强奸、绑架以及其他严重危及人身安全的暴力犯罪,采取防卫行为,造成不法侵害人伤亡的,不属于防卫过当,不负刑事责任。

第六十七条 犯罪以后自动投案,如实供述自己的罪行的,是自首。对于自首的犯罪分子,可以从轻或者减轻处罚。其中,犯罪较轻的,可以免除处罚。

被采取强制措施的犯罪嫌疑人、被告人和正在服刑的罪犯,如实供述司法机关还未掌握的本人其他罪行的,以自首论。

犯罪嫌疑人虽不具有前两款规定的自首情节,但是如实供述自己罪行的,可以从轻处罚;因其如实供述自己罪行,避免特别严重后果发生的,可以减轻处罚。

第六十三条 犯罪分子具有本法规定的减轻处罚情节的,应当在法定刑以下判处刑罚;本法规定有数个量刑幅度的,应当在法定量刑幅度的下一个量刑幅度内判处刑罚。

犯罪分子虽然不具有本法规定的减轻处罚情节,但是根据案件的特殊情况，经最高人民法院核准，也可以在法定刑以下判处刑罚。

第六十一条 对于犯罪分子决定刑罚的时候，应当根据犯罪的事实、犯罪的性质、情节和对于社会的危害程度，依照本法的有关规定判处。

第三十六条 由于犯罪行为而使被害人遭受经济损失的，对犯罪分子除依法给予刑事处罚外，并应根据情况判处赔偿经济损失。

承担民事赔偿责任的犯罪分子，同时被判处罚金，其财产不足以全部支付的，或者被判处没收财产的，应当先承担对被害人的民事赔偿责任。

中华人民共和国刑事诉讼法

第二百二十五条 第二审人民法院对不服第一审判决的上诉、抗诉案件，经过审理后，应当按照下列情形分别处理：

（一）原判决认定事实和适用法律正确、量刑适当的，应当裁定驳回上诉或者抗诉，维持原判；

（二）原判决认定事实没有错误，但适用法律有错误，或者量刑不当的，应当改判；

（三）原判决事实不清楚或者证据不足的，可以在查清事实后改判；也可以裁定撤销原判，发回原审人民法院重新审判。

原审人民法院对于依照前款第三项规定发回重新审判的案件作出判决后，被告人提出上诉或者人民检察院提出抗诉的，第二审人民法院应当依法作出判决或者裁定，不得再发回原审人民法院重新审判。

最高人民法院关于适用《中华人民共和国刑事诉讼法》的解释

第一百五十五条 对附带民事诉讼作出判决，应当根据犯罪行为造成的物质损失，结合案件具体情况，确定被告人应当赔偿的数额。

犯罪行为造成被害人人身损害的，应当赔偿医疗费、护理费、交通费等为治疗和康复支付的合理费用，以及因误工减少的收入。造成被害人残疾的,还应当赔偿残疾生活辅助具费等费用;造成被害人死亡的,还应当赔偿丧葬费等费用。

驾驶机动车致人伤亡或者造成公私财产重大损失,构成犯罪的,依照《中华人民共和国道路交通安全法》第七十六条的规定确定赔偿责任。

附带民事诉讼当事人就民事赔偿问题达成调解、和解协议的,赔偿范围、数额不受第二款、第三款规定的限制。

最高人民检察院关于强迫借贷行为适用法律问题的批复

广东省人民检察院:

你院《关于强迫借贷案件法律适用的请示》(粤检发研字〔2014〕9号)收悉。经研究,批复如下:

以暴力、胁迫手段强迫他人借贷,属于刑法第二百二十六条第二项规定的“强迫他人提供或者接受服务”,情节严重的,以强迫交易罪追究刑事责任;同时构成故意伤害罪等其他犯罪的,依照处罚较重的规定定罪处罚。以非法占有为目的,以借贷为名采用暴力、胁迫手段获取他人财物,符合刑法第二百六十三条或者第二百七十四条规定的,以抢劫罪或者敲诈勒索罪追究刑事责任。

此复

最高人民检察院

2014年4月17日

坚持依法裁判　维护公平正义

——山东省高级人民法院负责人就于欢故意伤害案答记者问

2017年6月23日，山东省高级人民法院对上诉人于欢故意伤害案二审公开宣判，认定于欢构成故意伤害罪，但属于防卫过当，依法对其减轻处罚，将原审法院判处的无期徒刑，改判为有期徒刑五年，这一社会广泛关注的案件在法定审限内审结。为使社会公众全面了解案件的有关情况及二审裁判，记者就有关问题采访了山东省高级人民法院负责人（以下简称山东高院负责人）。

记者：山东高院在二审期间主要做了哪些工作？

山东高院负责人：我们高度重视于欢案件的二审审理工作。

一是及时组成合议庭。3月24日，该案二审受理后，即确定了合议庭成员，并在高院官方媒体发布了相关信息。

二是切实保障各方诉讼权利。合议庭迅即与案件当事人取得联系，告知其相关诉讼权利，并充分保障了相关人员庭前查阅、摘抄、复制卷宗材料以及庭审中陈述、质证、发表辩护、代理意见等权利。

三是全面审查事实证据，认真梳理一审认定的事实证据及其存在的问题，提审于欢，实地察看了案发现场。

四是召开庭前会议。解决了是否申请回避、是否公开开庭审理、庭审范围等程序性问题，并就事实证据、出庭证人名单等问题听取各方意见，为庭审的集中审理打下了基础。

五是公开开庭审理。落实以审判为中心的改革要求，依法通知苏银霞、杜建岗出庭作证；通知当事人家属，邀请人大代表、政协委员、特邀监督员、专家学者、律师代表、媒体代表、基层群众代表共100余人旁听了庭审；采取“图文+阶段性视频播报”的方式，对案件庭审进行了长达15个小时的直播,最大程度地实现了庭审的公开透明。

记者:二审判决认定于欢的行为具有防卫性质的依据是什么?

山东高院负责人:于欢的行为是否具有防卫性质,是本案法律适用的焦点之一,也是诉讼各方争议、社会公众关注的核心。二审认定于欢的行为具有防卫性质,主要有以下考虑:

一是案发时存在对于欢母子的不法侵害情形。杜志浩等人在较长时间里对于欢母子实施了限制人身自由的非法拘禁行为、侵害人格名誉的侮辱行为和对于欢间有推搡、拍打、卡颈部等肢体行为。

二是不法侵害正在进行。当于欢母子欲随处警民警离开接待室时,杜志浩等人将二人拦下,并对于欢推拉、围堵,在于欢持刀警告时仍出言挑衅并步步逼近,对于欢的人身安全形成了威胁。

三是于欢具有防卫意图。于欢在实施捅刺行为前进行了警告,在杜志浩言语挑衅并逼近时才实施捅刺行为,且仅对围在身边的人进行捅刺,可见其行为主要是为阻止对方实施侵害。

四是防卫行为针对的是不法侵害人。被刺死的杜志浩和被刺伤的严建军、程学贺、郭彦刚均参与实施了限制于欢母子人身自由的不法侵害行为,杜志浩还直接实施了侮辱于欢母子等不法侵害行为。

不法侵害是指危害他人人身、财产以及其他合法权利的行为,既包括犯罪行为,也包括一般违法行为。不法侵害行为是违法还是犯罪,不影响正当防卫的成立,哪怕对一般违法行为也可以进行防卫,不能因为不法侵害没有达到犯罪程度,就否定行为的防卫性。

记者:二审认定于欢的行为超过必要限度的主要依据是什么?

山东高院负责人:根据刑法规定,对不法侵害行为人有权进行正当防卫,同时对正当防卫规定了限度条件,明显超过必要限度造成重大损害的,属于防卫过当。评判防卫行为是否过当,应当从不法侵害的性质、手段、紧迫程度和严重程度,防卫的条件、方式、强度和后果等情节综合判定。具体到本案:

一是从不法侵害行为和防卫行为的强度来看,杜志浩等人实施不法侵害的意图是给于欢母亲施加压力以催讨债务,在于欢实施防卫时,杜志浩等人此前进行的侮辱行为已经结束，此时只是对于欢有推拉、围堵等轻微暴力行为，而于欢实施的是致人死伤的防卫行为。

二是从双方使用的手段来看，杜志浩一方虽多人在现场但均未携带使用任何器械，而于欢持刃长15.3厘米的尖刀进行捅刺。

三是从防卫的时机来看，于欢是在民警已到达现场处警、警车在院内闪烁警灯的情形下实施防卫，公安机关已经介入事件处置，于欢当时面对的不法侵害并不十分紧迫和危险。

四是从捅刺的对象来看，杜志浩对于欢母子实施了侮辱、拘禁行为和对于欢间有的推搡、拍打等肢体行为，其他被害人未实施侮辱行为，而于欢在捅刺杜志浩之后又捅刺了另外三人，且其中一人即郭彦刚系被背后捅伤。

五是从造成的后果来看，于欢的防卫行为造成了一人死亡、二人重伤、一人轻伤的严重后果，严重超出了不法侵害人对其推拉、围堵、轻微殴打通常可能造成的人身安全损害后果。

六是从案件起因来看，本案系熟人社会里发生的民间矛盾纠纷。双方都生活在冠县这个不大的县城，苏银霞和吴学占互相认识，也是通过熟人介绍发生的高息借贷关系，发生纠纷后又通过熟人作了调解，这与陌生人之间实施的类似行为的危险性和危害性显有不同。综上考虑这些情况，二审法院认定于欢的防卫行为明显超过必要限度，且造成了重大损害，属于防卫过当。

有人认为，于欢的行为应属特殊防卫，不存在防卫过当问题。我们认为，这种说法法律依据不充分。根据刑法规定，特殊防卫的前提是防卫人面对正在进行行凶、杀人、抢劫、强奸、绑架以及其他严重危及人身安全的暴力犯罪，而杜志浩等人实施的不法侵害不属于以上严重危及人身安全的暴力犯罪，因此本案不能适用特殊防卫的规定。

必须指出，法律既要尊重和保护人身自由和人格尊严权利，也要尊重和保护生命健康权利，公民的正当防卫权作为国家防卫权的补充，其强度及可能造成的损害不能超过法律容许的范围。此案中杜志浩的“辱母”情节虽然亵渎人伦、严重违法，应当受到谴责和惩罚，但不意味着于欢因此而实施的防卫行为在强度和结果上都是正当的，都不会过当。相反，认定于欢的行为属于防卫过当,构成故意伤害罪,符合法律规定和法律面前人人平等原则以及司法的公平原则。

记者:二审对于欢的量刑出于哪些考虑?

山东高院负责人:对于欢判处五年有期徒刑,是经过反复斟酌、慎重考虑的,体现了严格公正司法的精神。根据刑法规定,故意伤害致人死亡的,处十年以上有期徒刑、无期徒刑或者死刑;防卫过当的,应当减轻或者免除处罚;减轻处罚应当在三年以上、十年以下有期徒刑幅度内量刑。确定对于欢适用减轻处罚还是免除处罚,不仅要看其防卫行为与不法侵害行为的适当程度,还要看损害后果的严重程度,比较防卫行为所保护的法益与损害的法益之间存在的差距。于欢及其母亲苏银霞的人身自由权遭受限制,人格权遭受言行侮辱侵犯,身体健康权遭受轻微暴力侵犯,但于欢持利刃捅刺4名不法侵害人,造成重大人身伤亡,防卫行为的强度和造成的损害已超过维护自身权益和制止不法侵害行为所容许的范围,两者之间明显失衡,免除处罚显然与防卫过当造成重大伤亡后果的犯罪行为不相适应,对于欢减轻处罚更符合罪刑相适应原则。

于欢具有防卫过当的法定减轻处罚情节、归案后如实供述的法定从轻处罚情节,以及在案发前因上被害人具有严重过错的酌情从轻处罚情节。具体而言,本案系由吴学占等人催逼高息借贷引发,苏银霞多次报警后,吴学占等人的不法逼债行为并未收敛。案发当日,被害人杜志浩当着于欢之面公然以裸露下体的方式侮辱其母,虽然距于欢实施防卫行为时已过去一段时间,且于欢捅刺杜志浩等人时不排除有报复杜志浩辱母行为的情绪,鉴于这一侮辱情节的恶劣性质,在伦理上应当受到严厉谴责,在刑罚裁量上应当作为对于欢有利的情节重点考虑。此外,于欢当庭不认罪,没有自责、悔罪表示,也是应该酌情考虑的量刑情节。综合考虑于欢犯罪的事实、性质、情节和危害后果,对其判处有期徒刑五年。

记者:社会普遍关注的“辱母”情节具体情况如何?

山东高院负责人:根据二审查明的事实,案发当日21时53分,杜志浩进入接待室后,用污秽语言辱骂苏银霞,往苏银霞胸前衣服上弹烟头,将裤子褪至大腿处裸露下体朝坐在沙发上的苏银霞等人左右转动身体。在双方人员马金栋、李忠劝阻下，杜志浩穿好裤子，后又脱下于欢的鞋拿到苏银霞的鼻子处，被苏银霞打掉。其中脱裤子裸露下体的“辱母”情节虽然性质恶劣，但随即被双方人员共同制止，上述所有不法侵害行为在当晚22时17分民警进入接待室前也均已停止。由于杜志浩当晚大量饮酒，血液酒精含量达148毫克/100毫升，实际上处于醉酒状态，其对苏银霞的侮辱行为属借酒撒疯、酒后失德。网传“杜志浩等十余人在长达一小时时间里用裸露下体等手段凌辱苏银霞”“杜志浩等脱鞋塞进苏银霞嘴里、将烟灰弹在苏银霞胸口”等与庭审查明的事实不符，于欢、苏银霞均未证实听到或者看到“讨债人员在源大公司播放黄色录像”。

记者：二审裁判对一审判决作了哪些改变？

山东高院负责人：二审判决明确指出，原审判决存在的主要问题是认定事实不全面，部分刑事判项适用法律错误。在案件事实方面，除了上面我们提到的“辱母”情节问题，二审判决还就引发本案借贷关系的真正主体、吴学占等人实施讨债行为的完整过程、案发当晚杜志浩等人实施逼债行为的具体情形、于欢实施捅刺行为的具体情境等，依据二审审理查明的事实证据在判决中作了反映。我们相信，网传的一些失实的事实、情节，在二审庭审以及今天的宣判后都已经澄清。关于部分刑事判项适用法律错误的问题，主要是对于欢行为性质的认定上，二审已经予以纠正。

于欢案件是近年来少有的引发社会广泛关注的一起刑事案件。如何使二审裁判符合法律规定并回应人民群众的公平正义观念，是我们在二审期间认真深入思考的问题。工作中，我们主要把握了以下几点：

一是坚持实事求是原则。用事实说话，确保二审判决认定的事实都有相应的证据加以证明，而且，据以定案的证据都经过了庭审的查证。

二是体现公平正义观念。“天理、国法、人情”是老百姓通常判断是非曲直的最直观标准。在二审裁判的过程中，我们始终注重站在人民群众的角度，将心比心、换位思考，对于欢以及杜志浩等人的行为进行客观评判，并体现在案件的裁判结果中，力争使“纸面上的”法律规定，通过“有温度”的裁判被人民群众所认可。

三是贯彻平等保护理念。法律面前人人平等是法律的基本原则。法官作为居中的裁判者,不能因为于欢是基于杜志浩等人的不法侵害而实施了防卫行为,就忽略或否定其行为所造成的重大损害后果,不适当地免除对于欢的刑事处罚,应该综合考虑案件的事实证据,并严格依照法律规定,对于欢的行为作出认定和处理;同理,也不能因为杜志浩等人实施了侮辱、不法侵害等行为,就忽视和否定对其4个年幼子女权利的保护。

记者:于欢案件给办案机关哪些教育和启示?

山东高院负责人:于欢案件是因媒体报道而引发社会广泛关注的一起刑事案件。虽然媒体、网友们对案件的评论各异、观点不同,但绝大多数社会公众都希望二审法院能在查清案件事实的基础上,依法公正作出处理。今天,山东高院依法对案件作出裁判,二审审判程序虽已画上了句号,但我们对案件的反思、总结要认真进行。

一是树立严格司法的理念。于欢案件之所以引发社会广泛关注,除了案件本身的因素以外,也与一审办案机关收集、固定、审查证据不规范、不全面,裁判认定事实不全面,说理不透彻等有关。在今后的工作中,办案机关要牢固树立严格司法的理念,切实将证据裁判的要求落实在案件办理的全过程,既要把与定罪、量刑有关的案件的核心事实搞准确,又要深入了解、准确把握、综合考量与案件有关的社会背景、前因后果、传统文化、民情风俗等边际事实,使公正裁判建立在严密、准确、全面的证据体系之上,并合乎我国传统文化和社会主义核心价值观所倡导的道德伦理,确保案件质量经得起法律和历史的检验。

二是深入推进以审判为中心的刑事诉讼制度改革。于欢案件的二审审理过程,也是落实以审判为中心的刑事诉讼制度改革要求的过程。该案的二审,全面实现了事实证据查明在法庭,诉辩意见发表在法庭,公正裁判形成在法庭。今后,办案机关要深入落实庭审中心要求,运用好庭前会议制度,积极推进证人、鉴定人等出庭作证制度的落实,通过法庭审判程序的公正实现案件裁判结果的公正,确保庭审在认定证据、查明事实、保障诉权、公正裁判中发挥决定性作用。

三是坚持公开审判原则。从媒体报道情况来看,旁听于欢案件二审开庭的各界代表称赞法庭是“正义的殿堂”“法治的课堂”。这一效果的取得,得益于庭前工作的充分准备，更得益于二审对庭审活动的最大限度的公开。办案机关要更加重视司法公开的作用，让所有的诉讼活动都以公开透明的方式展现出来，把开放的法庭变成普法的课堂，把法庭的裁判变成普法的教材。

四是积极回应社会关切。办案机关要认真梳理案件引发社会关注的主要方面、分析案件引发社会关注的具体原因，将社会关注转变成查找差距、改进工作、补齐短板的巨大动力，并以实事求是、开诚布公、真诚、友善的态度，对社会关注的问题给予积极回应，努力赢得社会对裁判的信任、认可与支持。

【编者按】

本案是一起发生在银行间债券交易领域的新类型财产犯罪案件，侵害对象为被害单位应得的确定利益而非既有财产，犯罪手段较为隐蔽。债券交易合同金额特别巨大，导致职务侵占金额也特别巨大。本案在法律适用方面较为突出的问题是犯罪性质认定和职务侵占数额的认定。从文书写作来看，二审判决书较好地体现了本案在实体处理和二审程序方面的特点，对经一审审理后无争议的事实证据予以简化，并以双方争议焦点为脉络进行详细论证，讼争焦点明确，论证层次清晰，说理充分。鉴于本案在相关领域具有一定的典型性，特登载二审判决书，供办案工作参考。

北京市第二中级人民法院
刑事判决书

(2015)二中刑抗终字第515号

抗诉机关北京市西城区人民检察院。

上诉人(原审被告人)张守刚，男，1974年2月5日出生于黑龙江省拜泉县，汉族，大学文化，中融国际信托有限公司固定收益部原总经理助理，住北京市朝阳区向军北里28号院D座12A(户籍地：广东省深圳市福田区深南中路1099号)；因涉嫌犯职务侵占罪于2012年12月15日被羁押，2013年1月22日被逮捕；现羁押在北京市西城区看守所。

辩护人潘萍，北京市百瑞律师事务所律师。

辩护人祝斌，北京市大乾律师事务所律师。

北京市西城区人民法院审理北京市西城区人民检察院指控原审被告人

张守刚犯职务侵占罪，于2015年2月9日作出（2014）西刑初字第232号刑事判决。宣判后，北京市西城区人民检察院以京西检抗字[2015]0001号刑事抗诉书提出抗诉，原审被告人张守刚不服，提出上诉。本院依法组成合议庭，于2015年5月12日公开开庭审理了本案。北京市人民检察院第二分院指派代理检察员孟宁出庭支持抗诉，上诉人张守刚及其辩护人潘萍、祝斌到庭参加诉讼。本案现已审理终结。

北京市西城区人民法院判决认定：

2008年年底，被告人张守刚用刘兵的名义注册成立哈尔滨丰联商务信息咨询有限公司（以下简称丰联公司），后在江苏常熟农村商业银行（以下简称常熟农商银行）开设了丙类债券托管账户。

2009年4月至2010年12月间，被告人张守刚利用在中融国际信托有限公司（以下简称中融信托公司）固定收益部任总经理助理，从事银行间债券交易业务的职务便利，在掌握债券配置需求和市场资源的情况下，在债券交易中设计交易流程、增加交易环节、控制交易价格，操纵中融信托公司与丰联公司开展162笔债券交易，将中融信托公司应得利益共计人民币1.45亿余元非法占为己有。

被告人张守刚于2012年12月15日被查获归案。涉案账户及赃物已扣押、冻结。

原判认定上述事实的证据有：证人赵秀梅、李奇涛、邓哲明、侯春琳、刘兵、宓云开、张俊、耿洪伟、王仲夏、冯敏莉、冯绍东、梁辉、张守平、于增刚、杨帆、李琳、熊英、翁迪、谢柳娜、吴蓉、李志强、郭洁莹、郑茜、丁佳樱、林胜蓝、李东军、王晓勇、郑林斌、王舟、翟晓婷、李欣然、李绪鸿、宋强、朱天佳、缪伟、马登峰的证言，天正华[2013]审鉴字第12号、第27号会计司法鉴定意见书、鉴定人张继红的当庭证言，中央国债登记结算有限公司出具的涉案83只债券相关信息统计表、债券托管丙类账户开户通知书、客户服务协议，全国银行间同业拆借中心出具的债券交易价格及报价信息，中央国债登记结算有限公司及常熟农商银行分别出具的丰联公司2009年1月至2011年3月间开展的债券交易明细，债券买卖审批单、常熟农商银行与丰联公司的债券转让协议、代理现券交易委托书、债券交易成交单或交割单，中融信托公司出具的关于股东情况和实际经营地情况的说明、关于成立房地产金融等部门的通知、关于拟招聘固定收益类业务人员的签报单、张守刚履历表、档案材料、劳动合同书、情况说明、工资明细、债券业务交易管理办法(暂行)、固定收益部管理制度、保密协议、廉洁自律承诺书、从事银行间债券相关工作的员工自律承诺书,丰联公司企业法人营业执照、组织机构代码证、全国银行间债券市场准入备案通知书、委托人密押公式备案卡、债券托管丙类账户开户申请书、法定代表人登记表、董事、监事、经理情况、验资报告、租房协议书及2008年至2010年间的公司年检报告书,丰联公司与常熟农商银行签署的全国银行间债券市场债券回购主协议、代理货币市场业务主协议,常熟农商银行出具的关于丰联公司有关情况的说明、丰联公司债券交易资金账户交易明细,威海市商业银行金融市场部出具的现券买卖业务审批表,山东省农村信用社联合社出具的现券买卖业务报批单,东莞银行金融市场部出具的债券交易明细及情况说明、债券买卖业务授权审批表及现券买卖成交单,国金证券固定收益部出具的撮合交易业务签报,东海证券固定收益部出具的交易性质认定书,洛阳银行债券中心出具的现券业务审批表,富滇银行出具的债券买卖业务授权审批表及现券买卖成交单,平安证券有限责任公司出具的交易申请单、情况说明,齐鲁银行出具的融资审批/划拨单,中国国际金融有限公司出具的关于债券来源的说明,泰安商业银行出具的货币市场业务审批表,银行账户交易明细及转账凭证,齐齐哈尔巨田经济咨询有限公司企业法人营业执照、公司设立登记审核表、股东名录、法定代表人登记表、验资报告、房屋租赁协议书及2009年至2011年间的公司年检报告书,张守刚、梁辉、谭文芝、赵秀梅、冯敏莉、张守华、刘兵等个人银行账户信息,北京市房屋登记表、存量房屋买卖合同、房屋权属证书领证凭证、商品房预售合同及联机备案表、购房发票、房屋产权证,机动车注册、转移、注销登记申请表、机动车销售统一发票,北京禾纳文化传媒有限公司企业法人营业执照、企业设立登记申请书、股东名录、法定代表人登记表、董事会成员、经理、监事任职证明、验资报告、房屋租赁协议书及2010年年检报告书,借条、北京禾纳文化传媒有限公司交易流水及浦发银行账户对账单、银行贷记通知,中国建设银行代理保险业务缴费代收凭证、保险合同,接受刑事案件登记表、到案经过、搜查笔录、扣押物品清单、协助冻结财产通知书、协助查封通知书、查封决定书、户籍证明及被告人张守刚在侦查阶段的供述等。

根据上述事实和证据，北京市西城区人民法院认为：被告人张守刚身为公司工作人员，利用职务上的便利，将本单位财物非法占为己有，数额巨大，侵犯了单位的财产权利，其行为已构成职务侵占罪，依法应予以惩处。根据证人侯春琳的证言、中融信托公司出具的情况说明，中融信托公司按照业务部门给公司创造收入的30%再扣除相关费用后，余额作为绩效奖励发放至部门。因此，丰联公司所获收益中的30%应从张守刚侵占中融信托公司财物数额中予以扣减。鉴于张守刚到案后对起诉书指控的主要犯罪事实能如实供述，依法可从轻处罚；本案涉案赃款、赃物已扣押、冻结，可酌情从轻处罚。故判决：一、被告人张守刚犯职务侵占罪，判处有期徒刑十二年，并处没收部分个人财产。二、在案扣押、冻结的赃款及房产、车辆变卖后所得款项分别予以发还、没收（详见赃证物处理清单）。三、在案扣押的物品予以没收（详见赃证物处理清单）。

北京市西城区人民检察院的抗诉意见为：涉案2.07亿余元均系中融信托公司遭受的损失，一审法院将其中30%从张守刚犯罪数额中予以扣除，作为张守刚个人财产进行处置，侵害了中融信托公司的财产利益，且影响对张守刚的量刑及赃物处理，建议二审法院依法予以改判。

北京市人民检察院第二分院检察员当庭发表了支持北京市西城区人民检察院抗诉的出庭意见，另提出：张守刚与中融信托公司之间系雇佣而非承包关系，中融信托公司与丰联公司之间不存在合作关系，张守刚利用职务便利，通过利益输送侵占中融信托公司应得利益，其行为已构成职务侵占罪。

张守刚的上诉理由及其辩护人潘萍的辩护意见为：中融信托公司实行绩效考核制，将部门收益30%作为可分配奖励，证明中融信托公司实行内部承包机制，张守刚与中融信托公司之间系承包关系；中融信托公司与丰联公司合作从事银行间债券买断式回购交易，中融信托公司为丰联公司代持债券，丰联公司从中分得风险溢价款；涉案低价卖出交易部分交易审批单标注“代持”，证明中融信托公司为丰联公司代持证券，且明知交易风险合作方存在；闭环交易部分交易审批单上标注“冲回”“预留利润”，证明中融信托公司预留部分利润给风险投资方，丰联公司在交易亏损时启动预留资金承担风险；天正华[2013]审鉴字第12号会计司法鉴定意见书明确载明丰联公司通过与中航证券有限公司、吉林信托有限责任公司进行亏损交易，为中融信托公司补亏；中融信托公司与丰联公司之间的债券交易须经过中融信托公司审批，张守刚无自主决定权；张守刚在债券市场上赚取2.07亿余元，主要取决于张守刚个人能力，该利润具有人身依附性。综上，张守刚不具有非法占有中融信托公司财产的主观故意和客观行为，一审法院认定张守刚犯职务侵占罪事实不清、证据不足，建议二审法院改判张守刚无罪或将本案发回重审。

辩护人祝斌的辩护意见为：鉴定机关针对本案出具两份会计司法鉴定意见书，违反了鉴定程序；涉案162笔债券交易存在多个交易主体，“输送利益”环节只是相关交易环节中的一小部分，会计司法鉴定意见书仅将丰联公司作为鉴定对象，对部分环节作出审计，遗漏鉴定对象和鉴定环节；会计司法鉴定意见书还错误将丰联公司与中融信托公司无关交易获利计入张守刚犯罪数额，且未对利益输送作出准确阐述，未能明确张守刚涉嫌犯罪的明细及金额，鉴定结论不明确，与鉴定事项缺乏关联性。综上，一审法院作为定案依据的会计司法鉴定意见书存在程序违法和内容瑕疵，建议二审法院将本案发回重审，由法院重新委托鉴定机构进行鉴定。

经审理查明：

2009年4月至2010年12月间，上诉人（原审被告人）张守刚利用担任中融信托公司固定收益部总经理助理的职务便利，凭借中融信托公司的资质、信用以及公司提供的交易平台，在银行间债券市场分别寻找资金客户和债券客户，从事债券撮合交易。交易过程中，张守刚通过设计交易流程、增加交易环节，操纵其实际控制的丰联公司进行与中融信托公司相关联的交易，将中融信托公司应得利益共计2.07亿余元输送至丰联公司，后个人予以非法占有。

2012年12月15日，张守刚被侦查人员抓获归案。案发后，侦查机关冻结或扣押了部分赃款、赃物。

认定上述事实的相关证据，已在一审判决书中列举并经一审法院庭审质证，本院经审查后认为，天正华[2013]审鉴字第12号会计司法鉴定意见书已被天正华[2013]审鉴字第27号会计司法鉴定意见书更正，鉴定人张继红亦出庭对该情况予以说明，一审判决书仍将第12号会计司法鉴定意见书作为有效证据采信不当，本院对该份证据不予确认，对其余证据予以确认。本院还对下列经二审庭审举证、质证的证据予以确认：

1. 证人邓哲明的证言证明：中融信托公司规定，财务部门对业务部门创造收入进行核算，其中30%作为部门可支配数额，财务统计出当期部门人员工资、差旅费、场地租金等可识别成本后，再由部门老总决定发放给交易员个人奖金的方案。交易员为公司赚取利润不必然能拿到奖金，如果部门亏损，不够支付交易成本，即使交易员个人为公司赢利，但也要负担部门交易成本，就拿不到奖金，只能拿到劳动合同规定的月薪。交易员拿到的奖金与他开展债券交易赚取的利润有关，但并无固定比例和数额，要由部门经理调剂。换句话说，绩效考核政策针对部门而不是交易员个人，交易员拿到的奖金数额由部门经理根据整个部门实际收支情况决定分配方案。

2. 证人侯春琳的证言证明内容与其在一审当庭的证言内容一致。

3. 中融信托公司出具的关于张守刚职务侵占一案的几点意见证明：中融信托公司将业务部门收入的30%用于业务部门各项开支，具体包括内部人员工资、差旅费、客户维护费以及办公职场占用租金等，若有余额，则由部门总经理作为部门发放的绩效奖励，无余额则无奖金。部门收入不足以覆盖部门单独考核费用时，公司仍会按照劳动合同为员工支付工资和相应社会统筹。收入的30%不是公司给某一个人，而是用于部门日常运转费用，款项性质是公司所有，且控制在公司财务手里。

根据审查后认定的事实及证据，本院对控辩双方争议焦点及一审法院在本案认定中存在的问题，综合评判如下：

1. 关于天正华[2013]审鉴字第27号会计司法鉴定意见书证据效力的认定

经查，北京天正华会计师事务所根据侦查机关的委托，出具了天正华[2013]审鉴字第12号、第27号两份会计司法鉴定意见书，针对同一事项存在两份鉴定意见，鉴定人张继红在一审庭审时出庭作证进行解释，鉴定机关根据委托机关补充材料，对第12号会计司法鉴定意见书进行了更正，该行为系对鉴定材料载明事项的客观反映，不能作为鉴定程序违法的依据；侦查机关通过委托鉴定事项对鉴定范围加以限制，即查证张守刚利用实际控制的丰联公司，在债券交易中是否存在利益输送行为，鉴定机关根据委托鉴定事项，对涉及丰联公司的交易环节进行针对性审查，不存在遗漏鉴定对象或鉴定环节的情形；利益输送是张守刚在本案中的行为表现，第27号会计司法鉴定意见书分高价买入、低价卖出、闭环交易不同情形，客观展示张守刚进行利益输送的流程及金额，对张守刚从事与中融信托公司无关的债券交易以及盈亏情况亦作出了客观描述，鉴定意见明确且与鉴定事项关联契合。

综上，天正华[2013]审鉴字第27号会计司法鉴定意见书系具有法定资质的鉴定机关及鉴定人依法出具，程序合法、形式完备，意见明确且有鉴定材料予以支持，应予确认；辩护人祝斌所提一审法院作为定案依据的会计司法鉴定意见书存在程序违法和内容瑕疵，建议二审法院将本案发回重审，由法院重新委托鉴定机构进行鉴定的辩护意见缺乏证据支持，本院不予采纳。

2. 关于张守刚主体身份的认定

经查，在案证人侯春琳、邓哲明的证言、中融信托公司出具的张守刚劳动合同书、工资明细、情况说明证明，张守刚系中融信托公司招录的固定收益类业务人员，任该公司固定收益部总经理助理，双方通过劳动合同建立雇佣关系，张守刚根据中融信托公司安排从事银行间债券撮合交易，为中融信托公司赚取交易差价，中融信托公司亦按照劳动合同为张守刚发放工资、奖金，缴纳住房公积金及养老、医疗、失业保险，代扣税款，在案证据足以认定张守刚系中融信托公司员工的事实；从中融信托公司实行的绩效考核制内容来看，业务部门赢利的30%，在扣除部门单独承担的可识别成本后，余款发放至部门，由部门负责人决定分配方案，该机制针对部门整体而非张守刚个人，且张守刚亦并非部门领导，绩效考核制不能作为张守刚与中融信托公司之间系承包关系的依据。

综上，张守刚及其辩护人所提张守刚与中融信托公司系承包关系的上诉理由及辩护意见不能成立，本院不予采纳；北京市人民检察院第二分院所提张守刚与中融信托公司系雇佣关系的出庭意见成立，本院予以采纳。

3. 关于丰联公司与中融信托公司之间关系的认定

经查，丰联公司系张守刚实际控制并用以进行关联交易的银行间债券市场交易丙类户，中融信托公司不允许公司交易员开设丙类户进行关联交易，对张守刚控制丰联公司进行关联交易并不知情，张守刚对该节亦供认不讳；根据中国人民银行颁发《全国银行间债券市场买断式回购业务管理规定》，从事买断式回购的市场参与者应签订买断式回购主协议和书面形式的合同，在案并无丰联公司与中融信托公司签订任何形式的协议；中融信托公司出具情况说明，明确表示因与丙类户交易存在高风险，不与包括丰联公司在内的丙类户进行交易，也不会为丙类户代持债券，张守刚及其辩护人单方提出丰联公司与中融信托公司合作进行买断式回购交易，并由丰联公司赚取风险溢价缺乏证据支持；涉案部分债券交易审批单上虽然标注"代持""冲回""预留利润"，但不能证明中融信托公司为丰联公司代持债券，中融信托公司并无向丰联公司汇划资金的记录，预留部分利润给丰联公司用以承担交易风险亦无证据支持；天正华[2013]审鉴字第12号会计司法鉴定意见书所载张守刚通过亏损交易为中融信托公司补亏一节，因与鉴定材料不符，已被天正华[2013]审鉴字第27号会计司法鉴定意见书所否定，鉴定人张继红当庭明确表示相关交易均与中融信托公司无关，该节不能再作为丰联公司与中融信托公司系合作关系的依据。

综上，张守刚及其辩护人潘萍所提丰联公司与中融信托公司系合作关系的上诉理由及辩护意见不能成立，本院不予采纳；北京市人民检察院第二分院所提中融信托公司与丰联公司之间不存在合作关系的出庭意见成立，本院予以采纳。

4. 关于张守刚行为性质的认定

经查，张守刚作为中融信托公司员工，使用公司提供的办公条件和交易平台，凭借中融信托公司的资质和信用，在债券市场分别寻找债券客户和资金客户，进行债券撮合交易，该行为属于张守刚职务行为范畴，由此获得的收益应当归属于中融信托公司；在撮合交易过程中，张守刚利用掌握债券交易价格等交易关键要素的职务便利，以及中融信托公司债券审批流程中的漏洞，将其实际控制的丰联公司引入交易流程，通过增加交易环节，将本应归属于中融信托公司且可确定的利益输送至丰联公司,后予以个人占有、支配;张守刚明知银行间债券市场交易人员不得通过关联交易进行利益输送,仍通过实施上述行为,侵占中融信托公司应得巨额经济利益,其客观行为反映出非法占有公司财产的主观故意;张守刚的行为并非单纯违反公司员工的忠实义务,其背信行为严重损害了中融信托公司财产利益,已符合职务侵占罪的主客观要件要求,应按照该罪定罪处罚;中融信托公司固定收益部债券交易审批流程中所存在的问题,以及张守刚在债券撮合交易中的个人能力因素,均不能改变涉案钱款归公司所有的属性,亦不能影响对张守刚行为性质的认定。

综上,张守刚及其辩护人潘萍所提张守刚不具有非法占有中融信托公司财产的主观故意和客观行为,一审法院认定张守刚犯职务侵占罪的事实不清、证据不足,建议二审法院改判张守刚无罪或将本案发回重审的上诉理由及辩护意见不能成立,本院不予采纳;北京市人民检察院第二分院所提张守刚利用职务便利,通过利益输送侵占中融信托公司应得利益,其行为已构成职务侵占罪的出庭意见成立,本院予以采纳。

5.关于张守刚犯罪数额的认定

经查,中融信托公司绩效考核遵循一定流程,在进行绩效考核之前,部门创收属中融信托公司合法财产,涉案2.07亿余元在分配前均应归属中融信托公司;该2.07亿余元中的30%能否用作固定收益部员工的奖励,以及张守刚个人可实际获得的奖金,取决于固定收益部可识别费用支出、部门整体盈亏及部门负责人的决策等多种因素,张守刚的犯罪行为导致涉案2.07亿余元未能被纳入固定收益部绩效考核范围;张守刚对2.07亿元直接予以非法占有,系对中融信托公司合法财产的侵占,均应计入其犯罪数额,张守刚也不应从犯罪行为中获利;一审法院将涉案2.07亿余元中的30%作为张守刚个人财产进行处置,对该部分财产性质认定有误,不仅损害了中融信托公司财产利益,且影响了对张守刚的量刑及扣押款物处理。

综上,北京市西城区人民检察院所提抗诉意见以及北京市人民检察院第二分院发表支持抗诉的出庭意见成立,本院予以采纳。

本院认为:上诉人(原审被告人)张守刚身为公司工作人员,利用职务上的便利，将本单位财产非法占为己有，其行为已构成职务侵占罪，且侵占数额巨大，依法应予惩处。鉴于张守刚到案后能如实供述主要犯罪事实，且被害单位部分财产损失已扣押、冻结在案，可对张守刚依法从轻处罚。一审法院认定张守刚犯职务侵占罪的主要事实清楚，证据确实、充分，审判程序合法；唯将涉案2.07亿余元中的30%从张守刚犯罪数额中予以扣减有误，导致量刑畸轻，对扣押款物的处理不当，本院依法予以改判。本院依照《中华人民共和国刑法》第二百七十一条第一款、第六十七条第三款、第六十一条、第六十四条及《中华人民共和国刑事诉讼法》第二百二十五条第一款第三项之规定，判决如下：

一、驳回上诉人张守刚的上诉。

二、撤销北京市西城区人民法院(2014)西刑初字第232号刑事判决。

三、上诉人张守刚犯职务侵占罪，判处有期徒刑十三年(刑期从判决执行之日起计算；判决执行以前先行羁押的，羁押一日折抵刑期一日，即自2012年12月15日起至2025年12月14日止)。

四、继续追缴上诉人张守刚的违法所得发还中融国际信托有限公司。

五、在案扣押现金、冻结银行及保险账户内钱款以及扣押车辆、查封房产之变价款并入判决主文第四项执行；其余物品依法予以没收(详见清单)。

本判决为终审判决。

审　判　长　　白　波
审　判　员　　赵志伟
代理审判员　　周　耀

二〇一五年十月十三日

书　记　员　王芊雯

REFERENCE TO CRIMINAL TRIAL

CONTENTS

【MAJOR CASES】

Yu Huan Intentionally Injurying

【JUDICATIVE PAPER】

Zhang Shougang Duty Embezzlement

The Law School of Beijing Foreign Studies University Chenyang Liu

图书在版编目(CIP)数据

刑事审判参考. 总第110集 / 中华人民共和国最高人民法院刑事审判第一、二、三、四、五庭主办. -- 北京 : 法律出版社, 2018(2021.1重印)
ISBN 978-7-5197-1892-3

Ⅰ. ①刑… Ⅱ. ①中… Ⅲ. ①刑事诉讼-审判-中国-丛刊 Ⅳ. ①D925.218.4

中国版本图书馆CIP数据核字(2018)第007006号

刑事审判参考(总第110集)
XINGSHI SHENPAN CANKAO
(ZONG DI-110 JI)

中华人民共和国
最高人民法院刑事审判
第一、二、三、四、五庭 主办

责任编辑 聂 颖 李 群
装帧设计 李 瞻

出版 法律出版社
总发行 中国法律图书有限公司
经销 新华书店
印刷 固安华明印业有限公司
责任印制 胡晓雅

编辑统筹 司法实务出版分社
开本 710毫米×1000毫米 1/16
印张 18.5
字数 280千
版本 2018年1月第1版
印次 2021年1月第4次印刷

法律出版社/北京市丰台区莲花池西里7号(100073)
网址/www.lawpress.com.cn
投稿邮箱/info@lawpress.com.cn
举报维权邮箱/jbwq@lawpress.com.cn
销售热线/400-660-8393
咨询电话/010-63939796

中国法律图书有限公司/北京市丰台区莲花池西里7号(100073)
全国各地中法图分、子公司销售电话:
统一销售客服/400-660-8393/6393
第一法律书店/010-83938432/8433 西安分公司/029-85330678 重庆分公司/023-67453036
上海分公司/021-62071639/1636 深圳分公司/0755-83072995

书号:ISBN 978-7-5197-1892-3 **定价**:38.00元
(如有缺页或倒装,中国法律图书有限公司负责退换)

征稿启事

《刑事审判参考》是最高人民法院刑事审判第一、二、三、四、五庭共同主办、法律出版社出版、面向国内外公开发行的刑事司法业务指导和研究性出版物。

为能够以最前沿的视野、最权威的高度和最贴近刑事司法实践的方式编辑本书，欢迎读者向本书以下栏目提供稿件：

1. 指导案例。在认定事实、采信证据和适用法律、司法解释定罪处刑问题上具有研究价值和指导意义的典型、疑难案件，并须附寄加盖人民法院院印的一审、二审裁判文书。

2. 经验交流。地方司法机关制定的刑事司法规范性文件及其背景说明；地方人民法院院长、副院长在刑事审判工作会议上的讲话，等等。

3. 实务探讨。对某一类实务问题提出的解决方案。

4. 裁判文书。具有较强说理性、体现法官适用普遍的法律规范解决具体的疑难、复杂案件的智慧的优秀裁判文书。

5. 编辑部答疑。读者在刑事司法实践中遇到法律适用方面的疑难、复杂问题。

6. 审判实务释疑。针对刑事审判实务中的争议问题进行分析、探讨。

7. 疑案争鸣。针对刊登的疑难案例争议问题进行分析，发表观点。

来稿请注明作者的联系方式（包括地址、邮编和电话）。除“编辑部答疑”和“疑案争鸣”外，来稿一经采用，按著作权法的规定支付稿酬。凡在本书发表的文章，自发表之日起一年内，作者如在其他书刊、媒体发表，须经本书编辑部同意。凡收录在本书中的文章，作者同意将作品的复制权、发行权、汇编权、信息网络传播权等权利许可给本书主办方、法律出版社行使。来稿一律不退,如需退稿,请声明并附足邮资。

来稿(案例须附裁判文书,裁判文书请书面邮寄正本)可向以下任何一位执行编辑投递:

北京市东城区北花市大街9号最高人民法院刑一庭　赵俊甫

zhaojunfu81@163.com

北京市东城区北花市大街9号最高人民法院刑二庭　于同志

cankaoytz@163.com

北京市东城区北花市大街9号最高人民法院刑三庭　周　川

xingsanting@sohu.com

北京市东城区北花市大街9号最高人民法院刑四庭　陆建红

Lu_jianhong@126.com

北京市东城区北花市大街9号最高人民法院刑五庭　方文军

fwjzgf@sina.com

邮编:100062

特别提示:为避免各庭之间采稿重复,来稿不可同时多投。

最高人民法院刑事审判第一、二、三、四、五庭

最高人民法院刑事审判指导系列丛书征订单

第一联：发书凭证　　　　　　　　年　　月　　日

订购单位		联　系　人			订购单位章
详细地址		邮　　编			
书　　　名		邮购价	册（套）数	总金额	
《刑事审判参考》（第108~113集）全年共6集		250.80			
《中国刑事审判指导案例》（增订第3版）全套共7册		1288.00			
总金额（大写）：					
汇款方式	邮局汇款：（　　）	银行汇款：（　　）			
汇款凭证号		★联系电话			

注：如果您通过邮局汇款，请准确详细填写汇款单并在汇款单附言注明书名、册数及联系电话。请务必将此联传真或邮寄给我们，以便我们能够及时为您发书。传真：010-63939782

最高人民法院刑事审判指导系列丛书订户收据

第二联：订户收据（此联自留）　　　　　　　　年　　月　　日

订购单位		联　系　人			收款单位章
详细地址		邮　　编			
书　　　名		邮购价	册（套）数	总金额	中国法律图书有限公司 财务专用章
《刑事审判参考》（第108~113集）全年共6集		250.80			
《中国刑事审判指导案例》（增订第3版）全套共7册		1288.00			
总金额（大写）：					
汇款方式	邮局汇款：（　　）	银行汇款：（　　）			
汇款凭证号		★联系电话			

注：此联连同汇款回执一并作为报销凭证。如需正式发票另请注明。

汇 款 方 法

银行汇款：

开户行：工商银行北京六里桥支行

户　名：中国法律图书有限公司

账　号：0200 2810 0902 0403 623

邮局汇款：

商务号：111330032

收款人：中国法律图书有限公司（请在附言栏内注明书名、册数）

中国刑事审判指导案例（增订第三版）征订单

第一联：发书凭证 年 月 日

订购单位		联系人			订购单位章
详细地址		邮 编			
书 名		邮购价	册数	总金额	
中国刑事审判指导案例1（刑法总则）	978-7-5197-0499-5	176.00			
中国刑事审判指导案例2（危害国家安全罪·危害公共安全罪·侵犯公民人身权利、民主权利罪）	978-7-5197-0498-8	166.00			
中国刑事审判指导案例3（破坏社会主义市场经济秩序罪）	978-7-5197-0500-8	218.00			
中国刑事审判指导案例4（侵犯财产罪）	978-7-5197-0497-1	136.00			
中国刑事审判指导案例5（妨害社会管理秩序罪）	978-7-5197-0496-4	218.00			
中国刑事审判指导案例6（贪污贿赂罪·渎职罪·危害国防利益罪·军人违反职责罪）	978-7-5197-0495-7	138.00			
中国刑事审判指导案例7（刑事诉讼法）	978-7-5197-0505-3	236.00			
总金额（大写）：					
汇款方式	邮局汇款：（ ）	银行汇款（ ）			
汇款凭证号		★联系电话			

注：如果您通过邮局汇款，请准确详细填写汇款单并在汇款单附言注明书名、册数及联系电话。请务必将此联传真或邮寄给我们，以便我们能够及时为您发书。传真：010-63939782

第二联：订户收据（此联自留） 年 月 日

订购单位		联系人			收款单位章
详细地址		邮 编			
书 名		邮购价	册数	总金额	
中国刑事审判指导案例1（刑法总则）	978-7-5197-0499-5	176.00			
中国刑事审判指导案例2（危害国家安全罪·危害公共安全罪·侵犯公民人身权利、民主权利罪）	978-7-5197-0498-8	166.00			
中国刑事审判指导案例3（破坏社会主义市场经济秩序罪）	978-7-5197-0500-8	218.00			
中国刑事审判指导案例4（侵犯财产罪）	978-7-5197-0497-1	136.00			
中国刑事审判指导案例5（妨害社会管理秩序罪）	978-7-5197-0496-4	218.00			中国法律图书有限公司 财务专用章
中国刑事审判指导案例6（贪污贿赂罪·渎职罪·危害国防利益罪·军人违反职责罪）	978-7-5197-0495-7	138.00			
中国刑事审判指导案例7（刑事诉讼法）	978-7-5197-0505-3	236.00			
总金额（大写）：					
汇款方式	邮局汇款：（ ）	银行汇款（ ）			
汇款凭证号		★联系电话			

注：此联连同汇款回执一并作为报销凭证。如需正式发票另请注明。